SHUOBUMING
DAOBUQING

杨 光 ◎ 著

说不明
道不清

明清中西发展大分流之谜

海天出版社
HAITIAN PUBLISHING HOUSE
·深 圳·

图书在版编目（CIP）数据

说不明　道不清：明清中西发展大分流之谜 / 杨光
著. — 深圳：海天出版社，2022.4
ISBN 978-7-5507-3422-7

Ⅰ. ①说… Ⅱ. ①杨… Ⅲ. ①中国历史－明清时代－
通俗读物②英国－历史－明清时代－通俗读物 Ⅳ.
①K248.09②K561.09

中国版本图书馆CIP数据核字(2022)第029427号

说不明　道不清：明清中西发展大分流之谜
SHUO BU MING DAO BU QING: MINGQING ZHONGXI FAZHAN DA FENLIU ZHI MI

出 品 人　聂雄前
责任编辑　朱丽伟　熊　星
责任校对　聂文兵
责任技编　郑　欢
装帧设计　知行格致
特约策划　华文未来

出版发行　海天出版社
地　　址　深圳市彩田南路海天综合大厦　（518033）
网　　址　www.htph.com.cn
订购电话　0755-83460239（邮购、团购）
设计制作　深圳市知行格致文化传播有限公司
印　　刷　深圳市希望印务有限公司
开　　本　787mm×1092mm　1/16
印　　张　17.25
字　　数　220千字
版　　次　2022年4月第1版
印　　次　2022年4月第1次
定　　价　58.00元

献给

杨沐溪

推荐序

《说不明 道不清：你不了解的开放发达之明清两朝》（后文简称
《说不明 道不清》第一册）采用非西方中心论的观点，讲清了一个问
题：16 至 18 世纪的明清两朝，经济发达，对外贸易繁盛，积极参与创
建近代世界经济体。在此创建过程中，中国社会自身也开始了近代化的
进程。但是，它也带给我们一个新的疑问：19 世纪的中国为什么没能
保持 16 至 18 世纪的开放发达状态，而是被西欧赶超？我相信大多数读
者读完第一册书后都会产生这个疑问。而这个疑问也正是作者杨光在第
一册书结尾答应要接着回答读者的。如今这个问题的答案已经摆在我们
面前了，读者终于可以从《说不明 道不清：明清中西发展大分流之谜》
中一探究竟了。

本书作者杨光是我的学生。一个管理学学士凭着对历史学的向往与
执着，取得了历史学硕士学位。毕业后，虽然没有从事与历史直接相关
的工作，但一直怀着对历史学的热爱，在繁忙的工作之余，没有放下史
学专业，继续读书研究。他的学术兴趣也比较广泛，经济史、社会史、
宗教史都有所涉猎。"说不明 道不清"系列丛书就是杨光自攻读研究生
以来，对世界近代化以及中国在其中所起的作用和所处的地位问题思考
的结果。

近代化研究属于经济史的范畴。英文单词"modernization"对应着汉语中的"近代化"和"现代化"两个词。"modernization"是由"modern"衍生而来，根据 *Dictionary by Merriam*（《韦氏词典》），"modern"一词的含义是：表性质时，是指现代、不久之前的时期；表方式时，是指新的、与传统不同的；表时间时，是指1500年至今这个时间段。这说明英文中并无"近代化"与"现代化"之分。因此学界对这两个词一般也都是同等对待的，本系列丛书也是如此。

近代化或者说现代化研究，实际上是针对1500年以来的人类社会发展进步的研究，它涉及全球各个国家与地区，涉及人类社会的各个方面（政治、经济、文化、生态、社会、教育、个性解放、思维方式、行为方式与科学技术，等等）。但无论近代化研究包括的范围有多广泛，归根结底它是对人类社会（或某一国家、地区）从自然经济向市场经济、从农业社会向工业社会、从传统文明向近代文明转变的这一历史过程的研究。人类实现这一历史转变历经了500多年的时间，现今的世界大多数国家和地区已经基本上脱离了传统，处于现代之中。

工业革命的爆发与近代工业化的实现是一个国家或地区近代化完成的标志。英国是人类世界第一个完成近代化的国家，具有非常典型的意义。因此，任何研究近代化的学者与著作都绕不开对工业革命与英国近代化模式的研究与探讨。20世纪50年代以来，世界各国学者纷纷展开近代化研究，形成了各种各样的理论与体系，比较有名的有：经典现代化理论、依附理论、世界体系理论、后现代化理论、生态现代化理论、第二次现代化理论，等等。这些理论基本上都是出自西方学者，也大都烙上了"欧洲中心论"的痕迹。

20世纪90年代起，一股反对"欧洲中心论"的近代化研究学派异军突起，他们挖掘了很多新史料，提出许多新观点，为理解世界近代化历史进程提供了新的解释方法。"说不明 道不清"系列丛书正是吸收了这股"非欧洲中心论"的最新理论成果。

本书着重讨论了为什么率先爆发工业革命的是英国而不是中国（或者说不是中国的江南地区）这一问题。在我看来，本书至少有以下三个与众不同的优点。

第一，将视野扩展至经济史、生态史领域，不再仅仅纠缠于明清中国思想保守、闭关锁国、重农抑商等传统观点。

对于一般读者来说，与市面上充斥的政治史、军事史和人物传记等比起来，经济史普及著作，特别是较为严肃正规的经济史普及读物并不常见，但实际上经济史，特别是明清经济史的研究著作和论文可谓浩如烟海，光是经济史研究的专业学术期刊就有《中国社会经济史研究》《中国经济史研究》《经济社会史评论》等。这就说明经济史研究成果并没有被爱好历史的普通读者广泛知晓，研究与普及严重脱钩。

生态史与普通历史爱好者的距离就更远了，可能很多读者对生态史这个当下颇为热门的史学分科比较陌生。它是一门从地理环境的生态结构角度，运用生态学的理论和方法来研究与解释人类社会发展的历史学分科。近年来，随着人们对环境保护关注度的提高，生态史研究也越来越热。但生态史的普及工作可以说根本没有被提上议事日程。

本书吸收了明清中国经济史和生态史的大量最新研究成果，从人口土地比、燃料短缺、农业生态危机、生态缓解机制等方面重新诠释了中国与英国在 19 世纪的发展过程中拉开差距的原因，给读者呈现了一种全新的视角与历史叙事模式。我们姑且不论这种观点能否为大众所接受，单是将它抛给大众，我相信就定能引起一片激烈的争辩与探讨。

第二，博采众家之长，充分利用现有史学理论，以非西方中心主义的比较史学视角解释 19 世纪中国、西方经济发展大趋势。

本书吸收了美国加利福尼亚大学教授彭慕兰的"大分流"史观，引用了清华大学教授李伯重对明清江南农业经济的研究成果，利用了美国耶鲁大学社会学家伊曼纽尔·沃勒斯坦的现代世界体系理论，通过比较明清江南与英国的工业化道路，阐明近代中国未能保持领先地位的经济与生态原因。阅读本书犹如与众多重量级的学者交流观点、沟通思想，一定会大大满足读者的求知欲与好奇心。

本书的一个基本观点是欧洲与中国经济发展差距拉开（这种差距拉开被彭慕兰称为"Great Divergence"，即"大分流"）的时间点在18世纪后期至19世纪前期的工业革命，而不是较早的地理大发现、文艺复兴、启蒙运动、科学革命、政治革命或其他历史事件。第一章从经济总量、普通民众的生活水平、市场经济发达程度、自由劳动力、市场作用发挥机制、商业与商人地位、技术发展和政府对经济发展的促进作用等众多方面，阐述了17世纪至19世纪初中国与欧洲极其相似，说明此一时期的中国并没有明显地落后于同时代的欧洲，有些领域甚至比欧洲还要领先，总体上与欧洲处于不分伯仲的状态。

在第二章中，作者仔细分析了中、欧在发展过程中的不同之处，指出17世纪至18世纪的英国虽然面临着较为严重的生态危机，但之所以能够赶超中国，是因为其自身幸运的煤矿位置与利用世界经济体为其整合资源的强大能力，从而能率先跳出马尔萨斯陷阱，摆脱生态危机的束缚，能够保证在人口与人均占有量双增长的同时，人均粮食消费量不减，甚至还有提升的基础上，将大量资源（主要是在前工业社会不可替代的土地资源）和劳动力从农业移入工业，推动早期工业与煤铁业迅速结合，率先爆发了工业革命，进而实现近代工业化，成为第一个步入近代社会的国家。

在第三章中，作者着重分析了明清时期江南地区面临的生态压力、迈向近代化的有利因素以及未能率先实现近代工业化的具体经济与生态原因。虽然江南地区利用其自身在近代世界经济体中的核心区地位，也可以整合输入一定量的土地密集型初级生态产品，但一是由于煤矿的不利位置（中国的煤矿多分布于山西、内蒙古等远离江南核心区的地方，且与江南没有廉价的水路联系）；二是由于在早期纺织业等技术扩散后，与江南地区贸易的边缘区、半边缘区纷纷实行进口替代出现核心化趋势，输入江南的土地密集型产品减少。同时，江南工业制成品的市场也在缩小，江南部分地区甚至出现了逆工业化趋势，即原本已经投入早期工业的资源与劳动力又转入农业生产。这样江南地区的早期工业未能与煤铁业结合，也就未能率先实现近代工业化。

第三，一改从市场需求角度探讨工业革命爆发原因的传统视角，转从供给侧角度解释工业革命与近代化成因，为当今中国的供给侧结构性改革、两个 100 年奋斗目标的实现及社会主义现代化强国的建设都提供了历史借鉴。

传统观点认为，英国工业革命的爆发，是落后的手工业生产方式不能满足日益扩大的市场需求所造成的。欧洲，特别是英国，自新航路开辟以来，多年的海外贸易和殖民扩张，为英国提供了广阔的原料产地和海外市场，随着国际市场需求的增大，国内的工场手工生产已无法满足需求，一场将手工业生产变革为机器生产的工业革命也就呼之欲出了。但本书将视角转向了供给侧，从能量供给、生态压力的缓解以及资源、劳动力在工农业间分配等角度着重强调供给自身转变的机制与原因，认为矿物能源经济取代有机经济、世界经济体为核心区整合初级生态产品以缓解其生态压力都有助于英国、中国江南等核心区将有限的经济资源（主要是极其稀缺的土地）和劳动力从农业转入工业，从而催生工业革命，实现近代化。

当代中国经济发展在扩大内需的同时，越来越强调供给侧结构性改革的重要性，即积极调整供给结构、提升供给以适应市场不断高端化的新需求。中共十八大提出，在中国共产党成立一百年时全面建成小康社会，在中华人民共和国成立一百年时建成富强民主文明和谐的社会主义现代化国家。中共十九大提出新时代中国特色社会主义发展的战略安排：第一个阶段，从2020年到2035年，在全面建成小康社会的基础上，再奋斗15年，基本实现社会主义现代化；第二个阶段，从2035年到本世纪中叶，在基本实现现代化的基础上，再奋斗15年，把我国建成富强民主文明和谐美丽的社会主义现代化强国。

因此，当今中国处于一个历史转变的新时代。我相信在历史的启迪下，中国一定能抓住机遇，实现跨越式发展，中华民族伟大复兴的中国梦实现之日必将离我们越来越近。

当然，本书秉承了第一册通俗诙谐的语言风格与叙述方式，以郑成功收复台湾之战的胜利和鸦片战争的失败为切入点，还"邀请"了亚当·斯密[1]、大卫·李嘉图[2]、马尔萨斯[3]、维多利亚女王[4]、柳如是、郑板桥、张履祥、周莹、伍秉鉴[5]、徐光启、乾隆皇帝、嘉庆皇帝、时传

---

[1] 亚当·斯密（1723—1790），英国经济学家、哲学家、作家，经济学的主要创立者。他强调自由市场、自由贸易以及劳动分工，被誉为"古典经济学之父"。

[2] 大卫·李嘉图（1772—1823），英国古典政治经济学的主要代表之一，也是英国古典政治经济学的完成者。他继承并发展了亚当·斯密的自由主义经济理论，认为限制政府的活动范围、减轻税收负担是增长经济的最好办法。

[3] 全名托马斯·罗伯特·马尔萨斯（1766—1834），英国教士、人口学家、经济学家。以其人口理论闻名于世，对大卫·李嘉图产生过影响。

[4] 全名亚历山德丽娜·维多利亚（1819—1901），她在位时（1837—1901）是英国最强的"日不落帝国"时期，正值英国自由资本主义由方兴未艾到高峰，进而过渡到垄断资本主义的转变时期，经济、文化空前繁荣，君主立宪制得到充分发展，使维多利亚女王成了英国和平与繁荣的象征。英国历史上称为"维多利亚时代"。

[5] 伍秉鉴（1969—1843），又名伍敦元，生于广州，祖籍福建泉州，清代广州十三行商人。2001年，美国《华尔街日报》统计了1000年来世界上最富有的50人，有6名中国人入选，伍秉鉴就是其中之一。道光十四年（1834），伍秉鉴的私人资产已达2600万银元。

祥 ①、瓦特、俾斯麦等中外名人聊天座谈，相信绝大多数非史学专业读者读起来也会感到饶有兴趣、津津有味。

　　是为序。

孙立群

2018 年 1 月于南开园

---

① 时传祥（1915—1975），山东齐河人，1956 年 11 月加入中国共产党，曾在北京市崇文区清洁队当淘粪工人，中华人民共和国第一代劳动模范。2019 年 9 月，入选"最美奋斗者"名单 。

前 言
PREFACE

胜仗与败仗

1661 年 4 月，郑成功率 2.5 万人、中式帆船战舰数百艘从福建金门跨越台湾海峡，直逼荷兰东印度公司在台湾的殖民总部大员湾①，很快就占领了台湾本岛的普罗民遮城堡与赤嵌城，并包围了荷兰东印度公司驻台湾的最高长官揆一所在的热兰遮城堡。

1662 年 1 月 25 日，天气晴朗，万里无云。一大早，被围的荷兰人突然发现，在包围热兰遮城堡的中国军队的攻城工事上，在中国帆船战舰的桅杆上，在中国人驻扎的热兰遮镇的旗杆上，数百面旗帜同时升起，阳光洒在这数百面迎风飘扬的战旗上，景象蔚为壮观。但荷兰人可没心思好好欣赏，因为他们知道，长达 9 个月的包围期结束了，郑成功要发动最后的总攻了。

中国军队的进攻从水上和陆上一起展开。数十艘中国战舰直接驶抵热兰遮城堡的城墙下，近距离炮轰城墙。同时，在陆地上，中国军队把近 40 门大炮推进了半月形堡垒炮台，该炮台厚 5 米多，高 3.6 米，用

① 大员湾现今已经不复存在，从台湾岛而来的冲积土已将大员湾填平。

装满沙子的竹篮搭建而成，能对冲到下面企图进攻炮台的敌人实施无死角的火力打击。炮台修建在一座小沙丘之上，可以利用较高的地势充分发挥大炮的威力；而且该炮台修建的位置非常巧妙，能躲开来自热兰遮城堡上大炮的轰击。因此，中国军队的大炮可以肆无忌惮地对城堡展开攻击。

揆一和郑成功都非常清楚，想要拿下热兰遮城堡，就必须首先占领热兰遮城堡南面不远处一座沙丘上的乌得勒支碉堡，因为乌得勒支碉堡对整个热兰遮城堡形成居高临下之势，上面的大炮火力可以覆盖整个热兰遮城堡。

郑成功的大多数火炮（28 至 30 门）都对准了乌得勒支碉堡，随着一声令下，中国炮手点燃大炮引线，数十门大炮同时开火，碉堡的城墙虽厚达 3 米多，但表面白色的灰泥很快就被猛烈的炮火掀去，露出了底下红色的砖块。碉堡的城垛都被打掉了，荷兰炮手死伤累累，没人再敢上去操作大炮，开战不久，碉堡的主炮台就被中国军队打哑了。

郑成功的大炮曾使用过爆破弹，当时被称作"开花炮弹"，而且非常大，有的 24 磅（10.88 千克），有的 28 磅（12.7 千克），有的甚至有 30 磅（13.6 千克），相比荷兰人的大炮毫不逊色。炮手技术也极为精湛。经历此役的揆一后来写道："实在令人难以置信，敌军在炮台上操纵大炮竟然如此有效率……我们的士兵都不禁自叹弗如。"在如此高效的炮击下，当天中国军队的大炮共计发射炮弹 2500 发！

到了傍晚，乌得勒支碉堡已完全没有了生气，但炮击没有停止。入夜后，碉堡的北、东、南三面的墙壁都已经被击垮。荷兰人坚守了一整天的乌得勒支碉堡，随着中国士兵的冲锋，终于陷落了。

天亮后，荷兰人惊讶地发现中国人正在乌得勒支碉堡的废墟上修建堡垒。

揆一在热兰遮城堡的会议室内召集会议，商讨当前危险的局势。

"各位先生，正如你们看到的，乌得勒支碉堡已经被中国人占领，而且他们正在修筑新的攻城工事，我们是否应该集中火力轰击他们尚未完工的工事呢？"揆一询问道。

会场安静了一段时间。揆一用眼睛扫视全体与会人员，心中愤恨，大叫道："你们这些人平时个个都吹牛说自己身经百战，足智多谋，现在怎么都成了哑巴？"

"不行。"终于有一个军官开口了。

"什么不行？"揆一问道。

"我说我们不能用大炮轰击郑成功的工事，那样太浪费我们所剩不多的火药了。敌方的工事太厚实了，如果我们全力轰击，可能连反击敌人进攻的火药都没了。"

揆一也知道火药不多了，便问道："如果我们趁夜派遣步兵发动攻击呢？有多少胜算？"

"几乎没有胜算。"另一个军官说道，"敌人实在是太多了，即便我们能夺回乌得勒支碉堡，也阻止不了郑成功的第二次密集炮击；即便我们消灭了郑成功的1000名士兵，他们仍然有源源不断的大军攻击我们。但对我们来说，即便是100人的损失也是沉重打击。"

揆一见状，无言以对，只得与大家一起祈祷："愿全能的上帝赋予我们的人以勇气与男子气概。"

但次日一早，当揆一登上热兰遮城堡时，他自己也要放弃男子气概了，因为他发现不知何时中国人又在附近原野上修建了另一座炮台；同时，中国人已经完成了在乌得勒支碉堡所在沙丘的堡垒修筑工事，里面摆满了大炮。他看到了从四面八方对准自己的黑洞洞的炮口，也完全明白中国人在乌得勒支碉堡沙丘上对整座热兰遮城堡一览无遗，可以看到荷兰人的脚底，城堡内的守军根本无从掩蔽。

揆一再次召集全体会议，荷兰东印度公司驻台湾的高级官员们终于接受了他们不得不接受的现实：被中国人打败了。他们只能在战死与投降中二选一了。当然他们最终选择的是投降。

至此，郑成功率领军队，经过9个月的奋战与围城，终于赶跑了荷兰东印度公司的殖民者，收复了台湾。

时光荏苒，日月如梭。近200年的时间一下子就过去了。

1842年夏天，清政府与欧洲国家又爆发了一次攻城战，与1661年那次不同，这次守城方是中国人，攻城方是欧洲人。本次攻防战双方争夺的是江苏镇江。镇江之战是此次鸦片战争中的最后一仗。

19世纪，英国为了改变对华贸易逆差，向中国大肆走私鸦片。1839年，清政府为了防止白银进一步外流，阻止鸦片进口，采取了没收并销毁英国走私鸦片，并断绝贸易往来等措施。英国为了维持并进一步打开中国市场，议会于1840年4月以微弱优势（271票赞成、262票反对）通过对华采取军事行动的议案。6月，英国远征军大小战舰47艘、兵力4000余人浩浩荡荡来到中国南部并封锁珠江口，鸦片战争正式开始。虎门、广州、厦门、定海、镇江，乃至中国整个东南沿海都饱受英军炮火肆虐之苦。

战争进行到1842年，清政府已经败仗连连。6月，英国的增援部队抵达中国。7月5日，英军率战舰12艘、轮船10艘、运兵船和运输船51艘，陆军4个旅近7000人，沿长江逆流而上，目标直取镇江。

镇江，古称京口，北濒长江，西临大运河，是重要的交通枢纽，是航运业的中心，也是长江下游一大繁华城市。此时，镇守镇江城的是京口副都统海龄，自上任以来，他非常关心城防工作，严格训练士兵，还组织民众修复了即将坍塌的城墙。

7月13日，两江总督牛鉴带着他的制敌妙计赶到镇江。在都统衙门，海龄带着前来增援的参赞大臣、四川提督齐慎一同迎接牛鉴。

几人寒暄后，牛鉴骄傲地宣布了自己的"妙计"："本督此次可没空手来，而是给你们带了火攻船、木排150只。我们要学周郎，采取火攻之计，置敌于死地。"他在简要布置后就离开镇江，回到江宁（今南京）。

7月15日，英军先头部队两艘船率先到达镇江水面。海龄、齐慎在江边实地考察后，决定趁英船立足未稳之际，发动火攻，一举消灭英舰。

随着海龄的一声令下，150只装满柴草、浇上桐油的火攻船、木排同时被点燃，推入长江，顺江而下，直奔英国轮船。英船见状，立即掉转船头，满张风帆，顺流向飞驰，清军的火攻船和木排根本追不上英船。英船向下游行驶了20余里后，火攻船、木排上的燃料耗尽，有的熄灭了，有的沉没了。

见英船后退，清军大喜，认为自己打退了侵略者。其实后撤的两艘英船毫发无损，正等待后续部队抵达后，发动对镇江城的总攻。

海龄部署1600名士兵镇守城内，齐慎率2700名士兵驻守城西。海龄命令紧闭城门，全副武装的士兵全天24小时在城头巡逻瞭望，准备好火药和炮弹，随时开炮轰击进犯之敌。

守城士兵为清一色的满族八旗士兵，装备算是比较精良的。海龄登上城头，走到一个哨兵面前，问道："你的鸟枪可准备好杀敌了？"

"回都统大人，小的已经准备好了！"哨兵举了举鸟枪。

"你放一枪给我看看。"海龄下令道。

"是！"哨兵将六尺一寸长（2米多长）的鸟枪托吃力地放在地上，枪口朝向天空，麻利地从胸前的火药袋子中取出已经分好份的火药，从枪口倒入，然后又从腰间的子弹袋中取出一枚圆形铅弹，放入枪口，再从枪身上取下长长的溯杖（推弹杆），将其插入枪口，按实铅弹与火药后，将枪口瞄准城外 100 步远（约 160 米，古人迈一次腿叫跬，两跬叫步）的一棵大树，点燃火绳，随着一声枪响，一根树枝应声落地。

"好！"海龄见状大喜，"等英夷来了，你就这样狠狠地打！"

这个八旗士兵所使用的鸟枪，是清军标准的制式装备。在《清会典》①中记作"兵丁鸟枪"，是一种前装滑膛火绳枪，枪长一般有 2 米多，重 6 斤左右，射程 100 米至 200 米。发射前须从枪口装入 3 钱（15克，1 钱相当于 5 克）火药，再塞进重 1 钱左右的圆形弹丸，用推弹杆压实。枪身上有一金属弯钩，弯钩的一端固定在枪身上，并可绕轴旋转，另一端夹持一根燃烧的火绳。士兵开枪时，用手扣动扳机，带动弯钩往枪身上方的火药口里推压，使火绳点燃火药，火药在有限空间中燃烧爆炸，进而将枪膛内装的弹丸发射出去。

清军所用火绳一般是一根麻绳或捻紧的布条，在硝酸钾或其他盐类溶液中浸泡后晾干，燃烧非常缓慢，燃速每小时 80 毫米至 120 毫米。这样，在战斗开始前，士兵们点燃火绳，每次发射前可以双手持枪，眼睛始终盯准目标，扣动扳机将金属弯钩所带的火绳压进火药口；发射后抬起弯钩，火绳离开火药口，再重新装填火药和弹丸，进行下一次发射。兵丁鸟枪以如此复杂的方式进行发射，一个熟练的士兵每分钟也只能发 1 至 2 发。

清军所用火炮，其原型可上溯至明代。后经一系列改良，至鸦片战争时，火炮多是仿制欧洲 17 至 18 世纪的加农炮。但由于冶铁技术落后，

---

① 即《钦定大清会典》，清朝官修制度史书。康熙三十三年（1694）初修，后历雍正、乾隆、嘉庆、光绪各朝续修。

铸造出的火炮较为粗糙，施放时炮身容易炸裂，伤及炮手。瞄准装置也很落后，很多火炮没有炮架，而是固定炮身，不能瞄准敌人；另一些虽有炮架，但只能调节高低夹角，而不能左右转向，限制了射击瞄准的范围。士兵们多是靠经验来瞄准，由于承平日久，实战机会几乎没有，射击经验也就无从而来，火炮的射击准确度也就可想而知了。除了火炮外，炮弹种类也少，质量也比较差。清军主要使用的是性能较差的实心弹，且制造很粗糙。明末清初，曾在收复台湾战役中使用的爆破开花弹此时几乎绝迹。使用实心弹其实就是将火炮视为一种威力大的投石机，将实心铁球砸向敌人，杀伤力一般。

使用如上的枪炮对付工业革命后期的英国军队，清军的胜算到底有多大，读者朋友们可想而知了。

7月21日，英军开始攻城。英军共7000多名陆军和海军士兵参与攻城战役，兵力占绝对优势。英军第二旅攻击镇江北门，第三旅攻击西门，受阻后改攻南门。第一旅攻击城西齐慎的绿营兵。

守城的八旗士兵在北、西、南三门与英军展开激战，英军利用火力优势，造成清军大量伤亡，随着北、西、南三个城门的陷落，英军涌入镇江城，但清军未溃逃，而是坚持巷战。许多八旗士兵流尽了最后一滴血，海龄最终也自尽殉职。这次战役，英军士兵死亡39名，受伤130名，失踪3名。虽然看起来并不多，但读者朋友们要知道，这个数字已经是鸦片战争以来，虎门、定海、镇海、吴淞各战役英军伤亡最多的一次。

城西齐慎的阵地则遭到了英国战船的炮击。刚开始的时候，长江水流相对较缓，风力不大，英国的战船未能一字并列排开，而是有的在前、有的在后，后面的战船无法开炮轰击齐慎的阵地，只有第一排的战船能发挥全部侧舷火炮的威力。齐慎见状，颇为高兴，认为当天无风无浪，仅靠风帆动力航行的战船难以一字排开发挥全部火力，这是上天有灵，保佑自己。可突然间，他发现出现了几艘冒着黑烟的铁质拖船，正拖拽后面的战船向前方航行，全部英船形成了一字排开的阵势。随着全部火炮同时猛烈开火，齐慎手下的士兵伤亡惨重，剩下的则纷纷逃出阵地，英军很快占领城西清军阵地。原来英军派出了工业革命后的最新成果——蒸汽拖船，拖拽风帆战船，形成最猛攻击队形，给清军造成最大的杀伤力和心理震撼。

拿下镇江后，英军溯江而上，来到江宁城下，扬言准备架炮攻城。清政府自知无法取胜，最终被迫签订《南京条约》，这是后面一长串丧权辱国不平等条约中的第一个。

为什么由胜转败呢？

我想让读者朋友们注意一下刚才两场战争的一些情况：中国在17世纪中期还能战胜当时世界上最强的欧洲国家（荷兰），而到了19世纪中期，遇到了世界上最强的欧洲国家（英国），就只能吃败仗。在这将近200年的时间里，中国和欧洲到底发生了什么，导致中国由胜转败，欧洲由败转胜？

笔者想试着回答这个问题，不过这真的不是一件容易的事情，因为已有太多的解释和理论，但在笔者看来，这些解释和理论都或多或少地存在着一些问题。如果想认真详细、完整正确地回答这个问题，需要从纵向、横向两个方向延展解释。

纵向延展是指我们不能只是单单盯住这近200年的时间，而是要向前追溯，看一看这段时间的历史背景和历史原因。横向延展就是考察中国、欧洲社会在 17 至 19 世纪中叶整体近代化的发展走向，特别是要重点考察社会经济、工业革命等的发展，而不能将目光仅仅局限于军事技术领域。因为战争的胜负往往是国家综合实力对比的结果，而不单单是军事技术孰高孰低的结果。

纵向延展笔者已经在《说不明 道不清：你不了解的开放发达之明清两朝》中做了详细考察。在该书中，笔者通过考察 16 至 18 世纪中国的海外贸易、白银货币化视角下的近代化转型和强大的工业供给能力，为读者朋友们展现了一幅开放发达的明清经济图景：16 至 18 世纪，中国强大的供给能力吸引着西欧的市场需求，晚明开始的白银货币化使得白银成为中国经济中实际上的主币，同时，美洲殖民地的银矿大开发使得欧洲人掌握了大量的白银供给。在世界市场中，中国能提供丝织品、瓷器、茶叶，需要白银，而西欧对中国商品有巨大需求，并控制着世界上绝大多数的白银矿藏；同时，中、欧双方商人在东南亚、中国东南沿海等地展开了长达几百年的贸易，近代世界经济体就此诞生。它的诞生正是中、欧实体经济互补与合流的结果，它诞生的真正动力在于中、欧实体经济的需要与发展。明清中国的供给能力是近代世界最终形成的不可或缺的东方驱动力。

既然 16 至 18 世纪的中国是开放发达的，那么为什么在 19 世纪却被西欧赶超，以至于在鸦片战争中惨败于英国呢？这就需要我们对 17 至 19 世纪的中国、欧洲社会的发展做一番详细的横向延展解释，而本书就是这番横向延展解释的详细说明。

一场马拉松

在读大学和研究生时，笔者特别喜欢长跑，还参加过北京的马拉松比赛。马拉松是一种比拼耐力的较量，在前80%的赛程中保持领先的选手，不一定能取得比赛的胜利，在最后20%的里程中，暂时落后却保存了体力的选手会加快速度，前段保持领先的选手如果还是以正常速度跑，就势必会被后来者赶上。虽然自己没有放慢脚步，但被加速的后来者赶超，这就是所谓的相对落后。

如果我们把人类的经济社会发展也想象成一场马拉松比赛，各个国家和地区就是参赛选手，中国在这场比赛中一直处于领先地位，直到18世纪后半期，虽然自身发展速度没有明显变慢，但被加速发展的英国等西欧国家赶超，因此中国在近代的落后也是一种相对落后。

既然近代中国的落后是一种相对落后，我们就要看一看赶超中国的其他选手是如何加速的，它们具备了哪些有助于加速的条件，中国是否具备这些条件。只要我们能找出那些推动西欧经济社会发展而中国不具备的条件，我们就基本弄清楚其中的原因了。

英国道路

美国加利福尼亚大学教授彭慕兰在2000年出版的《大分流：欧洲、中国及现代世界经济的发展》一书中正式提出"大分流"的概念，他认为18世纪后半期至19世纪前半期的工业革命正是中、欧发展的分水岭。正是因为英国首先爆发了工业革命才使英国经济发展加速，进而超过了中国，从此中、欧发展分流，欧洲经济急剧发展，中国则经历了一个世纪的经济停滞或缓慢发展。

上述论断让 19 世纪末以来，中国史学界非常重视对西欧近代化道路的研究。在过去的研究中，西欧的发展道路，特别是英国道路被认为具有放之四海而皆准的普遍意义。英国资本主义的发展、工业革命的爆发都被认为是全球其他国家的标杆。工业革命后的英国成为欧洲乃至全球经济发展的领头羊，19 世纪的英国更是号称"日不落帝国"，战胜了西班牙、荷兰和法国等欧洲列强，将印度纳入殖民体系，在鸦片战争中击败中国，称霸全球。包括中国在内的众多国家将英国作为学习对象，纷纷派出留学生，同时，大力引进英国技术、机器、管理方法、企业运作模式、政治制度等，英国道路俨然已经成为全人类经济社会发展的"正常模式"。

英国近代化道路的最有力表现就是传统的农业经济向近代的工业经济转变，其转变的核心就是工业革命。史学界普遍认为，工业革命爆发于 18 世纪 60 年代至 19 世纪 40 年代的英格兰中部、西北部地区，它是以机器取代人力、以大规模机械化生产取代手工生产的一场生产与科技革命。意大利著名经济史学家卡洛·奇波拉主编的《欧洲经济史》强调，工业革命"一般用来指复杂的经济变革，这些变革蕴含在由生产力低下、经济增长速度停滞不前的、传统的、工业化前经济向人均产量和生活水平相对提高、经济保持持续增长的现代工业化发展的转变过程。这一转变的性质，可以通过一系列相互关联的变革来说明：经济组织变革、技术变革、工业结构变革。这些变革和（既是原因又是结果的）人口、总产值及人均产量（即使不是立即，也最终将实现的）持续增长有着一定的联系"。

总之，工业革命是机器工业化的开端，是农业社会迈向工业社会的里程碑。而英国道路正是成功地体现了这种里程碑意义。虽然笔者反对将英国道路视为人类社会的普遍模式和前近代经济的必然归宿，但我们仍可以将英国及其近代化道路作为探讨中国近代化道路的一个非常好用的比较对象。

最后笔者要明确一下，本书中所称的"英国"主要是指英格兰与威尔士。

江南的经济奇迹

早在 1986 年，美国著名汉学家柏金斯就指出，18 世纪中期，工业革命在英国发生，随后横扫欧洲其他部分和北美，用了 150 年的时间，才使这些地区实现工业化，提高了今天世界上 23% 的人口的生活水平。而中国今天的经济发展倘若能够继续下去，将在四五十年内使得世界另外 23% 的人口生活在工业化世界中。中国 40 多年的快速发展创造了人类历史上最伟大的经济奇迹，而这一奇迹正在验证柏金斯 30 多年前说的话。

马克思在《致帕·瓦·安年科夫》中写道："生产力是人们应用能力的结果，但是这种能力本身决定于人们所处的条件，决定于先前已经获得的生产力，决定于在他们以前已经存在、不是由他们创立而是由前一代人创立的社会形式。"

据此，40 多年快速发展的中国经济必定有其历史原因，我们能从历史中找出当今中国经济高速发展的根源。

江南地区属于长江三角洲的核心区域，根据 2010 年 6 月国家发展和改革委员会发布的《长江三角洲地区区域规划》，长江三角洲范围包括上海市、江苏省和浙江省，以上海市和江苏省的南京、苏州、无锡、常州、镇江、扬州、泰州、南通，浙江省的杭州、宁波、湖州、嘉兴、绍兴、舟山、台州等16个城市为核心区，面积21.07万平方公里，核心区面积约10万平方公里。

本书所指的江南地区是按照清华大学李伯重教授的研究结论，依明清时期的行政区划，其地域范围限定在苏州、松江、常州、镇江、江宁、杭州、嘉兴和湖州以及太仓州这八府一州组成的地区，总面积约4.9万平方公里。

20世纪80年代以来，江南地区经济获得了十分迅猛的增长。根据无锡市统计局吴红星的《2014年长三角核心区经济发展报告》，2014年长江三角洲核心区生产总值已达到10.60万亿元。长三角核心区以1%的面积、5.4%的人口，创造了全国16.67%的生产总值，说明了该地区无愧为中国经济奇迹中的奇迹。

根据《长三角核心区16个城市2014年国民经济和社会发展统计公报》，2014年年末，该地区户籍人口7308万，人均年收入约14.5万元，折合约23612美元。相当于2014年法国人均年收入（44192美元）的53%，英国人均年收入（48191美元）的49%。1978年至2014年，仅仅36年的时间，江南大有赶超西欧先进国家之势，读者朋友们不要忘记江南核心区还保持了比较高的年经济增长率，江南地区的人均收入达到甚至超过英法等西欧国家也许指日可待。

造就江南经济奇迹的原因有很多，改革开放以来的经济改革措施，海外资本、先进技术和管理方式的大量引进，无疑是江南经济起飞的重要因素。但仅凭这些因素不足以解释江南经济奇迹的发生，因为这些因素不仅存在于江南，也存在于中国其他地区。故江南地区经济奇迹的实现必定有其深刻的历史原因。

从宋代开始，江南地区就是中国经济发展的领头羊，一直是中国经济最发达的地区之一。无论是遭遇制度变更、政权更迭、战争，还是面对技术革新、创新管理，江南的领先地位一直保持了下来。反观欧洲，在过去的一千年中，最发达的地区几经变换：君士坦丁堡、德意志的自由市、威尼斯、伊比利亚半岛、低地国家、英国等，各领风骚。

因此我们可以放心地说，由于拥有长期而发达的工商业基础，今天江南的经济奇迹是在新的条件下将传统经济中的有效因素加以利用的结果。江南地区，特别是其核心区，比中国其他地区更适应近代经济发展模式。

本书的创作思路

由于 19 世纪中国的落后是相对于欧洲的，所以本书采用了比较的分析方法。传统研究中经常以民族国家作为比较对象，例如拿中国近代化道路与英国近代化道路进行比较。传统研究方法通常是找出那些在英国发生却没有出现在中国的历史事件，比如资产阶级革命的爆发，君主立宪制的建立，近代科学技术的发展，圈地运动造成的大量自由劳动力，海外殖民扩张使广大殖民地沦为英国的原料产地和商品市场，等等。同时，又列举出一些只在中国出现而在英国没有出现的情况，比如明清政府专制保守、政治腐败；奉行重农抑商政策，打压工商业的发展；统治阶级对农民和手工业者残酷剥削，占有他们全部剩余劳动甚至部分必要劳动创造的价值，并将剥削所得全部用于挥霍消费而不是去扩大社会再生产；明清政府的法律制度不保障产权；儒家价值体系和教育制度抑制发明创造精神；明清人口暴增，导致经济的"过密化"（或

"内卷化")①，等等。

　　传统的研究方法充分表明了"西方中心主义"（又称"欧洲中心主义"）的盛行。正如我在《说不明　道不清》第一册开场白中讲到的，"西方中心主义"是19世纪开始产生的，从欧洲特别是西欧的角度来看待整个世界的一种隐含的信念，自觉或下意识地感觉到欧洲，特别是西欧对于近代世界的优越感，认为西欧具有不同于世界其他地区的特殊性和优越性，因此西欧是引领世界文明，特别是近代文明发展的先锋，也是其他地区迈向近代文明的灯塔。

　　但笔者认为传统的"西方中心主义"的比较方式中存在两个不妥之处。

　　第一，在比较单位的选择上存在不妥。传统研究经常将中国与英国进行比较，可明清中国既有市场经济繁荣、工商业发达的江南地区，又有经济落后、封闭保守的偏远地区；16—19世纪的欧洲实际上与中国类似，既存在经济发达的英国、荷兰等国家，也有经济落后的地区。中国面积、人口与欧洲在同一水平上，远远大于英国，而江南地区不但与英国一样同属于核心区域（都具有相对自由的市场、广泛发展的工业和高度商业化的农业、繁盛的对外贸易等），而且就各自所具有的经济职能来说，江南与英国更具可比性。那为什么不直接比较中、欧各自的核心区呢？所以，本书放弃了传统的以民族国家为单位的比较对象，改以中、欧各自的经济核心区作为比较单位，也就是用江南对比英国，用中

---

① 过密化或内卷化（involution），最早出现在美国历史学家黄宗智《长江三角洲小农家庭与乡村发展》一书中，他把这一概念用于明清中国经济发展与社会变迁的研究，把通过在有限的土地上投入大量的劳动力来获得总产量增长的方式，即边际效益递减的方式，称为没有发展的增长，即"过密化"或"内卷化"。他认为明清以来，在人口的压力下，中国的小农经济逐渐变成一种"糊口经济"。几个世纪以来，中国农村经济的商品化并不是一种发展进步，而是贫困的小农为了生存而不得已的选择，商品化并没有打破小农的经营体制而是进一步强化了它。

国对比欧洲。

第二，结论先行的研究方法存在不妥。"西方中心主义"认为英国道路是一条"正常"的发展道路，并把工业化、资本主义视为前近代社会经济演变的最终归宿。在研究展开前就已先行认定英国道路的必然性、先进性，在研究中为了证明这个结论，必然会刻意寻找甚至扩大明清中国的"落后"因素，而对中国的先进因素或英国的落后因素视而不见。持有西方中心史观的学者更多关心的是江南经济史中"应当发生什么"，而较少真正关心江南经济史中"究竟发生了什么"。他们一般认为明清中国技术停滞、制度僵化、人口危机、国家和统治阶级极力阻碍经济发展等，最终导致了中国经济陷入一种恶性循环，不可能自发出现近代经济成长。然而，这些观点并未得到充分的证实，有些甚至只是一种揣测。

20 世纪 70 年代以来，在西方经济史学界出现了越来越多的质疑"西方中心主义"的观点与看法，特别是 90 年代后期以来，加州学派①的兴起，更是对传统的"西方中心主义"主流观点提出挑战。该学派学者认为，明清中国社会经济并未停滞，海外贸易有了很大发展，国家做了不少努力以促进经济发展和提高社会福利，例如鼓励农业、兴修水利、放宽对工商业的限制、维护国内正常的贸易秩序、消除国内贸易障碍、保障人民基本的人身和财产安全、积极赈灾、减免赋税等。这些举措使工商业经济有了很大发展，市场机制变得更加有效，人民生活水平有相当的提高，教育日益普及，社会流动性加强，社会也变得更加平

---

① "加州学派"（California School）是 20 世纪 90 年代在美国中国史学界崛起的一个学派，因其核心人物多集中在加州大学尔湾分校而得名，它以一批活跃的少壮派社会经济史学家为主，他们在中国史和世界史的研究中反对西方中心论，力图提出新见解，已经在国际经济史学界形成强大冲击波。代表人物有彭慕兰、王国斌、杰克·戈德斯通、李中清、李伯重等。

等。在近代早期（16世纪至工业革命前），中国，特别是江南地区与西欧之间，在人口行为、劳动生产率、生活水平等方面的差别并不如过去所想象的那么大，中、欧彼此的经济发展水平在1800年前后也比较接近。之后中、欧发展的大分流才逐渐显现出来：英国以及其他西欧国家走到了前头，而中国则落到了后面。新观点对中、欧大分流的原因也做出了更加深刻的分析。

上述全新研究推动了明清中国经济史研究向前发展，并使之得以摆脱以往"西方中心主义"的束缚，从而避免了把中国的实际削足适履地塞入英国道路的历史经验之中，并且为江南经济史研究提供了一种更为宽广的视野。本书写作的目的之一就是为了将明清经济史学界反"西方中心主义"的最新研究成果普及、分享给各位热爱历史的读者朋友，同时也希望能提出一些自己的见解，抛砖引玉。

------------------华-----丽-----的-----分-----界-----线------------------

维多利亚女王：我是大不列颠及爱尔兰联合王国的女王和印度女皇，汉诺威王朝的最后一位君主，1837—1901年在位，时长达64年。我在位期间，大英帝国国力蒸蒸日上，完成了工业革命，建立了庞大的殖民地，被世人称为"日不落帝国"，帝国的身影……

作者：你说完了没有？每次篇尾对话就这么点篇幅，你想占去多少？

维多利亚女王：我说完了没有？我说的话还不都是你小子写的？你不写，我能说吗？

作者：好，好，怨我，怨我，还不行吗？

维多利亚女王：可不怨你！我看你小子这是要全面否定"西方中心

主义"呀。你野心倒是不小，但欧洲就是近代世界的中心，是你否定不了的。工业革命就是爆发在我大英帝国的。

作者：没错，工业革命是在英国爆发，英国也确实是第一个实现近代工业化的国家，这些我都承认，我也承认近代中国落后于欧洲，但我要找出落后的原因。

维多利亚女王：我大英帝国励精图治，开疆拓土，暴霜露斩荆棘，我们容易吗？你几句废话就想否定掉？没门！

作者：我们中国人民和你们英国人民一样，也是勤勤恳恳，任劳任怨，辛苦劳作。不要以为近代中国低人一等，你们英国的发展，离不开世界经济体的发展，也就离不开中国的发展，本书将对此分析得一清二楚。

维多利亚女王：我倒要好好看看你的"异端邪说"。

作者：好，您就瞧好吧，全是史学界的最新研究成果！

------------------华-----丽-----的-----分-----界-----线------------------

三个人与一个陷阱

现在笔者要把本书涉及的一些经济学基础理论，用通俗的语言给各位读者朋友介绍一下。

三个人是指三位名震天下的英国古典经济学家：亚当·斯密、大卫·李嘉图和马尔萨斯。亚当·斯密的代表作是《国民财富的性质和原因的研究》，简称《国富论》，这个简称比全称的名气大得多；大卫·李嘉图以《政治经济学及赋税原理》闻名天下；马尔萨斯则有名著

《人口论》。

　　此三人都生活在 18—19 世纪的英国，虽然他们生活的年代工业革命正在开展，但他们谁也没有看到工业革命将给人类社会带来的巨大变化，在他们的著作中也没有提及工业革命。这也从一个侧面说明工业革命的发生是相对平静、波澜不惊的。他们仍然生活在一个技术变革缓慢、创新较少的世界中，并认为人类生产生活的全部必需品——食物、衣物纤维、建材和燃料等，都必须出自土地，经济发展更多地依靠市场的扩大和专业化的加强。随着生产力水平的提高，人口必然增多，由于人口增殖能力比土地生产人类生活资料能力更为强大，工资与地租比势必不可避免地持续下降，工资会下降到只够糊口维生的程度，而不会出现近代社会中人均收入持续高涨，人民生活水平稳步提高的情况。

　　马尔萨斯更是认为人口增长是呈几何级数增长的，而生存资料仅仅是按照算术级数增长的，多增加的人口总是要以某种方式被消灭掉，人口不能超出相应的经济发展水平。如果没有天灾或战争这种大规模的遏制人口增长手段，那增长的人口会使一个社会不得不将更多的稀缺资源（主要是土地）投入粮食的生产，这样用于生产衣物纤维、建材和燃料的土地就会大大减少，而粮食产量的增加又会推动人口的增长，人口的增长又反过来使得粮食生产占用更多的土地。

　　随着投入粮食生产的土地越来越多，其边际生产率①就会越来越低，因为人们势必最先耕种肥沃的土地，然后开发不太肥沃的土地，最后再去开垦贫瘠的土地。当人口不太多时，人们只需耕种肥沃的土地即可满足需求。我们假设 1 亩肥沃土地可生产 100 单位粮食，随着人口的增长，

---

① 边际生产率（marginal productivity）是对生产函数的一阶导数，是指在各种产业中每多增加一单位的生产要素（如劳工、资本、土地等）所能增加的生产量。当边际生产率过低或接近零时，表示该产业的发展规模已经接近饱和，人力、物力应转投向其他的产业。

人们开始开发不太肥沃的土地（假设 1 亩不太肥沃的土地可产 60 单位粮食），每亩土地的生产率就从 100 单位降至 60 单位，可为了维持新增的人口这也是没办法的事情。虽然投入生产的土地所增加的粮食产量变少了，但总产量还是在增长，所以这样做还是划算的。可人口还在不断增长，人们就不得不开垦贫瘠的土地（假设 1 亩贫瘠的土地可产 40 单位粮食），每亩土地的生产率又下降至 40 单位了。由于人口的增加，虽然边际生产率已经很低了，新增产量都不足以维持新增人口原有的生活水平了，但为了增加总产量以供养不断膨胀的人口，也只能如此了。社会生产就这样陷入一种死循环，即为了供养越来越多的人口，不得不投入越来越多的耕地，而边际生产率已经非常低了，甚至已经接近或者低于新增人口的维生需要了。这种死循环被称为"马尔萨斯陷阱"。

"马尔萨斯陷阱"使得除了农业外，其他产业特别是需要大量木材做燃料的工业得不到足够的资源，因为耕地面积的扩大必定意味着林地面积的缩小，而林地面积的缩小就使得冶铁、印染、制盐等大量消耗燃料的工业很难进一步发展。在前近代社会，经济发展所需的一切资源最终都要回到土地，经济发展所需的一切能量最终都要靠植物的光合作用来提供，这种经济被称为"有机经济"。随着人口的增长，农业边际生产率逐渐降低，同时也限制了非农业的从业人口，自然资源和人力资源都被迫留在了农业，工业也就得不到大规模发展。上述的尴尬局面正是18—19世纪英国、江南等世界经济发达的核心区所面临的真正困境。

"马尔萨斯陷阱"实际上是土地上生长的绿色植物通过光合作用所转化的太阳能数量极其有限，制约了人类经济的发展极限，粮食、衣物纤维、燃料、建材的生产都在抢夺土地，即抢夺绿色植物所转化的太阳能，而土地提供的原材料与能量有限，故经济就被限制在这种有机能源所提供的能量范围之内。要想进一步发展，必须开发新能源，跳出"马尔萨斯陷阱"。

工业革命正是跳出"马尔萨斯陷阱"的终极因素，正是工业革命实现了有机经济向矿物能源经济的历史性转变。本书实际上是要告诉读者朋友们英国是靠什么爆发了工业革命，从而跳出了"马尔萨斯陷阱"，中国为什么没能跳出这一陷阱。

向各位牛人致敬

牛顿说："假如我看得远些，那是因为我站在巨人的肩上。"笔者要向本书所倚仗的史学前辈、大牛致敬：荷兰经济学家安格斯·麦迪森，英国历史学家里格利、斯科菲尔德，中国史学家李文治、欧阳凡修、全汉升、吴承明、方行、张忠民、李伯重、范金民、徐新吾、曹树基、葛全胜、汪崇篔、江太新、杨国桢、刘瑞中、刘光临、刘逖、李宏利、许檀、经君健、梁柏力、吴建华、黄敬斌、张卫良，美国历史学家沃勒斯坦和加州学派的历史学家彭慕兰、王国斌、杰克·戈德斯通、李中清，等等。

本书汲取了他们每位的研究成果，笔者希望自己能将他们最新的史学研究成果以通俗的文字呈现给各位读者朋友，同时也希望能与大家交流探讨，以达到好好学习、天天向上之目的。

本书到底讲什么？

本书的主旨是利用学界非"西方中心主义"的最新研究成果，从经济学、生态学的角度，用通俗的语言阐明中国为何没能及时跳出"马尔萨斯陷阱"，工业革命为何没在中国率先爆发，从不同角度揭开鸦片战争清朝败于英国的历史之谜。时间跨度基本在 17—19 世纪中期（截至鸦片战争），为了表述方便，本书所称明清时期特指这段时间。

除去前言外，本书分为三章。

第一章关注工业革命前的 17—19 世纪上半叶，以郑成功收复台湾之战为切入点。对比此一时期的中国与欧洲、江南与英国，我们会发现在军事实力、经济总量及人均占有量、生活水平、市场经济成熟度、商业和商人地位、技术水平、政府对经济发展的促进作用等方面，双方不分上下，存在很多相似之处，从中我们可断定这些因素并不是造成 19 世纪中叶中国相对落后的原因。

第二章主要分析导致工业革命于 18 世纪下半叶至 19 世纪中期在英国爆发的因素。通过分析，可以得出近代世界经济体带给英国的大量生态产品和煤的大量开发、使用，缓解了英国的生态紧张、资源紧张状态，从而使得英国在人口增长、人均消费增加的情况下，仍有能力将大量人力资源和自然资源（主要是土地）投入工业生产中，并最终推动工业革命的到来，实现了有机经济向矿物能源经济的转变。最终赶超中国，并在鸦片战争中战胜中国。

第三章主要分析 18—19 世纪的江南地区为什么没有获得类似英国的有助于跳出"马尔萨斯陷阱"的有利因素。江南未能从世界经济体中获取足够的生态产品，也就未能缓解马尔萨斯式的生态紧张状态，再加上中国的煤矿大多分布于内蒙古、山西等地区，且没有便利的水路交通连通江南，故江南利用这些煤矿资源较为困难，工业发展在江南乃至全国都阻力重重，从而造成了中国自 19 世纪中期开始的相对落后。

未完待续部分是全书的总结，进一步讲明世界经济体与煤在工业革命爆发中所起到的重要作用，从而最终揭示近代中国、欧洲经济社会发展的真实进程。

----------------华-----丽-----的-----分-----界-----线----------------

作者：三位大牛好，我叫你们大爷吧。

马尔萨斯：你把我们搬出来给你说事儿，还叫我们大爷。我是谁大爷呀？我是你大爷呀？

大卫·李嘉图：没错，我也是你大爷。

作者：哎哟喂，我说，您二位就是我爷爷的大爷，我也不吃亏呀。跟我一晚辈，就别计较这么多了。看人家斯密大爷，就不说话。

大卫·李嘉图：废话，你不写他说话，他能说话吗？都死了这么多年了。

马尔萨斯：就是，你是作者，让谁说话谁说话。我们都是英国人，哪会汉语呀，你写得不也挺顺吗？我和小李观点一致，坚信人类经济发展有上限制约，边际收益递减，那个什么"马尔萨斯陷阱"确实存在，虽然我不喜欢别人把我的名字用在陷阱上。

作者：你们就是死得早，你们英国就跳出"马尔萨斯陷阱"了。在工业革命的推动下，有机经济最终被矿物能源经济取代了。

大卫·李嘉图：老马，你说咱俩就生活在18世纪末19世纪初，怎么就没感觉出来工业革命呢？

马尔萨斯：就是。我感觉就是一场长期延续的工业变革，静悄悄地，我们都不知道，估计斯密也不知道。

作者：嗯，所以还是建议您二位也看看我的书吧。

大卫·李嘉图：好，我们都买一本，给你捧捧场。

作者：谢谢，谢谢！

马尔萨斯：小李，咱走吧，到点儿了，咱不是跟斯密定的今晚撸串吗？别晚了。

大卫·李嘉图：好嘞，走着您，回见了您嘞。

作者：二位爷，慢走，不送。

------------------华-----丽-----的-----分-----界-----线------------------

目 录 CONTENTS

第二章
大分流：工业革命优先光顾英国 / 101

第三章
大揭秘：近代中国与工业革命 / 163

第一章

姐妹花：原来中、欧如此相像

传统观点认为，中国在明中叶开始落后于西方。与欧洲相比，17 世纪至 19 世纪初的中国经济总量、人均占有量持续下降，人民生活贫困化，市场经济落后或根本就不存在，商业与商人地位低下，技术相当落后，明清政府实行重农抑商与闭关锁国政策，等等。而同一时期的欧洲则经历着大航海时代、商业革命、文艺复兴、宗教改革、启蒙运动、科学革命、资产阶级革命等翻天覆地的变化，欧洲把中国远远甩在了后面。

本章我们就来仔细分析一下 17 世纪至 19 世纪初中国、欧洲经济社会发展的差异程度，以及传统观点中那些造成中国落后的因素。最终读者朋友们会看到迟至 18 世纪末甚至 19 世纪初，中、欧发展才出现大分流。在此之前，中、欧经济发展中存在着无数惊人的相似之处，在不同的领域中各有优势与劣势，发展水平处于伯仲之间，而且很多传统认为阻碍中国经济发展的因素并不存在。

经济指标

我们最常用的一个经济指标是经济总量指标：生产总值；另一个是人均占有量指标：人均生产总值。我们就从这两个指标入手，看一看经济史学界对近代早期中、欧经济表现的最新研究成果。

生产总值是指一个国家或者地区所有常驻单位在一定时期内生产的所有最终产品和劳务的市场价值，它是衡量一个国家或地区总体经济状况的重要指标。

国民收入是另一个较为重要的经济指标，它是指物质生产部门劳动者在一定时期所创造的价值，是一国或一地区全部生产要素（包括资源、劳动、资本、企业家才能等）所有者在一定时期内提供生产要素所得的报酬，即租金、工资、利息和利润等的总和。

生产总值和国民收入都是在收集整理较为系统全面的一定时期内经济统计资料基础上进行综合估算。对当前生产总值和国民收入的估算都要投入大量人力、物力、财力，难度较大，就更别提对历史上的生产总值和国民收入的估算了。历史越久远，对二者估算所需的经济统计资料留存就越少，统计困难也越大。16—19 世纪中国与欧洲生产总值和国民收入估算的材料不多，下面是笔者找到的一些经济学家和经济史家的研究成果。

比利时经济史家保罗·巴罗克认为在 19 世纪工业革命完成前，世界各国购买力平价（Purchasing Power Parity，简称 PPP）[①] 人均生产总值的差距都不大，不会超过 30%。表 1.1 是巴罗克在《工业革命以来国民经济不平等的主要趋势》一文中估算的 18—20 世纪中国和其他地区的购买力平价人均生产总值。

表 1.1 18—20 世纪中国和其他地区的购买力平价人均生产总值

单位：1960 年美元

年份	西欧	东欧	北美	中国
1750 年	190	165	230	—
1800 年	215	177	239	210
1860 年	379	231	536	195
1913 年	693	412	1333	188
1977 年	2491	2149	4168	346

[①] 由于不同国家的价格水平千差万别，用实际市场汇率计算出来的生产总值并不能真实反映出一国的经济发展水平。购买力平价是一种根据各国之间的价格差距计算出来的货币之间的等值系数，使我们能对各国的 GDP 进行更为合理的比较。也就是说购买力平价生产总值已经消除了各国间商品和服务价格差距，更加实际，更具可比性。

从表 1.1 中，读者朋友们可以看到迟至 1800 年，中国购买力平价人均生产总值只是稍稍低于西欧，应该是高于整个欧洲的购买力平价人均生产总值的。到了 1860 年工业革命完成后，中国才落后于欧洲。

荷兰著名经济学家安格斯·麦迪森曾供职于经济合作与发展组织（OECD）发展研究中心，他有多本著作都涉及中国经济问题，表 1.1、表 1.2 是我从他的《世界经济千年史》和《中国经济的长期表现：公元 960—2030 年》等书中提供的数据总结而来。

表 1.2 中国与欧洲国家及地区经济对比

单位：1990 年元

年份	生产总值 / 十亿元		人均生产总值 / 元					生产总值 所占百分比	
	中国	欧洲	中国	欧洲	西欧	东欧	英国	中国	欧洲
1500 年	—	—	600	—	771	496	714	—	—
1600 年			600	—	889	548	974		
1700 年	82.8	92.6	600	923	997	606	1250	22.30%	24.90%
1820 年	228.6	184.8	600	1090	1202	683	1706	32.90%	26.60%
1870 年	—	—	530	—	1960	937	3190	—	—
1952 年	305.9	1730.7	448	—	4578	2111	6939	5.20%	29.30%

表 1.3 中国、欧洲生产总值及人均生产总值年平均混合增长率

经济指标	生产总值 / %		人均生产总值 / %	
年份	1700—1820 年	1820—1952 年	1700—1820 年	1820—1952 年
中国	0.85	0.22	0	— 0.10
欧洲	0.58	1.71	0.14	1.05
全世界	0.52	1.64	0.07	0.93

通过表 1.2、表 1.3，读者朋友们可以清楚地得知：直到 1820 年，中国的经济表现并不比欧洲差很多，特别是生产总值总量和所占百分比仍然比欧洲高，生产总值增长率方面也是高于欧洲，但由于 1820 年中国人口（3.8 亿）远远高于欧洲（1.69 亿），故人均 GDP 及其增长率比欧洲略低。是到了 19 世纪中期工业革命完成以后，欧洲才全面赶超中国。

中国经济学者刘瑞中在 1987 年发表过一篇名为《十八世纪中国人均国民收入估计及其与英国的比较》的论文，文中通过估算 18 世纪中国粮食产量和农业收入，推导出该时期中国的国民收入。结果如表 1.4（以 1700 年白银价格计算）：

表 1.4 18 世纪中国的国民收入及人均国民收入

年份	国民收入 / 百万两	人均国民收入 / 两
1700 年	73877	6.6
1750 年	130557	7.3
1800 年	198263	6.7

香港科技大学刘光临在《宋明间国民收入长期变动之蠡测》一文中得出如下结论：

表 1.5 16—19 世纪中国的国民收入及人均国民收入

年份	国民收入 / 百万两	人均国民收入 / 两
1580 年	432	2.88
1770 年代	2009	6.45
1880 年代	2781	7.63

刘瑞中与刘光临的研究结果相差不大，我们可以拿它们与 18 世纪

英国的国民收入进行比较。刘瑞中对比了 18 世纪中、英小麦的价格，发现整个 18 世纪英国的物价水平是中国的 2.12 倍，所以应用购买力平价的中国人均国民收入值乘以 2.12，对比结果如下：

表 1.6 18 世纪中英真实人均国民收入比较

单位：银两

年份	清朝	英国	比值
1700 年	13.99	19.91	1：1.42
1750 年	15.48	32.77	1：2.12
1770 年代	13.67	—	—
1800 年	14.2	61.47	1：4.33
1880 年代	16.18	—	—

从表 1.6 可知，18 世纪初期，中、英人均国民收入差别不大，随着英国工业革命的爆发，英国的人均国民收入才大幅度地超过中国。但请读者朋友们不要忘记，中国可是包含富裕的江南和贫穷的偏远地区，而英国则是整个欧洲的核心地区，所以这种比较实际上对中国非常不公平，而且也不能看清中、欧各自核心区的真实经济实力。

江南 VS 英国

前文笔者已阐述中、英之间不存在直接的可比性，应该用中国的经济核心区江南地区与欧洲的经济核心区英国进行比较。

江南地区前近代的经济统计数据很难找到，目前笔者只找到清华大学李伯重教授对江南的核心区松江府①华亭县与娄县的研究成果，他在《中国的早期近代经济——1820 年代华亭—娄县地区 GDP 研究》一书中，通过多种方法对松江府华亭—娄县地区的生产总值进行了估算。李伯重的方法非常细致，根据不同产业部门的具体情况，依据可以获得的资料，并从近代情况出发进行合理的推求，然后运用不同的方法对各产业部门增加值进行分析，最终发现 18 世纪 20 年代松江府华亭—娄县地区的生产总值大致为 1300 万两白银。当时当地的人口总数约为 56 万，人均生产总值为 23.2 两。复旦大学博士后刘逖在《论安格斯·麦迪森对前近代中国 GDP 的估算：基于 1600—1840 年中国总量经济的分析》一文中说，1600 年 1 两白银 =1990 年 89.75 美元，按此换算比率，1820 年江南核心区华亭—娄县地区人均生产总值可折算为 1990 年的 2082 美元。

根据安格斯·麦迪森的《世界经济千年史》给出的数据，1820 年英国人均生产总值折算一下，相当于 1990 年的 1706 美元，如果除去经济相较不发达的爱尔兰地区，英格兰、威尔士与苏格兰的人均生产总值可折算成 1990 年的 2121 美元。

通过上述数据对比，我们发现迟至 1820 年，中、欧各自的经济核心区人均生产总值可谓不相上下，这说明工业革命前的中国经济核心区的表现至少不比欧洲经济核心区差。

生活水平

传统观点认为明清时期，特别是清代，普通民众生活水平普遍很

---

① 松江府即今上海。

低，农民终年劳作，不辞辛苦，最终只能换来勉强糊口的生活。下层民众一直在与艰苦生活做着殊死搏斗。而同一时期的欧洲民众，特别是英国民众，生活水平持续上升，产生了消费社会，最终促使近代化的实现。

亚当·斯密于 1776 年发表了著名的《国富论》，其中第八章《论劳动工资》有一部分写到中国人民的生活水平：

劳动者工资低廉，难以赡养家属。大量的耕作者终日劳作，所得报酬若能购买少量稻米，就已经非常满足。而技工的状况更加恶劣，大量的手工业者携带器具，为搜寻机会，乞求工作，不得不在街市东奔西走。中国下层人民的贫苦程度，远远超过了欧洲最贫乏国民的贫困程度。在广州附近，千百户人家，陆地上没有居处，栖息在河面的小渔船中，因为缺乏食物，有些人争抢欧洲来船投弃到船外的污秽废物。腐烂的动物尸体，比如死猫或者死犬，纵使一半已经烂掉发臭，人们得到它，也会像得到卫生食品一样高兴。

这真的是康乾盛世时的人民生活真实写照吗？

亚当·斯密没有来过中国，他对中国的描述基本上是道听途说。我们来看一位曾经亲自到过中国的英国东印度公司职员 H.H. Lindsay（中文名胡夏米）对上海的描述：

人口看来甚为稠密，乡民们身体健康，吃得也不错。小麦做成的面条、面饼是他们的主食。我们在此期间，地里小麦刚收割完毕，土地耕耙、灌溉后紧接着又种上水稻。水稻要到九月份收割。此足见当地土壤之肥沃异常。当地的冬天据说十分寒冷，有些年份数尺深的积雪可经月不化，冰块大量地存放到夏季，主要用于保存鲜鱼……每户农家都自行整棉、纺纱、织布，所产棉布足供自用，余则入市求售……上海所产的南京布据说是帝国中质量最为上乘的，每匹价银 3—4 钱不等。

（上海县城）除了在中国任何地方都难以买到的牛肉之外，这里各类食物的供应既便宜又充沛。山羊很多，羊肉供应也同样充沛。这里的水果比南方的好得多，我们逗留之时，正值桃子、油桃、苹果和枇杷等上市，价格十分便宜，各种各样的蔬菜供应也十分丰富。

胡夏米于 1832 年 2 月，乘坐"阿美士德号"帆船从澳门沿中国东南沿海考察航行，6 月 20 日来到上海吴淞口，在上海停留了 18 天。上述记述摘自他的日记。日记不是为了发表给别人看的，而是留给自己看的，所以一般认为可信度比较高。

在他的笔下，上海人的生活还是不错的，吃的有米饭、面条、面饼，还有用冬季留存下来的冰块保存的鲜鱼、羊肉等肉制品，就是没有牛肉，但水果、蔬菜极其丰富，棉布不但可以自给，一些家庭还有余布到市场上出售以换取一些钱财。在正常的年景下，这一带物产丰富，物价平稳，勤勉的人可以过上殷实的生活。

同样是英国人，他们对中国人生活水平的记述差别怎么会这么大呢？为了搞清楚这个问题，我们需要认真考察一下 17—18 世纪中国人的生活水平，并将之与同时期的欧洲对比。

平均寿命

寿命是反映社会经济生活状况的重要参照指数。一个社会人口寿命的高低，与社会历史发展阶段密切相关，既可反映该社会农业、工业、医学、科学技术等方面发展的总体水平，也可反映一个社会的总体治安情况以及健康环境。总之，平均寿命的高低在一定程度上反映着一个社会的经济繁荣程度。因此，我们可以通过对比 17—19 世纪中、欧平均寿命，从一个侧面审视这两个社会的经济发展水平。

在分析之前，读者朋友们要先了解一个概念：平均预期寿命。它是人口学上的一个重要概念，是指假若当前的分年龄死亡率保持不变，同一时期出生的人预期能继续生存的平均年数，即已经活到一定岁数的人平均还能再活的年数。在不特别指明岁数的情况下，平均预期寿命就是指新生儿的平均预期寿命。比如说 2013 年 3 月 15 日的《每日新报》报道：记者从天津市卫生局召开的 2013 年度工作会上了解到，截至目前，天津的人均预期寿命达到 81.19 岁。意思是说，2013 年出生的天津人平均还能活 81.19 年。

好，懂得了平均预期寿命的概念，我们就来比较一下 17—19 世纪中、欧人均预期寿命吧。

英国历史学家劳伦斯·斯通在《英格兰家庭、性别与婚姻 1500—1800》一书中说：1650 年的英格兰，甚至贵族儿童出生时的预期寿命也只有 32 岁左右，1750 年以后才超过 40 岁。里格利与斯科菲尔德在《英格兰人口史 1540—1871》中考察了大量的英国村庄后提出，在整个 18 世纪，人均预期寿命在 35—39 岁之间，19 世纪升到了 40 岁。除了英国以外，1770—1790 年，法国婴儿出生时的预期寿命在 27.5—30 岁之间。德国在 1816—1860 年不同地区的预期寿命如下：普鲁士 24.7 岁，莱茵省 29.8 岁，威斯特伐利亚 31.3 岁 ①。

现在我们来看一看明清时期中国人口的平均寿命。上海社会科学院李宏利在《明清上海士人群体寿命探析——以墓志为中心》一文中，分析了明清两代上海籍士人墓志样本 513 篇，涉及 1154 人（其中有明确死亡年龄的有 600 人），得出如下结论，见表 1.7：

表 1.7　明清上海士人群体寿命

死亡年龄	男性	女性	合计	占全部人口比例
15—19 岁	1	2	3	0.5%
20—29 岁	8	10	18	3%
30—39 岁	19	20	39	6.5%
40—49 岁	34	14	48	8%
50—59 岁	72	25	97	16.17%
60—69 岁	107	52	159	26.5%
70—79 岁	110	56	166	27.67%
80—89 岁	31	22	53	8.83%
90—99 岁	6	11	17	2.83%
合计	388	212	600	—
总平均死亡年龄			63.45 岁	
男性平均死亡年龄			63.60 岁	
女性平均死亡年龄			63.17 岁	

单从数字上看，读者朋友们可能要惊讶于上海士人寿命之长了。上

---

① 数据来自彭慕兰的《大分流：欧洲、中国及现代世界经济的发展》，江苏人民出版社，2004 年版，第 32 页。

海地区经济发达，生活水平较高，医疗卫生等保障水平也较高，再加上表 1.7 反映的又是士人的情况，所以其平均死亡年龄肯定高于全国平均水平。我还要告诉读者朋友们的是表 1.7 的数字是平均死亡年龄，不是平均预期寿命。所以看上去其数字要远大于欧洲的数字。平均死亡年龄虽然不能直接与欧洲的平均预期寿命的数字相比，但平均死亡年龄是构成平均预期寿命的重要参数，其本身也可为认识人口寿命提供重要的依据。

根据著名华裔物理学家李政道的儿子、经济史学家李中清对 1792—1867 年辽宁一个村庄的研究，可知当时该村 1 周岁男性的预期寿命为 35.7 岁，1 周岁女性的预期寿命为 29 岁。

通过以上对平均寿命的对比，读者朋友们可以看清 17—19 世纪明清中国人的平均寿命至少不比当时的欧洲人差，这也从侧面反映出此一时期的中国社会经济繁荣程度与欧洲平均水平不相上下。

------------------华-----丽-----的-----分-----界-----线------------------

读者小伙伴（毕加索）：作者，在我的印象里，清朝一直是落后的呀，看了你的东西，怎么发现清朝跟英国不相上下呀。

作者：清朝落后要看是什么时候呀。

读者小伙伴（毕加索）：你告诉我们江南与英国人均生产总值竟然不相上下？！

作者：对，在 19 世纪以前基本是这样。

读者小伙伴（毕加索）：我感觉被你唬到了呀，让人匪夷所思呢。而且 17—19 世纪欧洲人的平均寿命这么低呀。

作者：嗯。人口寿命受很多因素影响：社会环境、大众营养水平、公共卫生条件、环境卫生条件、医疗条件，等等。在 20 世纪前，人类平均预期寿命都不太高。像江南、英国这样的经济核心区还算是比较高的呢。

读者小伙伴（毕加索）：可我觉得对比两个社会经济发展程度，最重要的还是要看居民消费水平呀。这些数据你有吗？

作者：有呀，下面咱就重点看看江南与英国的居民消费。

读者小伙伴（毕加索）：好您嘞。

------------------- 华------丽------的------分------界------线 -------------------

居民消费

居民消费是衡量一个社会经济发展水平的最重要的标尺之一。17—19 世纪，中、英都爆发了"消费革命"，所谓消费革命是指随着社会经济的发展，人均消费量大增，社会生产逐渐为消费所引领。同时，这种消费不局限于社会上层，还有向中下层民众扩散的趋势。

饮食篇

此一时期的中国居民，特别是江南地区的居民主食类消费主要是大米，除此之外就是各种麦类：小麦、元麦、大麦等。明代以来，中国粮食作物的一个重要变化是从美洲引入了新作物的栽培和食用的推广，例如甘薯、玉米和马铃薯。由于江南地区比较富裕，故居民饮食仍以米麦为主，特别是大米占有较高比例。甘薯、玉米和马铃薯等价廉、高产的作物则在西北、华北、长江中上游等较为贫困的地区多见。

下面请读者朋友们看几则史料：

明末清初，浙江海宁文人陈确（1604—1677）《寄祝二陶兄弟书》中有一段话，大意是陈确的一个宗人向陈确请教保持仆人忠诚的办法，并称自己对仆人不薄："人日给米一升，不为不厚矣。"每人每日给米1升，自认为对仆人已经是很高的待遇了。但陈确通过对比柴、油、豆腐、酒等市场价格，说明每日1升米的待遇太低了，不能保证仆人的忠心。

再来看一看王国平、唐力行主编的《明清以来苏州社会史碑刻集》中引用的《常熟邹氏隆志堂义庄规条》《延陵义庄规条》等苏州地方宗族所设义庄的优恤规条：

族中例应按口给米者，无论男女，十七岁以上每人日给白米七合，十一岁至十六岁，每人日给五合，四岁至十岁，每人日给三合，三岁以下不给。

凡族中男女无力自养者，年过十七岁以上，每日给米一升，十一岁至十六岁，每日给米五合，五岁至十岁，每日给米三合，四岁以下不给。

以上规定是清代中后期苏州地方宗族义庄对本宗族内生活贫困人口的救济抚恤标准，其标准应该是低于有经济来源人口的日常生活标准的。上述引文中使用的"合"是古代的一种容积单位，1合=0.1升。

两条史料表明，17岁以上的成人每日给大米0.7—1升，未成年人给米量酌减。明清的1升约等于现在的1.5斤。故按上述史料，可知清中后期苏州接受救济的穷人每个成年人每日可得大米1.08—1.55斤！笔者读大学时每日吃米饭8两，可见当时人均大米消费量已经不小了。

除了主食以外，江南居民还有很多副食消费。明末清初《沈氏农书》中记载：

三月，腌芥菜；四月，腌青菜；五月，腌梅子，薰杨梅；六月，合酱，买菜瓜入酱，做瓜干，做豆豉；八月，腌菱拇；九月，糟茄酱，烘青豆；十月，腌菜干，做萝卜菜干；十一月，踏盐萌菜。

明末清初农学家张履祥（1611—1674）的《补农书》[1]中列举了很多普通蔬菜种类，有丝瓜、饭瓜、南瓜、北瓜、冬瓜、菜瓜、黄瓜、苦瓜、葫芦、姜、笋、茨菰、香芋、裙带豆、刀豆、芥菜、莽菜、茄、葱、韭、蒜、甜菜、菠菜、生菜、大头菜、芹、葛芭等，而对于萝卜、芋芳、扁豆，张氏分别以专段加以论述，显得尤为重视。可以说基本反映了清代以来江南地区常见蔬菜的主要种类。

现在我们来比较一下18—19世纪中英的肉类消费情况。

据姜皋成书于1834年的《浦泖农咨》记载，江南地区农忙时雇佣短工开出的待遇是：

忙工之时，一工日食米几二升，肉半斤，小菜、烟、酒三十文，工钱五十文，日须二百文。一亩约略以十工算，已须工食二千文。

每天吃肉半斤，在前近代社会这是非常高的消费水平了。当然这只是在农忙的特殊时期，不可能全年中天天如此。

---

[1] 张履祥对《沈氏农书》极为赞赏，但尚感有不足，在其基础上约于清顺治十五年（1658）完成《补农书》。

江南地处水乡，濒海临河，水产丰富，故水产也构成了普通民众日常食谱的重要组成部分。同治时期的《苏州府志》关于海河鲜的记载十分详细，鱼、蟹、蛤蜊、蛙、白蚬、牡蛎、海蛳、虾、鳖等应有尽有。水乡农民很善于利用川泽之利，网捕水族以佐盘餐，如二月初出白蚬，"价甚贱，调羹汤甚鲜美。或剖肉去壳，与韭同炙食之，村厨中常具也，不为贵"。

《沈氏农书》所记当时一般给予雇工人的饮食待遇是"夏秋一日荤，两日素""春冬一日荤，三日素"，而荤日供给的有鲞肉①、猪肠、鱼三类。

从这条史料中，可知在 17 世纪中叶明末清初时，普通的雇佣劳动者在夏秋两季，每周有 2—3 天可以吃荤，春冬两季每周有 1—2 天吃荤。

当然，与现在无肉不欢、每餐必有肉比起来，当时的消费水平可以说低得可怜。但与同时期的英国相比，肉食消费水平可谓不相上下。

工业革命之前近百年的时间里，英国谷物价格持续走低，在劳动者工资收入较稳定的情况下，主食谷物价格的下降，意味着普通民众的收入可以购买更多的食物，甚至每周吃上一两顿肉食。到了 18 世纪上半期，对于英国普通工人家庭而言，男女主人都外出工作的家庭，或许每周牛羊肉能吃上一两次。在肉价低廉时，贫困的英国家庭每周至少吃两餐烤肉。

可见，此一时期，江南地区与英国在肉食消费上不相上下。

在 19 世纪中叶以前，糖、茶、酒等食品在全世界都属于奢侈品消费。根据彭慕兰在《大分流：欧洲、中国及现代世界经济的发展》中的计算，1750 年左右，中国人均糖消费量为 1.9—2.5 公斤。同一时期，

---

① 鲞鱼即鳓鱼，主要产于我国沿海，属近海中上层鱼类。我国北方习惯称之为"脍鱼""白鳞鱼"。鱼身一般长约 40 厘米，银白色、体侧扁，以食鱼类和无脊椎动物为主。

欧洲人均糖消费量还不到 1 公斤。

就茶叶而言，中、欧的对比可能是不公平的，因为欧洲的茶叶都是从中国购买的，由于运费、关税、垄断经营等因素，欧洲的茶叶肯定比中国少，价格也高于中国。但我们不妨也来看一看对比的数字。

著名经济史学家吴承明先生在《中国资本主义与国内市场》一书中，估算出 1840 年中国茶叶国内贸易总额为 1.18 亿公斤，如果当时中国总人口按 3.8 亿计算，那么中国人年均茶的消费量约为 0.3 公斤。

据美国商业海事研究院历史学教授罗伯特·加尔代拉在《收获的群山：福建与中国茶叶贸易，1757—1937》一文中的估算，1840 年，欧洲输入 3600 万到 4000 万公斤茶叶，此一时期欧洲人口约为 3.2 亿，因此，欧洲人年均茶叶消费量约为 0.125 公斤，远低于中国人均茶叶消费水平。

综上，通过分析 17—19 世纪中国（江南地区）的主食、蔬菜、肉类、糖和茶等饮食的消费量，我们可以十分有把握地说，此一时期的中国饮食消费与欧洲基本上齐平，某些方面（糖、茶）还有一定优势。

衣饰篇

看完了吃，我们再来看看穿。

唐代之前，中国人的衣服一般是丝织品、麻织品或毛织品。丝织品自然就是蚕吐丝织造的，由于产量小，价格非常高，只有皇室、贵族和有钱人才穿得起。老百姓一般是穿着从苎麻或亚麻中提取的植物纤维织造而成的苎麻或亚麻织物。麻织品穿在身上有一种刺硬感，不是很舒适，特别是用亚麻布做内衣的时候，更是如此。冬天的时候，就需要穿毛织品，一般是用羊毛织造，保暖性好，但直接接触皮肤时舒适感也不是很好。皇室、贵族等会穿价格昂贵的动物皮毛。

唐宋时期，棉花开始向中原移植。棉纺织品是提取的棉花纤维织造，具有吸湿性好、透气、保暖、染色性能好、比较耐磨等优点，特别是贴身穿着也十分舒适，所以，我们现在穿的内衣大部分是全棉的。

明清时期，中国人的衣物材质以棉织品、丝织品为主。在夏天，由于麻布散热性好，故人们也常穿麻织品。先看一则史料，它是道光时期松江府城全节堂收容的节妇的衣物消费记载：

节妇入堂，无衣被床帐者，各给棕榈一只，被褥一副，单被一条，枕一个，帐一顶，冬给棉袄裤一副，单布裙一条，五年一换，春秋时给单布衫裤一身，二年一换，夏日给夏衫裙裤一身，五年一换，子女同。

节妇入堂，每人给帐一顶，六年一换，新棉花被褥一副，枕一个，有子女者被褥加阔，三年一换，冬给厚棉袄裤一副，春秋给薄棉袄裤一副，仍各给冬布大衫裙一副，小衫裤两副，夏给夏布衫裙裤两副，均定二年一换……母、姑、子、女皆同，子则添给帽袜。

此标准制定于道光二十一年（1841）。据以上史料，清华大学教授李伯重认为19世纪初期，松江人均棉布年消费量应当在2.2匹以上，合英制3.17磅。但慈善机构给节妇发放衣物，其标准必定低于当时松江社会的平均水平，若以此计算棉布的年均消费量，则必然会显得很低。

清代文人兼人口学家洪亮吉（1746—1809）在《卷施阁集·生计篇》中认为"一人之身，岁得布五丈即可无寒"。五丈即2.5匹，也就是每人每年棉布消费量2.5匹，合英制3.6磅。洪亮吉的数字只是说每人每年2.5匹布即可御寒，即最低消费量是2.5匹布。实际的人均消费量一定高于此标准。

根据苏州大学历史学者吴建华《明清江南人口社会史研究》一书的估算，1776年江南人口为2482.5万左右。假定当时农村人口占80%，按每户 5 口人计算，则 1776 年江南地区有 496.5 万个家庭。如果每个农村家庭里都有 1 名妇女从事棉纺织生产，那 1776 年江南地区有 496.5 万名棉纺织从业人员。根据徐新吾与李伯重的估计，明代后期至清前期一个农妇一年可纺织 29 匹棉布。那么 1776 年江南地区人均棉布产量为 4.64 匹，合英制约 6.68 磅。

李伯重在《中国的早期近代经济——1820 年代华亭—娄县地区 GDP 研究》一书中对松江府华亭—娄县地区乡村与城镇棉纺织业产量进行了估计，得出结论：1820 年代年产棉布 500 万匹。此一时期华亭—娄县人口 56 万，因此人均棉布年产量为 8.93 匹，合英制 12.86 磅。

彭慕兰在《大分流：欧洲、中国及现代世界经济的发展》中通过计算江南棉田亩数、每亩棉花产量以及棉花年输入输出量等，得出 1750 年江南地区人均棉花年产量达 14 磅，合 10 匹标准土布。

以上是学者们对 18 世纪下半期至 19 世纪初期中国棉纺织品产量的估计，不同学者对棉布人均产量的估算有一定差距，我们权且以其平均数为准：江南地区人均棉布年产量略多于 10 磅（7 匹左右）。

除了棉布外，丝织品也是服饰中重要的奢侈品，根据彭慕兰的估计，1750 年，江南地区产丝 6000 万磅左右，人均年产量 2 磅多（1.4 匹左右）。

麻布也是不能忽略的纺织业产品，但由于学界对麻布产量的估计很少，我们只能根据棉布的产量推测麻布产量。据清乾隆年间毛赟编纂的《识小录》记载："常服多用布，冬月衣裘者百中二三，夏月长衫多枲葛，间用黄草缣。"其中布指棉布，裘指皮衣，枲葛指麻织品，缣则是丝帛。从这条史料中，可知中国人夏天的长衫材质多为麻布。据此推测，江南地区麻布的产量可能不低于棉产量的 50%。因此，我们认为此一时期江南麻制品的人均年产量不低于 5 磅（3.5 匹左右）。

综上，18 世纪下半期至 19 世纪上半期，江南地区棉、丝、麻的人均年产量共计约 17 磅（11.8 匹左右），合公制约 7.7 千克。

下面我们来看看 1800 年左右欧洲的数据 [1]：

表 1.8　欧洲国家 1800 年织品人均年产量

国家	人均年产量		备注
	磅	千克	
英国	12.9	5.85	棉、羊毛、丝、麻合计
法国	8.38	3.8	棉、羊毛、丝、麻合计
德国	5	2.27	棉、羊毛、丝、麻合计

值得注意的是，英、法、德的数字是包含棉、羊毛、丝、麻 4 种织物的人均产量，而江南地区的数字只包含了棉、丝、麻 3 种织物。即便如此，我们发现江南地区的人均产量仍高于欧洲任何一个国家，这说明在衣物消费方面，迟至工业革命期间，即 18 世纪下半期至 19 世纪上半期，中国仍不落后于西欧先进国家。

————————————— 华————丽————的————分————界————线—————————————

读者小伙伴（Crazy 绅士）：我刚才看了下我的内衣，确实是全棉的呀，要不你看看？今年是我本命年，我穿了身红内衣……

作者：打住！打住！我可不看。

读者小伙伴（Crazy 绅士）：呵呵，就是跟你开个玩笑，还真的能

---

[1] 数据来自彭慕兰的《大分流：欧洲、中国及现代世界经济的发展》附录 F，江苏人民出版社，2004 年版。

给你看我的内衣呀。

作者：我也不想看呀。

读者小伙伴（Crazy 绅士）：我觉得你这种举出具体数字的比较方法不错，让人心明眼亮、一目了然，在吃穿消费上，清前期的江南人民确实不比西欧人民差。

作者：没错。我们做研究就是要拿出具体数字，硬碰硬地分析，不能总是马马虎虎，没有数字的分析都是瞎扯……

读者小伙伴（Crazy 绅士）：行了，别废话了，我还要继续看书呢，不听你废话了。

作者：好吧，好吧，咱继续。

------------------华-----丽-----的-----分-----界-----线------------------

住房篇

明清以来，江南的住宅建筑材料以砖、木、瓦等坚固耐用的材料为主，在全国范围内处于明显的优越地位。即使农村住房的一般状况，也曾引起20世纪前半叶外来的所谓"满铁"调查员①的惊讶，认为嘉定农民的"房子与日本的农家相比远为合理，且外表也很美观。建筑材料主要是土瓦和木材……"，在松江的调查中感叹"江南水稻地带的农家住

① 日本"南满洲铁道株式会社"，简称"满铁"，是20世纪上半期日本侵华时期设立的，其在中国活动长达40余年之久。它表面上是一个经营铁路的公司，实际上还对中国物产、自然资源、社会经济状况进行调查，并为日本政府、军方相关政策提供政治、经济、社会等情报。在长达40余年时间里，"满铁"形成了大量关于中国的图书资料和档案材料，即所谓"满铁调查报告资料"。这批资料是迄今为止研究20世纪前半期，乃至中国近代基层经济社会史和农村发展史的直接、系统、全面的第一手调查文献。以当今的学术眼光来看，其调查方法的专业性和规范性、研究资料的系统性和直接性，仍然是独具价值的。

宅，和中国北方农村的土制房屋不同，有坚固的木结构，用瓦葺，这常常是令人吃惊的"，就连畜舍，"构造也很坚固，也是用瓦葺的、十分气派的场所……这样的图景只能给我们以意外的感觉"。

江南地区较坚固和耐用的建筑材料大规模的使用自明代就已经开始出现。江浙一带的砖瓦窑业从明代开始就非常发达，苏州、无锡是江苏砖瓦业的集中区，而杭州、湖州、嘉兴等地，砖瓦窑可谓比比皆是。相对而言，全国其他地方砖瓦的生产就远不如江浙集中。李伯重也认为，明清时期江南的砖瓦生产，在地域范围上有逐步扩大的趋势，而主要产区砖瓦业的繁荣一直持续到清末。砖瓦产业的发达，无疑是江南民居建筑材料的一种折射。

据同治年间浙江《安吉县志》记载：湖州安吉县在乾隆时"民居皆瓦屋砖墙，茅房甚少"。清末的藏书家叶承庆编辑的《乡志类稿》中记载，早在明代，太湖东山一带房屋的建造，就"因湖中风雨迅疾，墙必砖，覆必瓦，虽贫家亦鲜茅茨之室"。说明明清江南地区住宅普遍是砖瓦建造，茅草房较少。

笔者实在是找不到中国、欧洲住房与建筑直接对比的量化材料，所以，读者朋友们只能将就地看一看 16—18 世纪的一些史料记载了。

香港大学经济学家梁柏力写过一本很有意思的历史学普及著作，名叫《被误解的中国：看明清时代和今天》，书中提到利玛窦于 1595 年抵达南京。利玛窦写道：

世界上很少城市能够比得上南京的灿烂辉煌，城中的宫阙、寺庙、佛塔和桥梁，可以媲美欧洲的建筑；而且在一些地方，南京比欧洲城市更胜一筹。

也许利玛窦看到的是明代陪都南京的皇家建筑，那自然非常恢弘壮大，但就算真是这样，他也当是用欧洲的高级建筑与之比对，得出南京比欧洲城市更胜一筹的结论。

让我们再来看一看普通人的住宅。

1556年，一个叫加斯帕·达克鲁斯的葡萄牙人到过广州和其他一些沿海地区，他在几年后出版的一本书中说："（城市）普通人的住宅从表面上看，一般不是很漂亮，但里面却非常令人羡慕。"他还特别称赞泥瓦匠的工作，称赞住宅所用的优质木材和油漆。他还写道：

在没有城墙的村庄中，有一些富裕村民的房屋，当人们从远处看它们时（由于处在茂盛的树林中，所以除了这些房子以外，你看不到任何其他房屋），由于树林的荫蔽，人们可能会认为看到了葡萄牙的农村庄园，雄伟高大……这些房屋很高，有三四层。看不到瓦屋顶，因为围墙高过了屋顶，装饰整洁，污水通过伸出的管道排到外面。这些房屋很坚固，有高大宏丽的石雕门廊……进入这些（非常大的）房屋的首间，那里有一些精心制作的带雕花的大橱柜，但这种做工与其说是为了美观，不如说是为了结实耐用。他们也有侧面带扶手的靠背椅，全部用一种非常硬的木材制造，做工非常精致，因此他们的家具耐用而且有很高的声誉，可以传给他们的子孙们使用。[1]

复旦大学历史学系黄敬斌在其博士论文《十八世纪以降江南居民的消费》中通过对比各方史料，得出结论：（江南）农村的住房，多数情

---

[1] 引自彭慕兰的《大分流：欧洲、中国及现代世界经济的发展》，江苏人民出版社，2004年版，第206页。

况下是一户农家占住单独的一座房屋，但二至三户农家共居于一座较大房屋中的情形也并非少见。一般来说，每户住房在三四间，包括堂屋、厨房、卧室等。畜舍一般在房屋的侧面，或者在房屋里面隔出……

让我们再来对比一下英国的住房情况。天津师范大学教授侯建新在《工业革命前英国农民的生活与消费水平》一文中引用了一段史料，说明 16—17 世纪英国普通人的住宅水平：

1570—1640 年，英格兰农村住房的标准和舒适程度得到了更大规模的改善……新的住房采用新的结构和设计，提供了更多的居室。楼上是起居室，楼梯间的小屋在使用上也是不可缺少的。传统的大房间现在用隔板分成小房间，赋予专门用途，例如分隔成卧房、起居室、厨房、食品库房及仆人的卧房等。建置了烟囱，富户还在窗户上镶上玻璃，房间变得明亮起来。到 17 世纪中叶时，典型农舍有 3—6 间房，有些达到 10 间。

通过上述材料的对比，我们发现英国普通居民住宅人均房间数量应该多于江南地区，毕竟江南地区人口数量庞大，但江南地区房屋质量与精美程度，应该与英国不分伯仲。

以上我们通过平均寿命、饮食、服装、住房等方面对比了 17—19 世纪初中国（江南）与欧洲（英国）人民的生活水平，从中可以清楚地发现，此一时期两地人民生活水平相差无几，中国（江南）在某些方面可能还略有领先。

"吴俗多奢少俭"——江南消费社会

通过以上的分析与对比可知，从明代后期开始，江南乃至全国出现了生活水平提高、消费水平上升的情况，一个消费社会正逐步显现，此一时期留下了很多描述消费与奢侈生活的史料。下面我们来看一些具体的史料，感受一下当时的消费时尚与奢侈风气。

袁枚是乾隆时期的诗人兼美食家，他著有《随园食单》，记录当时各地美食，有的非常耐人寻味："尝见某太守燕客，大碗如缸，白煮燕窝四两，丝毫无味，人争夸之。"意思是说曾经见到某个太守宴请客人，碗大得像缸一样，用白水煮四两燕窝，没有丝毫味道，人们还争相夸赞。说明时人崇尚奢侈风尚，燕窝这类贵重食品在某种意义上已经成了身份、体面的象征，至于是否好吃反而不在考虑范围之中了。

《随园食单》还提到"烹甲鱼者专取其裙……蒸鲥鱼者专取其肚"，就是说人们在吃甲鱼时，只吃其背甲边缘的裙边，吃鲥鱼时只吃肚子上的肉。这足以说明当时的人们，至少富裕之家吃东西非常讲究。

说完了吃的奢侈，再看看穿的高消费。

康乾年间的学者龚炜在《巢林笔谈》卷五"吴俗奢靡日甚"中谈论吴地风俗奢侈时说：

> 予少时，见士人仅仅穿裘，今则里巷妇孺皆裘矣；大红线顶十得一二，今则十八九矣；家无担石之储，耻穿布素矣；团龙立龙之饰，泥金剪金之衣，编户僭之矣。

龚炜的意思是说在年轻的时候见到只有士大夫才穿裘皮大衣，可现在胡同里的妇孺都穿裘皮了。大红线的帽子以前是十人中只有一两个人戴，现在是十人中有八九个人戴。家里没有粮食储备的穷人都以穿没有装饰的棉布衣物为耻。普通百姓都穿着绣龙、金黄色的衣物，这都已经属于僭越礼制了。

明末清初文人叶梦珠编纂的《阅世编》卷八"内装"中也说道："市井之妇，居常无不服罗绮，娼优贱婢以为常服，莫之怪也。"就是说市井女人都穿丝绸衣物，妓女、婢女也以丝绸为常服，一点也不奇怪。

乾隆年间文人黄印的《锡金识小录》中有段记载说江南地区丝绸普及，人们争相穿丝绸衣物，更有甚者"以布为耻，绫缎绸纱，争为新色新样"。另一类主要的奢侈衣料则是皮毛制品，"冬月富者服狐裘猞猁狲之属，服貂者亦间有之，若羊裘则为贫者之服矣"。冬天都要穿狐狸皮、猞猁皮及貂皮大衣，连羊皮衣都算是穷人的衣物了。

时尚因素是服装消费中的一个重要特点。叶梦珠《阅世编》中介绍当时女装衣袖款式变化："初尚小，有仅盈尺者，后大至三尺，与男服等，自顺治以后女袖又渐小，今亦不过尺余耳。"清代陈元模所著的《淞南志》中记载了康熙年间昆山人的鞋帽式样："一帽也，倏而昂其顶，倏而广其檐；一履也，俄而镶其面，俄而厚其底，如是者谓之时人，否则群以村汉目之。"如果一个人不按时尚穿鞋戴帽，人们会把他看作村汉。

沈赤然的《寒夜丛谈》谈到乾隆时期的杭州女人穿衣时尚："妇人衣袖，乾隆十余年间率广八寸，后增至一尺，渐又增至尺一二寸，卅年以来皆尺五六矣，几与僧道衣等。又其初衣皆对衿，无缘饰，迩时又有扬衿、大衿之制，而无论衫袄裙袴，必以青缯遍缘数层，非此则谓之村。"女人衣袖的时尚之风是越来越大，衣领也随时尚而变化，无论衫袄裙袴都要用丝绸装饰，否则会被人讥笑为乡巴佬。

江南的住房消费也比较奢侈。名闻天下的苏州园林其实遍布的是私人构筑园林，这无疑也体现了此地在建筑方面的奢侈消费。

江南普通小康以上人家住宅的基本形式是"天井院"，其基本形式有所谓"三间两搭厢""对合"，三面或四面的房屋一般都是两层，相互连接，围出中央的天井。富家住宅大抵以这种基本形式组合而成，有前后数个天井院连接而构成数"进"的，更大的又有数"进"的天井院，左右并列、相互连通，构成占地广袤、檐宇栉比的大宅。

与住房消费相关的还有家具以及其他陈设用具，其奢侈现象也相当突出。明清时期，家具的工艺水平达到了一个历史的高峰，而其代表就是构成奢侈品的高档硬木家具，时至今日，硬木家具仍是高档家具的代名词。清代高档家具的工艺风格，与明代相比，更突出绚丽、豪华、繁缛的富贵气派，多注重陈设功能，造型结构厚重，体形庞大，色彩强烈，富有变化，并常常采用各种精湛工艺，加强对形体的装饰，华丽材质的镶嵌，精细繁华的雕刻，突出地表现了中国传统家具的工艺美。

除了这些基本消费，娱乐与旅游也能体现明清时人的奢侈生活。戏曲观赏是重要的娱乐形式之一。雍正年间苏州诞生了戏馆，这是一种综合性的娱乐场所。人们可以在戏馆边吃饭边看戏。乾隆年间，仅苏州的社戏班子就多达 41 家。戏馆中的宴会以奢侈甚至暴殄天物而闻名，清代乾嘉时期文士钱泳的《履园丛话》曾记载：

其暴殄之最甚者，莫过于吴门之戏馆。当开席时，哗然杂遝，上下千百人，一时齐集，真所谓酒池肉林，饮食如流者也。尤在五、六、七月内天气蒸热之时，虽山珍海错，顷刻变味，随即弃之，至于狗彘不能食。呜呼！暴殄如此，而犹不知惜耶！

山珍海错，顷刻变味，随即弃之，真是没有我们现在"光盘行动"的觉悟呀。

明清时期，旅游消费也有所发展。清代苏州人的闲游之习最盛，例如，乾隆年间苏州府的《元和县志》记载："虎丘山塘，吴中游赏之地，春秋为盛，冬夏次之，每花晨月夕，仙侣同舟，佳人拾翠，暨四方宦游之辈，靡不毕集。"

江南人士的旅游消费造就了苏州游船画舫业的空前兴盛。清代的豪华游船主要有花船和灯船两种，花船在日间开行，灯船在晚上营业，其形制和装饰都是备极工巧。旅游业除了在发达的江南地区兴盛以外，国内的其他地区也有发达的旅游业，比如山东，在17世纪初期，仅泰山每年就能吸引近百万人次旅游者，而且多是平价包干全部旅游费用的组团旅行。

明清奢侈消费还体现在婚丧嫁娶的仪式费用上。江南居民在婚丧事务中的花费向来以"奢靡"著称，而且多炫耀、攀比的习气，即使经济能力有限的家庭，在礼仪事务方面也往往要竭尽所能，尽量做到"体面"和"排场"。这种消费单纯从经济的角度去解释无疑是非常不合理的，但从习俗约束的角度去分析，就很容易理解。

读者朋友们看了这么多明清江南地区奢侈消费的史料，是不是认为当时的中国人太浪费了呀。其实不然，不少古典经济学家就肯定了奢侈促进就业、商业和工业繁荣的功能。亚当·斯密认为，人类社会从农业时代进入商业时代这一巨大的社会变革，使人类享受到更多的富足和自由，奢侈在这一变革中起到了积极的作用。德国著名社会学家维尔纳·桑巴特在其名著《奢侈与资本主义》一书中，也高度评价了奢侈消费对资本主义诞生的促进作用。该书第五章的标题就是"资本主义——奢侈的产物"。

读者朋友们不一定要接受他们的奢侈促进资本主义产生与发展的观点，但要知道的是 17—18 世纪明清中国特别是江南地区，也出现了同一时期欧洲经济发达地区奢侈消费大发展的情形。这就大大改变了一些人所认为的明清中国社会普遍贫穷，人民生活水平低下，与欧洲根本不在同一水平线上的观点。

明清市场规模的扩大

市场经济，又称为自由市场经济，是一种经济体系。在这种体系下，产品和服务的生产及销售完全由自由市场的自由价格机制所引导，也就是说，由市场这只看不见的手对经济资源（自然资源、劳动力、资金等）的配置起主导作用，市场在不受或很少受到外界（政治、习俗等）因素干扰下，自由地将经济资源配置到最优，即获利最大化的状态之中。举个例子：有个农民想出卖自己的土地，在市场经济中，他就应该卖给出价最高的人，这样土地就被市场机制配置到最优状态。当有外界干扰（如朝廷立法设立最高限价、传统习俗要求优先卖给同一宗族之人等），使得土地不能卖给出价最高者时，就不能说市场机制发挥了作用。如果市场机制经常不能发挥作用，那这个社会实行的就不是自由市场经济制度了。

亚当·斯密认为，专业化和劳动分工是推动经济发展的根本因素。因为只有分工和由此导致的专业化，才能提高生产效率，从而推动经济发展。而分工又是由贸易和市场的扩大所引发的，因此市场是促进经济发展的重要动力。经济学界一般称此种经济发展动力为斯密型动力。市场机制作用的充分发挥是斯密型动力显现的重要前提。

自由市场经济被认为是近代社会，乃至资本主义的先声。有一种传统观点认为近代中国落后的原因在于市场机制落后，自然经济占主导地位，市场经济发达程度远远落后于欧洲；而欧洲则市场完善，经济繁荣，最终超过了中国。这种传统观点是正确的吗？有史实依据吗？下面就请各位读者朋友随我去详细考察一番吧。

17—19世纪初的一些西欧国家（例如英国、法国），由于民族国家的形成及长途贸易的发展，原本国内的区域性市场逐渐连接成为一个全国的统一市场，全国统一市场的出现推动了西欧资本主义的形成与发展。由于对历史的看法曾深受西方中心论的影响，有些人认为东方国家（例如中国、印度）的资本主义是被西方的侵略植入的，其全国统一市场也是此后形成的。按照这个理论，中国在1840年鸦片战争之前根本不存在全国统一市场，但这是历史的真相吗？当然不是，因为我国早在公元前221年秦始皇统一六国时，全国性的统一市场就已经形成了，只是我国古代一直以自给自足的自然经济为主，老百姓平时对市场经济和全国性的统一市场感觉不明显而已。

到了17—19世纪初，中国国内跨地区的长途贸易有了长足的发展，出现了与西欧比较类似的情况。让我们看看前辈学者对此时期中国长途贸易（即跨省）商品量的研究成果。

表1.9 1840年中国的国内贸易额

单位：万两

商品种类	吴承明估计	吴慧估计
粮食	16333.3	29505.5
棉花	1277.5	1169.5
棉布	9455.3	9455.3
丝	1202.3	1100.7

商品种类	吴承明估计	吴慧估计
丝织品	1455	1455
茶	3186.1	2916.9
盐	5852.9	5352.9
铁	—	600
铜	—	100
瓷器	—	450
染料	—	382.7
合计	38762.4	52488.5

以上两位学者的估计，主要差别在于粮食的贸易额。但吴承明后来在《论清代前期我国国内市场》附记中说："看来鸦片战争前国内市场商品值（不是交易值）5亿余两，大体可行。我原估3.5亿两，主要是粮食商品量估计过低了。"既然吴承明自己都承认其估计偏低，那我们采信5亿余两的这个贸易额数字应该是比较安全的。

许檀与经君健在《清代前期商税问题新探》中告诉我们，据清代的统计，嘉庆十七年（1812）全国榷关税收入481万两，地方商品税收入仅93万两，榷关税为地方商品税的5倍。榷关税是针对长途跨地区贸易的商品征收的税种，此一史实说明长途贸易在国内贸易中的份额确实很大。1500—1840年，中国的跨地区长途贸易增长非常迅速。若以榷关税收为参数，长途贸易量增长了39倍之多。据李伯重的估算，19世纪初的长途贸易占国内贸易比重高达30%—40%。

全国市场的大小主要取决于该国国内长途贸易的规模。16—19世纪明清中国长途贸易的迅猛发展，使得全国不同地区在经济上的联系加强，不同地区市场价格关联度不断增强，最终国内各地的市场整合为一个更大的统一的全国市场。

市场整合：中国、欧洲哪家强？

市场整合是指一个国家或地区的市场由贸易网络彼此连接起来，形成供求比较平衡的状况。该国家或该地区内部不同区域间价格变动的相关性是市场整合程度的重要考察指标，不同区域间价格变动相关性强，表示各区域间贸易联系较频繁，市场组织较佳，保持供求平衡的有效性较大。举个例子，湖南湘潭大米价格上涨5%，同一时期苏州米价上涨8%，而山东济南米价上涨2%。这就说明在大米市场中，湘潭与苏州米价变动相关性更强，与济南比起来，湘潭跟苏州的市场整合度更高。当然米价变动受很多因素影响，在前工业时代特别受季节性因素影响，只有在一个较长时段中考察很多地区的价格变动，才能得出一种趋势性的结论。不少经济史学家还用数学方法研究市场整合，由于在17—19世纪粮价记录较多，于是他们就利用督抚上报的各府州逐月粮价单、雨雪粮价折、粮价细册作为基本数据，并与同一时期的欧洲不同地区小麦价格相关性进行了比较。

得克萨斯大学经济系沃尔夫冈·凯勒（Wolfgang Keller）等学者在论文《工业革命前夕的中国与欧洲的市场》中，采集了1742—1795年间中国东部沿海121个地方市场的价格数据，1692—1795年间15个欧洲城市的价格数据以及1770—1795年间英国伦敦40个县的价格数据，对18世纪中国、欧洲的市场整合程度进行了比较。比较结果见图1.1：

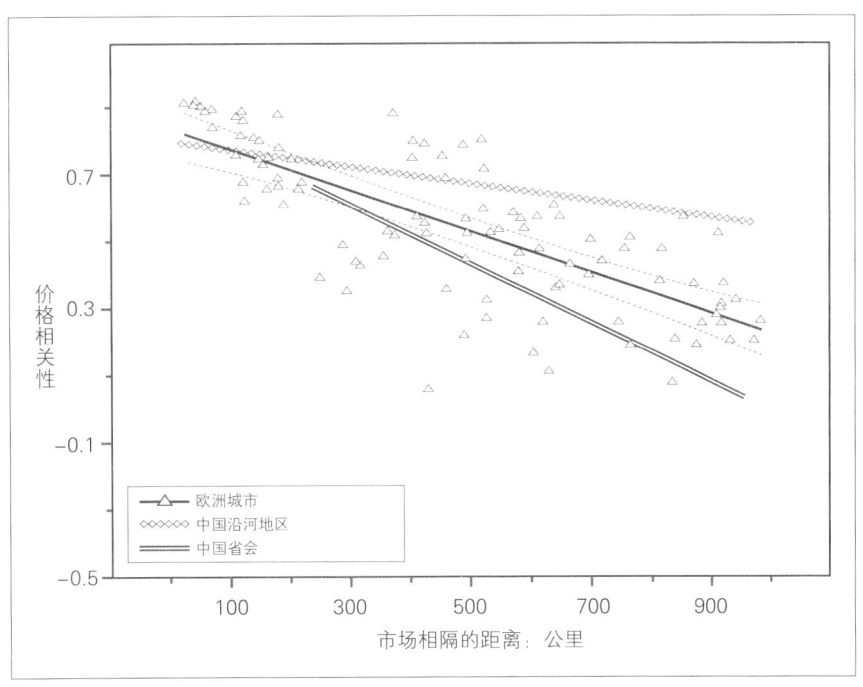

图 1.1 1770—1795 年，中国与欧洲的部分地区的市场

    图 1.1 的横轴代表中国内部两个地区（如苏州与武汉）、欧洲内部两个地区（如伦敦与安特卫普）市场相间隔的距离，纵轴代表这两个地区市场价格相关程度（数值越高，价格相关性也越高，市场整合程度也就越大）。我们从图 1.1 中可以知晓：无论在欧洲还是在中国，两地距离越远，价格相关性就越低。这一点很容易理解，距离越远的两个地区，经济贸易联系就越少，价格相关性自然就越低。18 世纪后期，中国沿河地区市场的整合程度显然要比欧洲好得多。随着市场距离的增加，中国不同地区的价格相关性下降速度要比欧洲慢得多。在近距离市场上（小于 100 公里），欧洲与中国的价格相关性都在 0.8 左右，欧洲略高一些，但在相距 100 公里至 900 公里的远距离市场中，欧洲价格相关性从 0.8 下降至 0.3，而中国仅下降至 0.6。这表明中国内部在较远距

离市场上，依然存在着较多的贸易往来；而欧洲内部在这样远距离的范围内基本上已经没有什么贸易联系了。因此，至少在18世纪末，中国市场的整合程度仍然高于欧洲。

------------------华-----丽-----的-----分-----界-----线------------------

郑板桥：在下姓郑，单名一个燮字，号板桥。

作者：郑大官人，恕在下眼拙，失敬失敬（作揖）。

郑板桥：郑大官人？我怎么感觉，只有西门庆才被人称为"大官人"呢？你不是骂我吧？

作者：不敢不敢，尊敬您还来不及呢。

郑板桥：看了你写的关于康乾时期江南地区消费时尚的文字，感觉没什么呀。我们一直这样生活呀，有什么奇怪的吗？

作者：其实也没什么奇怪的，只是后世对您生活的时代普通人的生活了解得太少了，以为17—18世纪江南人民生活很贫困呢。

郑板桥：啊？不会吧，你们后世的人也太不了解历史了吧。

作者：有些人确实不太了解，所以我才写这本书，把史学界新研究成果普及一下嘛。

郑板桥：对，确实该普及一下，你写的东西不错，大家都应该看一看，了解一下我们那个时代普通人民的真实生活。

------------------华-----丽-----的-----分-----界-----线------------------

土地市场

土地是农业社会最重要的生产资料，同时传统观点认为明清时期土地市场远没有欧洲土地市场发达，价格调节机制也没有欧洲市场发挥得好。下面我们就仔细地分析明清土地市场的真实情况，比较一下明清时期与欧洲的土地市场，看看谁更接近于市场经济，谁更有利于斯密型动力发挥作用。

明清时期中国土地市场的发展，主要表现在国有土地的私有化、宗法关系的松弛、土地所有权转为商业资本、土地经营权的市场化与土地交易方式的规范化等几个方面。

土地私有化

在秦汉至明清的中国传统农耕社会中，尽管不同朝代的基本经济制度各有不同，但不同历史时期总会存在一定比例且形式各异的国有土地，其中，最重要的是"官田"。历代官田主要包括屯田（军屯、民屯、谪屯、商屯等）、学田（教育经费）、公廨田（办公经费）、职田（官员岗位津贴）等多种形式。明清两朝建国之初，政府都曾禁止官田买卖，不受市场支配，脱离于市场之外。

明代自中叶开始，清代自康熙开始，大量国有土地开始了私有化的进程。这一进程扩大了地权市场的交易范围，原来本不能买卖的国有土地也被置于市场这只看不见的手的支配之下，说明土地市场化趋势进一步加强。

明初，政府将土地分给军户耕种，此类土地称为屯田，接受土地的军户称为屯军，屯军耕种国有的屯田，土地收成的一部分要上交国家供养军队，军户是世袭制，父死子承，世世代代耕种屯田。建文四年（1402）颁布的屯田科则，规定"每军田一分，正粮十二石，收贮屯仓，听本军支用，余粮十二石，给本卫官军俸粮"。就是说不论是军户自己留用的 12 石正粮，还是供给军队的 12 石余粮都要先上交卫所，再由卫所统一分配，其中 12 石应再次分给屯军本人，余粮 12 石则分给本卫所不参与屯田的官军。至洪熙元年（1425），余粮下降至 6 石，但正粮、余粮还是要先上交卫所，再由卫所进行分配。

到了正统二年（1437），明政府下令军户留用的正粮不再上交，而只上交 6 石余粮即可。读者朋友们可千万别小看这一变化，这种新方式相当于明政府以每分田 6 石的固定地租，将屯田租予屯军。而国家不再规定、监督屯田的具体分配，明政府与屯军的关系变成了比较单纯的地主与佃户的关系，原来的领种制变为了租佃制。由于明代的卫所军制是世袭制，父死子承的传统，又使得这种租佃制变为永佃制，即一家军户能世世代代使用自己分到的屯田。

到了明代后期，这种永佃制造成了军户实际上拥有了屯田的田面权（土地经营权），军户不但可以将自家的屯田转租给别人，自己当上"二地主"，甚至可以将这种田面权卖给别人（开始时是卖给其他军户，后来虽然法律禁止，但实际上有很多军户将田面权卖予民户）。在卫所方面，只要能收到每分田的 6 石余粮，就不会去过问屯田是否转租，甚或转让。屯田的田面权归军户，田底权（土地所有权）归国家，这样，土地的经营权与所有权相分离，所有权虽不能买卖，不受市场规律支配，但经营权却可以在市场上进行租赁或买卖，土地经营权市场逐渐发展起来，明政府对国有土地的控制力日益下降，市场在土地资源分配中起到了越来越重要的作用。

到了清代，更是实行了部分国有土地的彻底私有化政策。清军入关后，推行将原明代卫所归并州县的政策，卫所的屯田也就一并归州县管理，屯田私有化进程开始加速。《清会典》记载了雍正五年（1727）屯田私有化的命令："黔省所有军田，每亩上税五钱，报司给契，许照民田一体买卖……至各省亦有此等田地，通行直省，照例斟酌上税，一体遵行。"意思是说，贵州省的所有军田每亩上税 5 钱银子，政府发给土地所有权凭证，允许像民田一样自由交易。各省的此类军田，按此例交税后，都可私有化，自由买卖。

此命令就是要让屯户用 5 钱银子赎买田底权，而且这种赎买是强制的，所有实际控制军田的屯户都要交税赎买，但由于清政府并未取消或降低军田的地租，只是将从明代后期就已非法实行多年的土地经营权买卖合法化，相当于让屯户买下土地所有权，但仍要缴纳地租，而每亩 5 钱的税银高过一年的正赋，简直是给屯户降下一场无妄之灾，这样的私有化方案是不可能得到屯户响应而顺利执行的。

雍正七年（1729），云贵总督鄂尔泰上奏反对赎买的私有化方案，提出了无偿分配的方案，屯田自然转变为当时田面权所有人的私有土地，此后只需与普通民田一样交税，即可自由买卖租赁。雍正皇帝和户部均认可了鄂尔泰的私有化方案，至此，对原明代屯田无偿私有化的方案通行全国。

除了屯田外，清代旗人土地也逐步进入市场交易。雍正皇帝就曾指出旗地买卖"相沿已久"。乾隆年间，"旗地之典卖者已十之五六"。至道光、咸丰年间，"大抵二百年来此十五万余顷地（指旗地），除王庄田而外，沿未典卖与民者，盖亦鲜矣"。

国有土地私有化的结果是商品货币关系渗入土地买卖与租赁之中，地权交易日益市场化，不能买卖的耕地越来越少，市场在土地交易领域越来越占支配地位。

宗族关系？那都不叫事

传统观点认为，虽然明清土地私有化了，但有很大一部分的私有土地买卖受宗法关系约束，市场机制实际上不能完全发挥作用。比方说，有人想出售自己的私人土地，按市场经济原则，肯定是要将土地卖给出价最高者，这就实现了市场经济中资源最优化的配置原则。但传统观点认为中国传统的宗族关系、宗法制度等要求土地出售者优先将土地卖给同一宗族之人，哪怕该人出价较宗族之外的人低。如果真是如此，那说明在明清的土地市场中，自由市场经济机制确实没有完全发挥作用，土地资源也没有按照最优原则进行配置。但这种传统观点是否符合史实呢？下面就让我们来看一看。

厦门大学历史学教授杨国桢曾经分析过清前期福建北部的 77 份土地买卖契约，其中只有 14 份契约载明亲房伯叔等宗族无力购买，才出售给外族人的。其余的绝大多数契约声明所售土地："系是自置物业"，或"其田系承父遗授物业"，或"其田系是分定之业"，因而"与亲房伯叔等各无干涉"。意思是说，出售的土地完全属于个人所有，与宗族无关。亲属宗族对土地交易无权干涉，我的土地我做主，想卖给谁就卖给谁，土地所有者可以自由支配土地的交易。宗族势力较强的福建尚且如此，其他地区更甚。土地交易并不顾宗族优先权，而以价格为最高原则，价高者得。

中国社会科学院研究员江太新在《略论清代前期土地买卖中宗法关系的松弛及其社会意义》中，分析了从康熙到嘉庆年间共计 728 件土地买卖的刑部档案抄件，以今天的行政区划来说，涉及了全国 19 个省区市，最终得出结论：有 491 件（67.4%）的土地买卖是在异姓之间进行的，只有 237 件（32.6%）是在同姓之间进行的。异姓间交易比例前三的是直隶（今河北、内蒙古等地）、湖北、奉天（今辽宁省），分别占84.2%、84%、80%，江苏排第四，占79.2%。异姓间交易最低的是山西、福建和广东，分别占52.5%、54%和55%。异姓间交易说明不是在宗族内部交易，有491件交易是在异姓间进行的，说明宗法关系对土地买卖的影响已经不占主流。同时，237件在同姓间的土地交易也不一定都是在宗族内部进行的，因为即便同姓也不一定是同一个宗族。

江太新又分析了乾隆年间18个地区的113件土地买卖案件，这些案件记录比较详细，可以清楚地知道买主与卖主的关系。其中，只有5件（4.4%）在宗族之间进行，有27件（23.9%）在同姓的异族间进行，在异姓间进行的有81件（71.7%）。在这113件案件中，只有9件（7.9%）明确提出了土地要在宗族间买卖或宗族有优先购买权。

苏州是宗族势力比较强大的地区之一，这里的土地买卖情况如何呢？我们还是来看看江太新的分析，他为我们提供了苏州府沈氏家族的购地情况。沈家从顺治十五年（1658）至道光三年（1823），共计购买土地595宗，其中，从同姓那里购得的土地共87宗（14.6%），从异姓手中购得的土地共508宗（85.4%）。笔者还是要提醒读者朋友们同姓间的交易还包含同姓不同宗族的情况，如果扣除这部分，宗族间的买卖所占比例就更小了。

有些地方土地买卖表面上虽然仍在宗族内部进行，但宗族的购买者以高出市场价收购族人的土地，这已不是"宗族优先"的结果，而是市场竞争的结果。上述统计实例充分说明了宗族关系在清前期土地交易中所起的作用已经不大，更多的土地是按照市场机制进行买卖的。市场在土地资源的配置中所起的作用比某些传统观点认为的要大得多。

卖地经商

中国历代都有富商不惜巨资购买田产，将大量资本投入土地之上的情况。到了明清时期，出现了相反的情况，即卖出田地后，将所得资金直接或间接用于工商业生产与经营。

徽州是明代商业活动非常活跃的地区之一，徽商是明清时期重要的商帮之一。顾炎武在《天下郡国利病书》中说在正德末年嘉靖初年，徽州"出贾既多，田土不重"，至嘉靖，"商贾虽余资，多不置田业"。意思是说徽州商人多，田地不再贵重，商人虽有剩余资本，大多也不买田产。

徽州还留下了大量商业活动的原始史料。周绍泉在《试论明代徽州土地买卖的发展趋势——兼论徽商与徽州土地买卖的关系》一文中，分析了2652份明代土地买卖契约。他发现其中有很多卖田契约注明卖田是为了商业投资。例如，成化四年（1468）九月初六，徽州府祁门县谢富宗出卖田地，理由是"买卖无本"，即做生意没有本钱。又如，正德十年（1515）三月初八，歙县汪廷寿由于"买卖少本"，卖出0.6165亩土地得银5两。他们都是做生意本钱不够，用出售土地的钱去做生意。

章有义在《明清徽州土地关系研究》中也讲到，康熙二十六年（1687），休宁县胡率之将自己亲手所置田业出卖予堂弟名下为业，也是"因开店缺少财本"。乾隆七年（1742）休宁县人胡景文和道光六年（1826）黟县胡氏出卖田产，都是由于"店业亏空""客账未清"而将祖产变卖，偿还商业经营所欠债务。上述例子说明了在明清时期，人们为了做生意将田地财产转化为商业资本。

土地资产转化为商业资本在明代之前，很少见于史料典籍。为什么明清开始出现此类现象呢？

汪崇筼在《清代徽州土地与商业投资回报率的比较》一文中，通过考察大量的徽州土地买卖契约文书，分析清代徽州土地与商业的投资回报率，这一计算过程非常复杂，咱就略去，直接看结论吧：清代乾隆朝及以前，在徽州购买水田能为土地所有者带来 6.67% 的年利率。同时，汪崇筼又分析了明万历年间徽商程氏染店、晚明徽州程虚宇家族典当业、清乾隆年间徽商广丰布业、清道光年间徽商汪左淇家族的盐典业和清光绪年间徽州黟县用和质的经营数据，通过更加复杂的计算，得出商业资本年利率在 9%—18% 之间。

通过比较可知，明清时期商业投资的回报率远远高于土地投资的回报率，故出现了将土地卖出进行商业活动的情况，也就是说，将土地资本转化为商业资本，以实现经济资源配置的最优化。这说明了 17—19 世纪市场机制在中国土地资源的分配中起到了较为重要的作用。

土地所有权与经营权分离

明清时期土地市场活跃的另一个表现就是土地所有权与经营权分离，土地经营权交易频繁，市场化趋势明显。

明中叶以后，土地所有权发展出现了一个非常有意思的独特现象：土地所有权逐渐分化成田面权和田底权。有的学者认为所谓田面权就是承租土地的佃农所拥有的经营权，田底权就是地主拥有的所有权。而另一些学者认为田面权与田底权都属于所有权，形成了"一田二主"的所有权形式。

田面权，又称田皮权，它与租佃权或永佃权有一定区别。一个农民租佃了地主的土地，就是佃农。佃农通过向地主缴纳地租而获得土地的耕种权，如果佃农获得耕种权时间较短，就称之为拥有"租佃权"，如果时间较长甚至可以让下一代继承，就称之为拥有"永佃权"。

田面权是从永佃权发展而来的。一个拥有永佃权的佃农，在缴纳地租的前提下，只能长期耕种地主的土地，但不能改变土地用途（如建房屋、修坟墓等），也不能将土地转售或转租给他人。但由于佃农投入很多人力、物力、财力垦辟、改良土地，也由于佃农为自身权利的斗争，佃农对土地的支配权逐渐增大，不但可以耕种，还可以在承租的土地之上修坟建屋，改变土地用途，再进一步还可以将土地转租甚或转售给他人，只要他人还继续向地主缴纳地租即可，这样佃农拥有的永佃权就转化为田面权了。而且田面权已经超出了地主的意志，成为地主不得不接受的现实。而地主所保留的土地收租权就被称为田底权。

至此，田面权与田底权已经独立，可以分别在土地市场上进行交易。佃农可以买卖、出租或遗赠田面权，只要新佃农仍然缴纳地租，地主就不能干预。当地主买卖、遗赠田底权时，拥有田面权的佃农也无权干预，而且还要向新地主缴纳地租。

光绪时期的陶煦在《周庄镇志》中将此种情形说得非常透彻："俗有田底、田面之称，田面者佃农之所有，田主只有田底而已。盖与佃农各有其半，故田主虽易，而佃农不易；佃农或易，而田主亦不易。有时购田建公署，架民屋，而田价必田主与佃农两议而瓜分之，至少亦十分之四也。"

当一块耕地被征用于建造公署民屋时，它的田价必须由田底业主（地主）与田面业主（佃农）均分，即"两议而瓜分之"，最低限度"亦十分之四"，就是说田面业主至少也要占40%，可见此时田面的价格与田底的价格已相差无几。

道光时期江西宁都的《宁都直隶州志》卷十一记载："佃农承凭主

田，不自耕，借与他人耕种者，谓之借耕。借耕之人，既交田主骨租，又交佃人皮租。如 50 亩之田，获谷 200 石，以 50 石为骨租，以 70 石为皮租，借耕之人自得 80 石。"这条史料中反映的田面权的租金甚至高于田底权的租金。

据江太新《明清时期土地股份所有制萌生及其对地权的分割》一文的研究成果，田面权与田底权的分离已经非常普遍。从收集到的福建、台湾、热河、江苏、东北等地的土地交易契约来看，两者独立地进入土地市场分离交易的情形均占 50% 以上，福建地区甚至高达 95.52%。

因此，我们可以说明清时期土地市场交易相当发达，田面权与田底权相互分离，且独立交易进一步扩大了土地市场的交易范围，更便于市场机制发挥作用将土地这种农业社会最重要的生产资料实现最优配置。

土地交易方式的规范化

随着土地市场的兴盛，明清时期私人土地交易方式也日益规范化起来，这是土地制度更为成熟的重要标志之一。从现存的明清土地交易契约中可看出，一般土地买卖双方都订立文字协议，并履行"报关过户"等相对规范的手续。特别是在清代，私人土地交易订立契约已非常普遍。交易时，买卖双方会请"土地交易中介"撰写契约文字，其内容一般包括土地位置、边界、面积、卖地理由、有无所有权纠纷、付款方式等，还会请两位以上的权威人士做中保。买卖双方、中介、中保都要在契约上签字画押。

按照清政府的法令，土地买卖还要履行报关过户手续。这种手续要买方到地方政府办理。买方将契约交予政府，由政府在契约上加盖县官的大印，并在契约上粘贴盖有布政司官印的"契尾"，同时买方要向政府交纳成交价 3% 的税银和税银 5% 的耗银。契尾代表了该契约已被官方核准，而且也是契税的完税凭证。这样粘有契尾的土地交易契约被称为"税契"，由于加盖了官方的红印又被称为"红契"。

当然，我们也可以见到一些并没有契尾的契约，这类契约应是买方为了逃税，故没有办理报关过户手续，未加盖官方的红印，因此被称为"白契"。白契的可靠度远远低于红契，就相当于你从别人手中买了一套房子，只是签订了买卖合同，但未到房管局办理房屋过户手续一样。而且，白契一旦被官府发现，对买方会施以"笞责五十"，即用竹条等抽打 50 下的处罚。

契约式土地交易在很大程度上避免了土地交易过后的反悔行为，大大降低了交易费用，有效促进了土地资源的市场配置。从一些清代地方政府的司法判决文书上，我们看到当有一方反悔时，地方政府会强制履行契约。从明代到清代，越来越多的土地交易通过文字契约的形式完成，交易方式的规范化也说明明清的土地制度市场化程度已经相当高了。

欧洲的土地市场

大致说来，从 16 世纪开始，中国的土地交易市场和租赁市场都比较活跃，上文我们已经详细说明。下面请各位读者朋友来看一看欧洲的土地市场，我们作一个简单的对比。

美国加州学派著名历史学家王国斌曾说过一句非常精辟的评论："一个中央集权国家（中国）的土地市场要比一个封建残余势力仍然存在的国家（很多欧洲国家）更开放。"公元前 221 年，秦始皇统一中国，实行废封建，立郡县的政策，将权力聚集到中央。此后历朝历代的总体趋势是进一步强化中央集权。终于，中央集权在明清时期达到顶峰，国内的统一市场正是在中央集权下得到了较大发展。而西欧国家自15世纪才开始废除封建制度，建立中央集权制，因此17—19世纪的欧洲土地市场相对落后。在西欧，只有瑞典、荷兰和意大利北部等地的土地市场较为活跃，西班牙、法国和德国等地，很多土地因封建传统而不能交易。英格兰虽然大部分土地可以自由交易，但有50%的土地是地主的家庭自用，因此土地买卖并不多。至于东欧，因为大部分土地由贵族或大地主所有，土地交易市场几乎不存在。

并且，总体而言，此时西欧的土地交易远比明清的土地交易困难得多。甚至在19世纪，英格兰仍有50%的土地由聚居的家族所占有，宗族关系在土地交易中影响很大，由宗族占有的土地难以进入交易市场。在18世纪的西班牙，限定继承权的制度只允许极少量的土地进入市场交易，以至于土地价格奇高，无法鼓励投资……改良资本家和农民经营者同样缺乏土地。

人身解放

英国古典政治经济学家威廉·配第曾说："劳动是财富之父，土地是财富之母。"我们看完了土地，再来看看被誉为"财富之父"的劳动。

许多经济学家都已证明自由劳动制对提高经济效率与推动经济发展起到了很大作用。当劳动者可以自由支配自己的劳动，自由选择雇主的时候，劳动力可以在不同雇主、不同行业、不同地区之间自由流动，通过市场机制可以实现劳动力配置的最优化，即劳动者可以找到愿意出价最高的雇主，实现劳动力的最大价值，同时也能使劳动力创造最大的价值。但这个前提是劳动者在法律上必须是自由人，可以自主地支配自己的劳动力，又可以自由流动。这一切在 17—19 世纪的中国与欧洲，情况到底如何呢？我们来看一看真实的情况。

中国古代的雇工大都与雇主具有人身隶属关系，长工列于雇主的户籍之中，受雇主管束。他们同奴仆一样，同属贱民阶层，法律上与雇主具有不平等地位，雇工与雇主彼此相犯，其处刑规定都是不平等的。但随着社会经济的发展，到了明清时期这种人身依附的雇佣关系开始发生变化。

万历十六年（1588），明廷颁布条例，解放短工，使他们在法律上与"凡人"具有平等地位。该条例原文如下：

> 今后，官民之家凡请工作之人，立有文券，议有年限者，以雇工人论；止是短雇月日，受值不多者，以凡（人）论。

意思是说，今后官民家庭雇佣劳动者，如果定有契约，规定了雇佣年限的，就按"雇工人"处理；雇佣时间不足一年，只是短期雇佣的，领取工资不多的，按"凡人"处理。

所谓"雇工人"在明清法律体系中是指与主人存在人身依附关系的奴仆，他们没有完全的人身自由，雇工人若侵犯了雇主的人身所受到的法律处罚要严于雇主侵犯雇工人的人身所受到的法律处罚。所谓"凡人"是指具有完全人身自由的自由民。上述条例规定雇佣时间不足一年的短工属于凡人，而长工仍属雇工人，因此它只是在法律上解放了短工对雇主的人身隶属关系。

该条例在清乾隆二十四年（1759）、三十二年（1767）、五十三年（1788）经过三次修改，终于解放了农业和商业的雇工，给他们以人身自由。

乾隆二十四年修改的条例原文如下：

除典当家人及隶身长随俱照定例治罪外，其雇请工作之人，若立有文契、年限，及虽无文契而有议有年限，或计工受值已阅五年以上者，于家长有犯，均依雇工人定拟；其随时短雇，受值无多者，仍同凡（人）论。

大意是说除了"典当家人"及"隶身长随"这种明确的人身依附关系外，五年以上的长工属于雇工人，五年以下者属于凡人。它延长了短工的雇佣年限，扩大了被解放的短工范围。

乾隆五十三年修改的条例原文如下：

若农民佃户雇请耕作之人，并店铺小郎之类，平日共坐共食，彼此平等相称，不为使唤服役，素无主仆名分者，亦无论其有无文契、年限，俱依凡人科断。

本次修改将判断凡人的标准由雇佣时间的长短变为劳动性质：雇请从事农业、商业劳动的，无论有无雇佣合同及年限，均按凡人处理。也就是说，给予了农业、商业雇佣劳动者以法律上的人身自由。

至于手工业雇工，明代中叶以后，与匠籍制度松弛的同时，在实际生活中已不被视为与雇主有人身隶属关系了。顺治二年（1645）清廷下旨正式废除匠籍制度，解放了工匠。雍正年间，开始实行摊丁入亩，也解放了无地的农民，使他们不再依附于土地，可以自由迁徙。乾隆以后，雇工与雇主之间，不签订雇佣合同，不规定雇佣年限，确系长工而按月支取工资，口头约定的工期未满而随时辞工等现象，日益增多。因对工作条件不满而辞工离去的也属常见。现存清代刑部档案中所见这类辞工的理由有：拖欠工钱、工钱少、劳累受骂、工作辛苦、相待刻薄、饭食菲薄，等等。如乾隆年间，镇江府丹阳县长工蔡七因雇主拖欠工银四钱，讨薪未成，当即说"我不做了"，丢了镰刀就走。①

从 1588 年到 1788 年，整整 200 年，明清政府多次调整关于"雇工人"的条例、废除匠籍制度，每次调整基本上都比前一次更大范围地解放了雇佣劳动者，这一解放过程虽然缓慢，但毕竟在一步一步向前推进，最终生产领域的雇佣劳动者基本获得解放，他们理论上获得了与雇主平等的法律地位。

这一解放过程涉及多少雇佣劳动者呢？据李伯重估算，1850 年，江南城镇人口约为 720 万人。清代陶煦所著《贞丰里庚申见闻录》告诉我们：同治年间，苏州周庄镇全镇居民五千余人，其中作坊店铺雇工店伙占一千余人，也就是说雇佣劳动者占到 20% 左右。如果按此比例计算，那么 1850 年江南地区城镇雇佣劳动者有 144 万左右。换言之，解放的城镇雇佣劳动者人数在江南已达百万以上，在全国城镇人数达 200 万应该是个比较保守的数字。

根据刘克祥《二十世纪二三十年代中国农业雇佣劳动数量研究》一文的分析，二十世纪二三十年代，全国每个农户平均雇工 0.25 人。由于 19 世纪上半叶起中国经济发展缓慢，18—19 世纪初，全国农户平均雇工人数应该不会低于 0.25 人，我们仍按此数计算。乾隆六年

---

① 上述例子出自方行的《清代前期江南的劳动力市场》，《中国经济史研究》2004 年第二期第 4 页。

（1741），中国人口数量为 1.4 亿，其中农业人口占 90%[①]，即有 1.26 亿农业人口，按平均 5 人一户计算，全国农业户数为 2520 万户，每户雇工 0.25 人，则全国农业雇工 630 万人。将此 630 万的农业雇工加上上文估算的 200 万城镇雇工，能得出截至乾隆五十三年（1788），获得解放的雇佣劳动者人数高达 830 万！此一数量约等于俄国 1861 年农奴制改革与美国南北战争解放的农奴与黑奴数量之和！

　　越来越多的劳动力从人身隶属关系中解放出来，获得法律上的平等地位，他们在市场机制的配置下，按照工资最大化原则去寻找工作。自由劳动者数量的提升，扩大了市场机制在劳动力分配方面的作用范围，也提高了市场机制对劳动力的配置力度，使得明清时期劳动力配置进一步优化。

自由迁徙

　　自由迁徙是劳动力市场发挥作用的一个重要前提。劳动力可以根据市场需要从一个地区迁移到另一个地区。一般来说，劳动力是从劳动力密集的地区（劳动收入较低）向土地（例如边疆）或资本（例如城镇）密集的地区转移。

　　17—18 世纪，中国向边疆地区的移民，多是从东部人口密集地区向西部地区，以及在明清交替的战争中损失了大量人口的地区做远距离移民。清政府曾多次大力推动向上述劳动力稀缺地区的大规模移民。在

---

① 根据道光三十年（1850）《户部清册》推算出江南人口 3600 万。李伯重估计 1850 年江南城镇人口约为 720 万人，占总人口的 20%。考虑到江南地区城镇化水平较高，故认为全国城镇人口占 10% 是比较适中的估计。

移居之前，政府通常提供旅费补贴、发放贷款、放贷种子、帮助农民获得牲畜、提供移民目的地相关信息等；在移居之后，政府允许农民继续保持独立地位，有时候还会授予移民土地。根据美国汉学家曾小萍的研究成果，单是 17 世纪后期和 18 世纪，前往欠发达地区的中国远距离移民就超过了 1000 万人！大部分移民建起了自己的农庄，移居到欠发达地区的佃农也几乎都是自由佃农。

同一时期，在人口密集的西欧，劳动力迁徙就不像在明清时期这么自由了。对于西欧来说，劳动力有两个迁徙方向：东欧和美洲。由于东欧封建主义势力比较顽固，特别是二次农奴制，使得西欧的自由移民对东欧的大片土地望而却步。而向美洲新大陆移民的高成本对于一个普通百姓来说，是一大障碍。大多数人只有通过接受契约劳役来满足移民费用，也就是成为西欧人的契约奴隶，丧失一段时间的人身自由，为提供其移民费用的雇主无偿劳动一段时间。从英格兰来到新大陆的移民有近三分之二是契约奴隶。

除了向土地密集地区移民外，劳动力向资本密集的城镇移民更能体现出市场机制的作用。

从明代中期至清代中期，江南地区的手工业、商业和服务业以及城镇经济均有长足发展。这为农业劳动力由农业向非农产业转移，由农村向城镇转移奠定了基础，也体现了劳动力市场开发和配置劳动力资源的过程。

我们先来看看手工业吸收劳动力的情况。清代江南地区有全国最为发达的丝织业。据吴承明和范金民估算，明代后期江南丝织业织机最多时有 1.5 万台。到清代中叶丝织业鼎盛时期，织机总数约为 8 万台。这就提供了大量的就业机会。

明清时期江南的棉纺织业也非常发达。根据徐新吾的估计，清前期，南京、苏州、镇江、盛泽、杭州、湖州、双林、绍兴、宁波诸地共有织机约 6.89 万台，织工约 21.32 万人。雍正元年（1723）苏州织造胡凤翚说，染坊、踹布工匠"总计约有二万余人"。苏州府盛泽镇机坊老板雇佣的"佣织"，有机工（操纵织机的工人）、曳花（提花织机上的提花工）等，人数有几千人。乾隆时期的《盛湖志》卷下"风俗"称："中元夜，四乡佣织多人及俗称曳花者数千人，汇集东庙升明桥，赌唱山歌，编成新调，喧阗达旦。"

除了受雇于机坊的机工、曳花外，还有加工丝绸的炼坊、染坊、踹坊的工人。据沈云《盛湖杂录》说，清末时，"凡炼绸之坊十余，染坊三十余，踹轴等坊亦如之，业此者近千人"。盛泽镇鼎盛时期拥有人家万户，其中机工、曳花有数千人，炼坊、染坊、踹坊等的雇佣工人又有近千人，几乎可以说至少有一半人家以此为生。可见，江南地区的手工业已吸收了大量劳动力。到 17 世纪初，江南几乎所有的农村家庭都从事某种面向市场的纺织业生产。

我们再来看看商业。明代万历年间，从方志所载门摊税推算，松江府华亭、上海、青浦、嘉定四县店铺门面至少已达 7400 间。到清代乾隆年间，仅嘉定一县的店铺门面至少有 3000 间。康熙年间，苏州布商有 76 家，木商有 132 家，金铺和金珠铺 79 家。烛店，道光年间有 100 多家。同治年间，银楼有 119 家，酱坊有 86 家。这些店铺当然需要雇佣大量店员。早在康熙年间，顾公燮就在《消夏闲记摘抄》中说："以吾苏郡论，洋货、皮货、衣饰、金玉、珠宝、参药诸铺，戏园、游船、酒肆、茶座，如山如林，不知几千万人。"就是说在上述这些商业店铺就业的雇佣劳动者成千上万。

从服务业看，在清代江南地区，茶楼酒肆之设，从城市扩展至乡村，至乾隆年间愈盛。据乾隆年间黄印编辑的《锡金识小录》记载：在无锡，"酒馆茶坊昔多在县治左右，近则委巷皆有之"，"至各乡村镇亦多开张"。有"遍地清茶社"之说。乾隆、嘉庆时期文人钱泳在《履园丛话》中说：苏州商贾云集的阊门、金门一带，"晏会无时，戏馆、酒馆凡数十处，每日演剧，养活小民不下数万人"。就是"如寺院、戏馆、游船、青楼、蟋蟀、鹌鹑等局"，也成为"穷人之养济院"。

牙行是为商业贸易服务的中间商，其从业者被称为牙人。据乾隆年间的《苏州府志》记载：当地共有牙行 4513 户。松江府也有牙行 3637 户。据此估算，两地牙行的雇佣劳动者也应该不低于万人。

金融业、运输业是服务业的重要行业。据范金民、张忠民的估算，乾隆元年（1736），吴县、长洲、元和、昆山、新阳、常熟、昭文、吴江、震泽等九县共有典当铺 489 户。乾隆、嘉庆年间，松江府的华亭、青浦、上海、金山、奉贤、南汇、娄县、宝山等县，共有典当铺 195 户。上海县的钱庄，在乾隆四十五年（1780）有 18 家，十年之后增至 64 家。乾隆五十一年（1786）至嘉庆二年（1797）的十几年中，上海县城的钱庄先后存在的至少有 124 家之多。这些典当铺、钱庄需要雇佣数以千计的员工。梁廷枏在《粤海关志》中提到乾隆年间，江南内河航运的"船只之多，大小不下数十万艘，百姓赖以资生者何啻数百万人"。沙船业是清代兴起的海运业。嘉庆初期，上海一地千石以上的海运沙船最多时达到 3600 艘。鸦片战争前夕，上海沙船业拥有"沙船水手十余万人"。道光年间的沙船航运大王郁润桂有沙船 70 多艘，雇工2000 余人。

清代江南地区的雇佣劳动者总数已经很难准确估算了。中国社会科学院经济研究所研究员方行估计的数据是应在 150 万人以上。

除了江南以外，明清时期北方的劳动力市场也较为发达，而且清代较明代有了更大的发展。从文献记载看，清代北方地区几个主要的手工业部门都已出现了雇佣劳动。如清代嘉庆年间卢坤所著《秦疆治略》载：陕西凤县的铁厂，"每厂雇工或数十人至数百人不等，其帮工搬运来往无定之人更多，难以数计"。在北方劳动力市场上还出现了外地雇工，不仅有外乡的，而且有外县的，甚至还出现了南方地区的劳动者。多数雇主雇佣劳动者在十名以内，但是在某些行业中已经出现了雇佣几十名、数百名，甚至数千名劳动者的情况。例如冶铁业、采煤业、采木业、造纸业等行业，都是吸引劳动力的大户。据清代嘉庆、道光年间的严如熤所著《三省边防备览》中的记载：陕西南山地区的"铁炉高一丈七八尺"，"供给一炉所用人夫须百数十人，如有六七炉，则迁作佣工不下千人"，"稍大厂分，常有二三千人"。陕西周至县，一个"大园木厂，匠作水陆挽运之人，不下三五千"。"枋板厂、猴柴厂，匠作水陆挽运人夫，大者每厂数百人，小亦数十人"。

上述的例子都充分说明了明清时期的劳动力在市场机制的牵引下，向资本密集的城镇转移，而且数量巨大。

欧洲劳动力远距离迁徙虽然比较困难，但向资本集中的城镇迁移相对容易。17—18世纪，很多欧洲人在中短途距离上由农村向核心城镇迁徙，例如德国人和斯堪的纳维亚人向荷兰移居，爱尔兰人向英格兰移居。中国与欧洲劳动力在向资本密集的核心区迁徙方面表现得不相上下。但是，欧洲城镇手工业行会的力量远大于中国的行会力量。在欧洲的城镇里，几乎每项手工业都有强大的行会势力，它们合法地垄断着该项手工行业，控制着劳动力的流入，也禁止非行会人员从事本项手工业生产，它们有权禁止无营业执照的农村劳动力从事该行业，而欧洲的政府基本上都在支持着这种城镇行会垄断权力。虽然启蒙思想家们已经开始呼吁废除这种不合理的垄断权，但直至1789年才开始出现限制城镇垄断权的法规。

综上，我们至少可以得出结论：欧洲的劳动力市场并不比中国的更自由，也许两者不相上下，也许中国的劳动力市场比欧洲的还要更加自由一些。

劳动力市场价格

姜守鹏在《明清时期的北方劳动力市场》中详细地分析了明清时期北方的劳动力市场，并与南方进行了价格比较。他主要以清代《刑科题本》[①]为史料依据，得出清代各行业雇工的工资大体上是：手工业雇工的年工资自 5000 文至 12000 文不等，平均约为 8000 文；农业长工的年工资自 2000 文至 6400 文不等，平均约为 3500 文；商铺店员的年工资自 2000 文至 13000 文不等，平均约为 6000 文。手工业雇工的月工资自 400 文至 2000 文不等，平均约为 1100 文；农业短工的月工资自 250 文至 400 文不等，平均约为 300 文；商铺店员的月工资自 200 文至 750 文不等，平均约为 500 文。

明清的劳动力价格，在不同时期、不同地区虽然有所不同，但是同一时期全国各地，南方与北方的劳动力价格大体上接近。这就说明无论南方还是北方，都已经形成了市场价格。这是明清劳动力市场整合发展的重要标志。劳动力市场价格主要是根据每天市场上劳动力的供求关系而上下波动的。雇工要求雇主按当日的市场价格支付工资。清代档案中就有这样的记载：乾隆三十年（1765）七月，直隶房山县田满生受雇于

---

① 刑部编制的案件审理汇编，里面涉及大量的劳动纠纷案件，在一定程度上反映了当时的工资水平。

杨生儿家做工，当时"言明每日照市价给制钱四十文，按日给发"。一日田满生做工完了领工钱时，杨生儿照旧仍给制钱四十文，田满生说："今日市价工钱是五十五个大钱。"要求杨生儿增加工钱，这反映了劳动力市场价格的存在和市场价格的变化。

劳动力市场价格的形成，进一步说明了明清时期，特别是清代劳动力市场机制已经比较独立地开始发挥作用，劳动力市场整合度已经较为成熟。

亚当·斯密在中国

这个小标题可能会使读者朋友们误以为亚当·斯密来过中国，其实他从未离开过欧洲。之所以用这个小标题，是想在此说一说 17—19 世纪前期，明清的经济运行中呈现出了大量的亚当·斯密所提出的市场机制这一"看不见的手"发挥着重要作用的情况，商品化的农业在"看不见的手"的推动下有了长足的发展。

亚当·斯密认为分工是促进人类经济发展，增长财富的重要途径，他在《国富论》中举了制针业的例子，说明在技术水平不变的情况下，大家分工协作比一个人完成全部工序能大大提高生产效率。一个看似简单的制针操作，被分为 18 道工序，每个工人只完成一道工序，其熟练程度自然提高，产量也就随之提高。《国富论》第一章就明确指出："只要能对每项工艺进行劳动分工，劳动生产力就能相应增长。各种行业和职业的彼此划分似乎也源于这种分工的益处所致。"亚当·斯密认为人类的交换本能萌生了劳动分工，不同的人、不同的地区由于自然的、传统的因素制约，具有的禀赋各不相同，各自从事自己擅长的生产工作，其产量必定较高，然后拿自己产量较高的劳动成果到市场上交换他人擅长的产量较高的产品，这样大家都获得了较高的劳动成果，人类的财富就增加了，经济也就发展了。

同时，亚当·斯密也指出分工的程度必然受制于交换能力的大小，市场规模的大小也就制约着分工的程度。市场过于狭小不能鼓励人们专职一业，因为人们的剩余产品在一个过小的市场中找不到可供交换的对象。因此，市场机制这只"看不见的手"发挥作用的范围、效果都会影响整个社会的经济成长与财富积累。

《国富论》于1776年出版，在其中提出的经济学理论是他基于欧洲，特别是英国的经济实际创立的，当然反映了欧洲，特别是英国的经济运行情况。但明清的经济是不是也按照亚当·斯密的理论运行呢？市场机制这只"看不见的手"是不是也在指导明清的经济运行呢？下面我们就来探讨一番。

"看不见的手"渗入农业

明清时期，商品经济有了巨大发展，农业与手工业生产越来越脱离自给自足的自然经济，而与市场建立了紧密联系，商品货币关系、市场机制渗入农业与手工业生产之中。下面我们来看几段这方面的史料。

明代嘉靖年间的汪道昆在《太涵集》卷六五中说："厉商则厉民，商利而农亦利。"意思是说，激励商人就是激励农民，对商业有利也就是对农业有利。

张居正在《赠水部周汉浦榷竣还朝序》中说："商通有无，农力本穑；商不得通有无以利农则农病，农不得力本穑以资商则商病。"大意是说，商人负责贸易，农民负责种植庄稼；商业不兴，农民无以交易，则经济受到伤害；农业生产不兴，商人也无可交易之资，经济也受到伤害。

康熙年间的山东《海丰县志》载："商贾失业则商贾贫，农以商贾失业而莫之与贸迁也，而农亦贫。"意思是说，商人失业则商人贫困，农民因此没有了贸易，就也随之贫困了。

乾隆年间孙嘉淦所论更加具体："小民生计则岂特口食而已哉！必将以釜甑爨而以铁耕，百工之所为皆需以粟易之，而又税粮之征，衣服盐蔬之用，婚姻疾病丧葬之费，非枲五谷不由得也。"意思是说，老百姓的生计岂止是口粮呀，铁锅、铁犁都是必需品，手工业产品都需用粮食交换，税收、衣服、食盐、果蔬，乃至婚丧嫁娶等费用，都需要出售粮食而换来。

上述这些史料都表明明清时期的商业与农业已经有了较深的经济联系，农民利益已经深深融入市场之中，农产品商品化已经是势不可当的大潮。

卖粮换钱

明清时期以粮食生产为主的农民主要靠出售粮食以换取其他必需品，粮食商品率本来就是比较高的。随着经济的发展，其中有些地区又发展成为粮食高产地区，有些农民的粮食收获量大大超过其自用量。

据各地县志记载：清代康熙年间，浙江江山县的"产米之乡，一秋之熟，可支数年"。嘉庆年间，陕西汉水流域的一些地方，"南来之民，耕于汉者，一岁之获，可支数载"。道光年间，四川新宁县"收稻最富，一岁所入，计口足供十年，而究少盖藏者，邻封若开县、万县皆仰给焉"。这些史料反映出清代很多地方年粮食产量远远大于农户粮食需要量，剩余粮食不是贮藏起来，而是拿到市场上去出售。

还有些农民为了追求更多的经济收益，种粗粮自食，种细粮出售。嘉庆时期，《寿光县志》卷九载：农民"十亩之田必种小麦五亩，其收早而利赢也"。农民种植小麦不是为了自己食用，而是为了拿到市场上销售盈利。又如道光时期的山东《巨野县志》卷二三载：农民"种植五谷以十亩为率，大小二麦居六，秋禾居四……而民多食高粱"。这更说明了巨野县的农民种植大麦、小麦是用来出售的，而自己只是食用高粱等粗粮。

据中国社会科学院经济研究所研究员李文治的研究，明清时期这种以粮食生产为主的农民，每年产值中有 35% 左右用于市场销售，也就是说，其商品化率达到年产值的 35%。

经济作物为王

随着经济的发展，明清时期特别是清前期出现了以经济作物种植为主的农户。在江南地区，这种农户主要种植棉花或从事桑蚕养殖；在长江中上游，经济作物更多的是茶叶与甘蔗，福建、台湾也大量种植甘蔗；在岭南地区，果树种植比较普遍。除此之外，烟草作为一种重要的经济作物在全国都广泛种植。

以种植棉花为主的农户在明代主要分布在江南地区。据万历年间的《嘉定县志》统计，江苏省嘉定县 11684 顷耕地中，"堪种花（指棉花）、豆田地一万零三百七十二顷五十亩"，占全部耕地的 88.7%。天启年间，上海县"官民军灶田凡二百万亩，大半植棉，当不下百万亩"。崇祯年间的《太仓州志》卷十五记载：江苏太仓州耕地之宜稻者十之六七种棉。

进入清代后，棉花种植进一步发展，植棉农户向全国扩展。

清代乾隆时期，据许惟枚的《瀛海掌录》卷四记载：江苏崇明县一带的耕地，"植棉十居六七，田家输租之外，易粟糊口。"江苏崇明县棉花种植占十分之六七，农户除了交租外，还出售棉花购买粮食。农民种棉不种粮，粮食靠卖棉购买。嘉庆年间，上海县"植木棉多于杭稻"。据光绪时期的县志，江苏宝山县"种稻之田十不及二"，该县民户所缴纳10余万石漕粮全靠购买。

清代华北平原植棉发展也非常迅速。山东植棉州县明代有40多个，清代增至90多个。除了数量增加外，更为重要的则是专业化、大面积种植的发展，在一些主要产区棉花种植比重已相当高，出现了粮棉并重，甚至棉花种植超过粮食作物的现象。如山东西北棉区清平县，棉花种植"连顷遍塍，大约所种之地过于种豆麦"；高唐州"种（棉）花地多，种谷地少"；夏津县则是以棉花收成好坏衡量"年之丰歉"。直隶的正定、保定二府及冀、赵、深、定诸州都是棉花重要产区。乾隆年间，黄可润的《畿辅见闻录》载："直隶保定以南，以前凡有好地者多种麦，今则种棉花"；直隶总督方观承在《棉花图》中也说，"冀、赵、深、定诸州属农之艺棉者什之八九"。

江浙太湖流域某些地区农民种桑养蚕，形成顾禄《清嘉集》卷四中所说的"环太湖诸山，乡人比户蚕桑为务"的情形。万历年间的《秀水县志》中说，秀水县之王江径，"近镇村坊，都以种桑养蚕缫丝织绸为业"。明末清初的张履祥在《补农书》中说："吾里（指桐乡县）蚕桑之利厚于稼穑，公私赖焉，蚕不捻则公私俱困。"同治时期的《长兴县志》说，农家"一岁赋税、租债、衣食、日用皆取给（桑蚕）焉"。以上很多农户把蚕桑视成主业，有的地区蚕桑收入超过稻田。

明清时期，长江流域种茶相当普遍。浙江于潜县山区农民"仰食于茶者十之七"。江西义宁州"最上腴土栽茶最多"，致粮田日减。安徽太湖县种茶农产，收入"不减稼穑"。湖南平江县"向种红薯之处悉以种茶"。湖北鹤峰州有些农户"赖此（指种茶）以为生计"。四川永川县某些地区的农民"赖此（指种茶）为衣食者甚众"。丹棱县西部山区，茶园"蜿蜒数十里，种植成园"。

甘蔗是明清时期食糖的重要来源之一。江西省由赣州至南安"两岸尽为蔗田"，南康县在嘉庆至道光数十年间，农民纷纷将粮田改种甘蔗。福建泉州府农民也将稻田改种甘蔗，竟然导致稻米日益缺乏。晋江县因农民多种蔗，粮食不够，需要从外地输入。据康熙三十三年（1694）《台湾府志》记载，台湾甘蔗种植面积扩大，"竟十倍于旧年"。康熙、雍正间的巡台御史黄叔璥在《台海使槎录》中称："全台仰望资生，四方奔趋图息，莫此（种蔗制糖）为甚。糖斤未出，客人先行定买；糖一入手，即便装载（贩运）。"

岭南气候炎热，降雨量大，适合热带、亚热带果树种植。据地方志及吴震方的《岭南杂记》记载，广州"可耕之地甚少，民多种柑桔以图利"；城西的荔枝湾"居人以树荔为业者数十家"；番禺县的鹿步都，三四十里间居民多以花果为业；顺德县的陈村，周环四十余里，龙眼、荔枝、柑、橙等树"有数十万株"，"居人多以种龙眼为业"；南海县东部某些地区盛产龙眼、荔枝，居民"争以为业，称曰龙荔之民"。

中国种烟业出现较晚，但发展较快，种植地区遍布全国。据乾隆年间郭起元的《论闽省务本节用书》，福建"今则烟草之植耗地十之六七"。乾隆八年（1743），大学士等议覆禁烟时奏报：直隶、山东、江西、湖广、福建等省"种烟尤多，陇亩相望，谷土日耗"。此外，乾隆年间，方苞奏报：直隶、山西、陕西、河南、山东等五省直酿酒所耗之谷为一千数百万石，而种烟所占土地相当于酿酒所耗"十之六七"，即相当于生产约一千万石粮食的土地！方苞所说可能有所夸张，但反映出烟田发展之迅速和种植之普遍。

经济作物的产值远远高于粮食作物。乾隆时期的河南省《巩县志》中说，棉花种植的利润是种植大麦、小麦利润的两倍。茶叶种植的利润也很大，是粮食种植的三四倍。明清史料中有大量记载农民因为追求高利润，放弃种粮食而改种其他经济作物。这正体现了市场机制在牵引着明清时期的农民，引导着明清的农业商品化、市场化的发展。同时，这种粮食作物、经济作物的专业化经营也体现了明清时期农产品市场的成熟与发达。

区域分工与区域经济的发展

按照亚当·斯密的理论，分工是财富增长、经济发展的动力。明清的经济发展中一个十分引人注目的现象是区域分工与区域经济的发展，确实像亚当·斯密所阐述的，区域分工使明清的不同区域专擅于各自所长，这种区域擅长有的是当地特有的生产技术，比如景德镇的制瓷业；有的是当地盛产某种工业原材料，比如江南地区盛产棉花和生丝，其纺织业就比较发达；有的是当地自然条件适合种植某种作物，比如长江中上游的粮食种植业和岭南的果树种植业等。无论何种原因，区域分工提高了劳动生产率，单位时间、单位劳动量所生产的劳动产品增加了，全国市场和水路交通的发展，使得各地区能将各自擅长的高产产品送到全国市场上去销售，并购买自己所需的其他区域擅长生产的产品。就这样，经济也得到了快速发展。

下面笔者根据南开大学历史学教授许檀在《明清时期区域经济的发展》一文中的研究成果，向读者朋友们简要介绍17—19世纪前期明清中国的区域分工与区域经济的发展。从专业分工上讲，可以分成以下几个专业化的经济区域。

第一，江南地区。它以高效农业与棉纺织业、丝织业并重为主要特点。自然资源合理利用与生产集约化程度的提高，使每亩耕地的经济收益明显提高。高投入、高产出是江南农业经济的重要特色。

清代前期，江南已逐渐形成三个相对集中的农作物分布区，即濒江沿海以棉为主或棉稻并重的棉—稻产区、太湖南部以桑为主或桑稻并重的桑—稻产区、太湖北部以及大运河东北至沿海沙地之间狭长的水稻产区。

比农业更能体现江南地区分工特色的是其发达的手工业，特别是棉纺织业与丝织业。明清时期，江南地区每年有巨量棉布和丝织品行销全国，甚至出口。笔者在《说不明 道不清》第一册第三章中已经比较详细地讲述了江南地区的棉纺织业与丝织业，感兴趣的读者朋友们可以参考一下，此处我就不重复了。

第二，珠江三角洲。有赖于亚热带气候特点，在明代，该地区主要发展以荔枝、甘蔗等果树为主的经济作物专业化种植区，进入清代后，桑蚕养殖业发展也很迅速。

"果基鱼塘"是明代珠江三角洲重要的区域特点，这是一种果树种植业与水产养殖相结合的生态型农业经营方式。它主要分布于南海九江，顺德龙山、龙江一带。明末清初著名学者屈大均的《广东新语》记载："广州诸大县村落中，往往弃肥田为基以树果木，荔枝最多……基下为池以蓄鱼，岁暮涸之，至春以播稻秧。"明末清初开始出现"桑基鱼塘"，即把原来的果基改为桑基。基种桑，塘养鱼，桑叶饲蚕，再以蚕屎饲鱼，塘泥肥桑。

经济作物种植面积的大幅度增长，使珠江三角洲缺粮日益严重。清代中叶，广东全省每年须从相邻的广西、湖南、江西以及暹罗、安南等地输入稻谷 400 万石左右，其中至少有一半是供应珠江三角洲的。不过，该地虽然缺粮严重，但粮价并不甚高，广州府粮价一直低于潮州、嘉应等府州。这显然与三角洲便利的交通条件、密集的市场网络及其有效的运作密切相关。通过大规模的粮食输入，珠江三角洲不仅解决了当地人口的食粮问题，而且腾出了更多的土地种植收益更高的经济作物。

第三，华北平原。明清时期，华北平原农业发展的最主要成果是两年三熟制的普及，即利用两年的时间，种植三茬作物，一般是大麦或小麦、豆类和小米等。同时，经济作物也开始普及，种植最多的是棉花，其次是烟草，枣梨等果树的种植也比较普遍。

手工业也有了长足发展。明代华北棉纺织业已有一定的发展，但尚不够发达，本地所产棉布供不应求，每年都须从江南大量输入棉布。清代华北平原棉纺织业迅速普及，形成不少有较大产能的商品布集中产区。到乾嘉年间，冀鲁豫已从明代的棉布输入区变为棉布输出区了。

第四，长江中上游地区。该地区是全国最大的商品粮输出区，农作物以水稻为主，而水稻生长对灌溉条件要求甚高，"近水则腴，远水则瘠"。故湖广地方官和乡绅对于水利设施的兴修都十分重视，修建的水利设施数量和规模都较大。

双季稻的推广是清代湖南农业发展的重要原因。湖南双季稻的推广约在雍乾年间。乾隆三年（1738），布政使张㮚、按察使严瑞龙有言："南楚之田，一岁再熟"；乾隆十年（1745）前后，杨锡绂、周人骥等任湖南抚按大臣时又大力推广，屡次发布告示"劝种两熟稻谷"，地方官也积极加以推行，故而较见成效。

水利兴修和双季稻的推广，使湖南稻谷亩产比明代大幅度提高。湖北水利设施完备的水稻产区，亩产较高者可达5—6石，一般沿江平原亩产大致在2—3石之间。湖南亩产高者在5—7石，低者在2—3石，一般在2—4石之间；而洞庭湖区则在4—6石之间，亩产不在长江三角洲之下。

从明代中后期开始，湖广地区①成为粮食输出区，遂有"湖广熟，天下足"的谚语，清代其输出量有更大幅度增长。康熙皇帝曾说："江浙百姓全赖湖广米粟。"一旦湘米不至，即会引起江浙米价上涨。汉口是长江中游最大的粮食贸易中心，湖南长沙、宝庆、岳州、衡州、常德等府所产之米均先聚于洞庭，经岳州出长江而达汉口。据全汉升估计，雍正年间自湖广运往江南的稻米每年约有1000万石；据吴承明估计，清代前期江南地区每年从长江中上游的江西、湖广、四川输入的稻米约为1500万石。明清时期长江中上游地区的开发及其作为粮食输出区的确立，不仅提高了其自身的经济地位，对江南乃至全国经济的发展也具有十分重要的意义。

第五，东北、台湾等边境地区。从明清时期开始，东北、台湾等边境地区也开始进入全国经济网络，在区域分工中也扮演着重要角色。

自康熙中叶始，东北已陆续有余粮输出。据《清圣祖实录》卷一二八载："有运盛京粮米于山海关内者，又泛海贩粜于山东者多有之。"乾隆元年（1736），因直隶歉收，粮价腾贵，清政府下令："奉天海洋运米赴天津等处之商船，听其流通，不必禁止。"乾隆九年

---

① 主要指洞庭—江汉平原、湘中地区以及鄂东沿江平原，包括湖南的长沙、岳州、澧州、常德、衡州、宝庆诸府以及湖北的汉阳、黄州二府。

（1744），因山东遭灾，从奉天调运存仓米20万石海运至山东以救饥。嘉庆、道光年间，东北输往直隶、山东二省的高粱、粟米等粮食每年达一二百万石；而输往江南的豆麦、杂粮每年更高达上千万石，东北成为江南地区重要的粮食供应地之一。

清代，台湾开始与大陆有较为频繁的贸易往来。台米输浙始于雍正元年（1723）。这年浙江歉收，商船运台米1万石，次年又运米4万石。乾隆五十一年（1786），因浙西三府输入大米稀少，拨运台米43600石。蔗糖是台湾的另一重要物产和输出商品。台湾甘蔗种植甚广，糖产亦多。台湾糖产主要销往上海、宁波、天津、牛庄等地。王韬《瀛壖杂志》记载："闽粤大商多在沪之东关外，粤则从汕头，闽则从台湾运糖至沪，所售动以数百万金。"天津自雍正年间即有台糖输入，主要是由漳泉海商转销而至。此外，台湾糖产还大量输往东南亚和日本。

综上所述，亚当·斯密的分工促进经济发展的理论不但适用于欧洲，也适用于中国。明清时期，中国的区域分工与区域经济非常发达，不同地区专注于自身优势的生产领域。通过市场贸易，每个地区都获得了亚当·斯密所提出的分工提高劳动生产率所带来的好处。看来自由市场经济与市场机制在17—19世纪上半叶的中国与欧洲发挥着大致相同的作用。

------------------华-----丽-----的-----分-----界-----线------------------

亚当·斯密：我看了你的文章，市场机制在明清两代也发挥了很大作用嘛，我的理论不但适用于欧洲，也适用于东方嘛。

作者：没错。

亚当·斯密：在整个中华帝国庞大疆域内进行区域分工，各地区都专注于自身擅长的产品生产，肯定能大大提高劳动生产率。

作者：那当然了。您的《国富论》我们后辈都奉为经典呀，现在没看过《国富论》都不好意思跟人说自己懂经济。

亚当·斯密：是吗？《国富论》有这么重要吗？

作者：当然重要了！那是经济学奠基之作呀。我家里就"供"着一本，每日研读。

亚当·斯密：哈哈，你太过誉了。

作者：斯大爷，我说的都是实话呀。

亚当·斯密：好啦，好啦。不过你提出的史实倒是证明了近代以前的中国、欧洲的发达地区市场发展成熟度不相上下。

作者：对，对。斯大爷说得是。

亚当·斯密：写得不错，我要继续看了。

------------------华-----丽-----的-----分-----界-----线------------------

商人与商业

也许有读者朋友认为，传统中华文化、中国社会歧视商人、鄙视商业。商人的地位卑微，私人财产权利也得不到保障，这一切阻碍了明清的工商业发展，从而导致了中国在近代的落后。现在我们通过史实，来分析一下近代中国的落后是否与此有关。

中国古代确实打压商人，所谓士农工商，农民被视为"本"，商人被视为"末"。汉代规定对商人收重税，不许商人购买土地、穿着丝绸，商人及其后代均不得为官。宋朝制定了商人不得参加科举考试的法律。虽然这些法律执行起来不一定严格，但确实表现出对商人的抑制。

让我们深思一下，为什么中国古代会有重农抑商的思想呢？其实很简单，因为当时中国是农业社会，农业是国家及社会财富的重要来源和保障，在国家的统治者和社会精英看来，农民是勤劳的生产者，商人却不劳而获，因此大加限制。

其实，不但中国古代如此，任何一个传统的农业社会对商业与商人的态度都是比较负面的。这一点我们从西方文明的传统中也可以看得非常清楚，让我们先看几段《圣经》中的描述。

《圣经·提摩太前书》第 6 章第 9—10 节：但那些想要发财的人，就陷在迷惑、落在网罗和许多无知有害的私欲里，叫人沉在败坏和灭亡中。贪财是万恶之根！有人贪恋钱财，就被引诱离了真道，用许多愁苦把自己刺透了。

《圣经·路加福音》第 18 章第 24—25 节：耶稣看见他，就说："有钱财的人进神的国是何等的难哪！骆驼穿过针的眼，比财主进神的国还容易呢！"

《圣经》反对贪财，而商人是逐利的，有很多商人是富有的大财主，因此他们在传统基督教社会里往往被视为"贼"或"罪人"而受到排挤。

近代以来，欧洲的商人地位有了较大提高，但直至 19 世纪甚至 20 世纪前期，轻商思想在欧洲仍大行其道。

17—18 世纪的欧洲，商人单凭财富不可能跻身上流社会，土地贵族仍然霸占着上层社会圈子。在 18 世纪的英国，传统土地贵族的生活方式作为社会地位的象征，仍然比财富更为重要。即便到了 19 世纪甚至到今天，普通欧洲民众对传统贵族仍存在特殊的敬意，我们经常在电视上看到伊丽莎白二世女王深受英国人民爱戴的画面就是明证。

18 世纪，甚至 19 世纪的英国商人在外经商发财回国后，第一件要做的事便是在乡下购买土地或与土地贵族联姻，以使自己成为一个真正的英国绅士。只有这样，他们在英国社会才会受到尊敬，才有机会进入政治权力的核心——英国议会。直到 1826 年的议会改革才开始改变这种权力分配状态。

英国东印度公司在孟加拉国霸权的创始人之一罗伯特·克莱武以及怡和洋行的创办人之一詹姆斯·马地臣返回英国后都大量购置土地，最终变成了地主。

甚至亚当·斯密在《国富论》中也表达过重农轻商的思想：然而对于任何国家来说，工商业资本都是不安全、不确定的财富，除非部分资本用于土地的耕种与改良……战争与政府更迭可以轻而易举地榨干商业财富。但那些来自农业坚实进步的财富更加持久，即便长达一两个世纪被野蛮民族暴力劫掠也不可破坏。

亚当·斯密的这种思想与中国古代"农为本，商为末""以末致财，以本守之"思想如出一辙，实际上它反映出 18 世纪末 19 世纪初的英国重农思想仍然有相当大的影响力，大部分英国人仍然相信农业比其他经济领域更重要。

我们再来看看 17—18 世纪欧洲政府对商人财产的侵犯。17 世纪，英国内战期间，政府和皇室曾经拖欠过大批过期的债款；18 世纪，法国政府多次未能支付商人的欠款和利息。当战争迫切时，欧洲政府又经常强迫商人贷款给国家，甚至直接征用商人的财产。17 世纪，英王查理二世曾挪用本应给商人还债的存款来应付英荷战争的开支。18 世纪，英法两国在印度争霸，英国政府也多次征用东印度公司的物资、人力和白银来应付战争，令东印度公司多次濒临破产的边缘。

从以上的分析可看出，重农抑商不但是中国古代的传统，也是世界其他地区旧时的传统。近代以来，商业才在东西方都得到了巨大发展，商人地位也经历了重大变革。

商业发展和商人地位的提高

明朝商品经济有了较大发展，随之而来的是商人和商业的地位在社会主流意识中的大幅度提高。"三言二拍"中有不少故事以商人为主角，且是形象比较正面的人物，比如卖油郎、蒋兴哥等，就说明了商人受到社会的认可，地位提高了。

17—19世纪前期，中国弃儒从商的人数大大增加。原因之一是中国人口从明初的7000万左右增长到明末的1.5亿，到了清乾隆晚期，又猛增至3亿，但举人、进士等科举名额却没怎么增加，科举考试的竞争激烈程度可想而知，大批落榜的学子只能另谋生路。由于明代后期开始的商业大发展，中国有很多经商致富的例子，这些人激励着这些考场失意的读书人。

据安徽的《丰南志》记载，明代后期已有"士而成功也十之一，贾而成功也十之九"的说法。从商需要一定程度的知识水平，故读书人转行从商相对来说比较容易。16世纪，安徽徽州歙县《竦塘黄氏宗谱》中提到，本来打算参加科考的黄崇德，经父亲劝说弃儒从商，到山东贩盐，最后挣得盆满钵盈，成为大商人。并且，士商结合越来越紧密，士商联姻已成常事，士商之间也可以相互转化，士人与商人的界限已经模糊不清。

明代嘉靖年间的归有光在《白庵程翁八十寿序》中说道："新安程君少而客于吴，吴之士大夫皆喜与之游……古者四民异业，至于后世而士与农商常相混……程氏……子孙繁衍，散居海宁、黟、歙间，无虑数千家，并以读书为业。君岂非所谓士而商者欤？"意思是说，新安（安徽歙县）的程君（君是尊称）从小就在江苏长大，江苏的士大夫都喜欢与他交往。古代士农工商从事不同职业，泾渭分明，现在士大夫经常与农民、商人相混淆。程氏的子孙繁衍，遍及浙江海宁、安徽的黟县与歙县，有数千家，都以读书为业。这岂不是由士大夫转变成商人吗？

清代嘉庆、道光年间沈垚在《费席山先生七十双寿序》中也说："非父兄先营事业于前，子弟即无由读书以致身显通。是故古者四民分，后世四民不分。古者士之子恒为士，后世商之子方能为士，此宋、元、明以来变迁之大较矣。天下之士多处于商，则纤啬之风益甚……其业则商贾也，其人则豪杰也。为豪杰则洞悉天下之物情，故能为人所不为，不忍人所忍。"大意是说，只有父兄辈的从商挣钱，子弟辈的才能读书科举成功。因此古代士农工商分得清，后世都分不清了。以前士大夫的后代还是士大夫，后世商人后代才能成为士大夫，这是宋元明以来的大变化。天下的士大夫多是从商人转变而来，因此勤俭节约的风气日益兴盛。从事商业的人是豪杰，他们能洞悉人情世故，成就大事。

儒家伦理与商业主义精神

明清时期的商业指南类书籍，如《士商类要》《士商要览》等都是以士商合称，也反映出当时士大夫阶层与商人阶层的紧密关系。除此之外，还有《为商十要》《贸学须知》《客商一览醒迷》《商贾便览》《生意世事初阶》《杂货便览》等一系列深浅程度不同的商业指南类书籍，它们的一个共同点就是将儒家伦理道德放在非常重要的地位。在利、义问题上，要求商人重信崇义，守信行诺；强调君子爱财，取之有道。比如《商贾便览·工商切要》开篇就强调："习商贾者，其仁、义、礼、智、信，皆当教之焉，则及成自然生财有道矣。苟不教焉，而又纵之其性，必改其心，则不可问矣。虽能生财，断无从道而来，君子不足尚也。"

在行动上，商人们也实践着这些信条。道光四年（1824），山西商人创立日升昌票号，它被认为是中国第一家近代银行。日升昌要求员工"诚"而绝对不要耍奸："一日要奸，可以欺市；二日要奸，可以愚民；没有哪一家商号，可以数年、数十年靠要奸混迹于世。"

明清的商人们巧妙利用并重新解释了传统的儒家思想，使儒家思想更加适合商业主义的社会，他们诚信的经商行为也使社会主流相信他们的所作所为并没有与儒家传统背道而驰，不应再被歧视。这与欧洲宗教改革后诞生的新教徒们重新解释基督教教义，使其适应近代工商业社会，可以说有异曲同工之妙。

明清时期的福布斯排行榜

明清商业的大发展创造了大批发财致富的机会，富商巨贾层出不穷。丁言模主编的《左儒右贾》讲述了一则历史故事：嘉靖年间，权臣严嵩的儿子严世蕃和朋友聊天，聊天的主题就是给天下"大款"排名，制作一份当时的福布斯排行榜。他们一致认为财产要在50万两白银以上才算巨富，二人掐指一算，全国只有17个家族符合这个标准，其中包括三家晋商和两家徽商，其余的是王公贵族和太监。到了万历年间，徽州盐商的财产已经飙升至上百万两白银。

乾隆年间，扬州的晋商和徽商的资本总额已达七八千万两之巨，汪交如、江春、鲍志道等大盐商甚至拥有千万的资产。相比之下，清朝最鼎盛时期的国库存银也不过7000万两。此外，清朝在广州对西方商人实行一口通商政策和行商制度，这样造就了一大批超级富商，比如同文行的潘启官、广利行的卢观恒和怡和行的伍秉鉴等，其中伍秉鉴最为有名。

伍秉鉴立足广州，有自己的企业"怡和行"，做中西贸易，主要经营丝织品、茶叶和瓷器。同时，他还把产业扩大到国外，甚至债务也放到国外，是英国东印度公司最大的债权人。他在国内买了大量的田产、宅院、茶园、店铺，又到美国投资铁路、证券和保险业务。故他的怡和行一度成为世界级的跨国财团。道光十四年（1834），伍秉鉴的私人资产已达2600万银元（约5600万美元），而当时欧洲首富内森·罗斯柴尔德在1828年的资产总额才500多万美元。

明清的晋商、徽商和广州行商的巨额财富主要来自商业贸易，而19世纪的英国富翁的资产仍然以土地为主。在1809—1858年去世的英国百万富翁中，有95%是大地主。直到1880年，英国的百万富翁和50万富翁仍然是以地主居多。看来在19世纪的英国，土地更是真正的财富。

难怪加州大学历史学家玛丽·兰金和乔瑟夫·埃西里科在《在中国地方精英与统治模式》一书中得出结论：20世纪前，中国的商业贸易可能比欧洲的更受人尊重。剑桥大学历史学家马克·伊懋可在1973年出版的《中国历史模式》一书中也提出过类似观点：与近代早期的西欧相比，明清时期，中国的农村可能是"过度商业化"和"过度工业化"了。

------------------华-----丽-----的-----分-----界-----线--------------------

作者：伍爷，晚辈给您行礼了。

伍秉鉴：后生免礼。听说你们后生的年代都时兴洋人的握手礼，咱俩就握握手吧。

作者：（慌忙上前与伍秉鉴握手）伍爷果然是开明人呀。

伍秉鉴：最近我有点忙，你们后世过得如何呀？

作者：我们现在过得不错，就是现在有些年轻人不太了解您呀。

伍秉鉴：不了解我？了解我干什么呀？

作者：伍爷您可是 19 世纪的全球首富，英国东印度公司的最大债主。可后世很多中国人都没听说过您的名字呀。

伍秉鉴：做生意挣点小钱，不足挂齿。我挣钱是因为当时的全球经济大形势，我只是取了个巧而已。

作者：您太谦虚了，您教教我怎么取巧吧。

伍秉鉴：我看你还是别取巧了，写的东西不错，我爱看。

作者：伍爷，有您这句话，我也得继续写下去。

------------------华-----丽-----的-----分-----界-----线------------------

技术差别

许多人认为，17—19 世纪上半叶，中国与欧洲之间的技术水平差异巨大，英国先进的科学技术是 18 世纪后半叶工业革命爆发的一个至关重要的条件，而英国技术领先的步伐可以一直追溯到 17 世纪甚或更早。

中国与欧洲之间技术水平存在差距，这是个不争的事实，笔者不想否认。但之前的认识存在着一个重大误区：我们在考察中、欧之间的技术差异时，只看到了欧洲领先的领域，而忽略了中国领先的领域。我们总是轻率地将中、欧之间的技术差距等同于欧洲技术领先，中国技术落后，认为这样可以对工业革命为什么率先在英国爆发给出一个完美的解释。

其实包含中国、英国和世界其他国家在内，每个国家技术发展水平是不一致的，说白了就是任何国家都有擅长的、领先的领域，同时也有短板落后的领域。由于牛顿力学的建立，英国在机械制造技术方面无疑领先于世界其他任何国家，但这并不意味着在全部领域英国都处于领先地位。我们可以先简单回顾一下工业革命爆发于英国纺织业的技术进程。

英国的技术专长

我们都知道纯棉衣服穿着非常舒服，那棉布是怎么来的呢？棉花通过纺纱变成棉纱，再通过织布就变成棉布了。英国正是通过新纺织机械的发明一步一步打破上述过程中阻碍产量与生产效率提高的各种瓶颈。

1733 年，英国兰开夏郡的钟表匠约翰·凯伊改进了原有织布中使用的梭子，发明了"飞梭"。飞梭是安装在织布机滑槽中带有小轮的梭子，滑槽两端装上弹簧，使梭子可以极快地来回穿行。以前用普通的梭子，得有两个人站在织布机左右配合，来回推动梭子。现在使用飞梭，一个人就能完成织布工作，而且能织比以前更宽的布。飞梭的发明大大提高了织布效率，因此对织布的原料棉纱的需求猛增，棉纱开始供不应求。此时人们迫切需要一种机器来提高纺纱的速度，以提供更多的棉纱。

1765 年，英国兰开夏郡纺织工人哈格里夫斯发明了"珍妮纺纱机"，标志着工业革命的爆发。一般纺纱机只有 1 个纱锭，而珍妮纺纱机最初有 8 个纱锭，后来发展到多达 80 个纱锭，也就是说，可以同时纺 80 条纱线，这就大大提高了纺纱的效率，使得棉纱的供应能够满足飞梭织布的需要。

1768 年，英国普雷斯顿的理发师阿克莱发明了"水力纺纱机"，我们在《说不明 道不清》第一册中讲过，阿克莱水力纺纱机可能受到了中国元代水力大纺车的影响与启发。它将人力与畜力驱动的纺纱机变为水力驱动。

1779 年，英国兰开夏郡纺纱工克隆普顿发明"骡机"。它在珍妮纺纱机纱锭牵伸的基础上吸收阿克莱水力纺纱机罗拉牵伸的优点，加以改进。所纺纱线兼具珍妮纺纱机的纱细和水力纺纱机的坚实两种优点，好似骡子兼具马与驴的优点一样，故定名为"骡机"。后不断改进，到 1800 年，骡机能同时纺 400 个纱锭。

1785 年，英国莱斯特郡牧师卡特莱特发明了动力织布机，将织布机变为蒸汽动力。至此，纺织业实现了机械化，生产效率比起手工生产来说发生了天翻地覆的变化。

通过以上回顾，我们了解到英国纺织业实现工业化的进程。站在当今这个时间点上，我们可以清楚地看到每项技术发明，都将英国的纺织业向近代工业化推进了一步，这些发明都不是无用功。但是笔者要提醒各位读者朋友，如果我们生活在 18 世纪下半叶的工业革命时代，我们是难以判断哪些技术发明能推动工业革命，哪些发明与之无关，当时的发明只要能提高生产效率都是受到人们欢迎的。举个例子来说，17 世纪的中国华北地区有人发明了一种地窖，其特有的结构能保证足够的湿度，使人们可以在北方干燥的日子中仍能纺纱，极大地提高了年度产量和生产率，还大幅度降低了季节性失业。此发明技术相对简单，故在100年的时间里这种新型地窖得到迅速推广，使得华北地区的棉纺织品能达到自给自足的水平，不再需要从江南输入。对于华北来说，这种地窖的发明大大提高了纺织业生产效率，广受欢迎，但它却不能引发纺织业的机械化和工业革命。

英国是通过机械制造方面的发明创造，研制新的纺织机器来提高生产率；中国是通过设计能保湿的结构新颖的地窖，延长纺纱工作时间，使得在原来干燥的日子中不得不停业的纺织业能继续保持生产，从而提高生产率。我们现在当然可以放心大胆地说英国的方式是有光明前途的，而中国的地窖不能持续地提高生产率。现在笔者请读者朋友们做个思想实验：假想我们生活在18世纪60年代，并不知道之后的历史走向，那么我们如何判断对于提高纺织业生产率，是英国的方式更有效，还是中国的方式更有效呢？

英国的方式打破了一系列阻碍纺织业生产率提高的瓶颈：1733年飞梭的发明大大提高了织布的效率，打破了织布的生产瓶颈，但同时纺纱效率低下凸显出来，纺纱的速度赶不上织布的速度，棉纱供给不足成为纺织业生产新的瓶颈；1765年珍妮纺纱机的出现提高了纺纱的效率，纺纱速度大大提高，赶上了织布的速度，棉纱不足的瓶颈被打破，同时动力不足又成为纺织业新的瓶颈，因为不论是飞梭还是珍妮纺纱机都是靠人力驱动，想进一步提高产量，单靠人力作动力是不可能的；1768年、1779年阿克莱水力纺纱机与骡机的发明将纺纱动力由人力变为水力，动力瓶颈得到初步解决；1785年动力织布机的出现，将织布的动力变为机械力，彻底解决了动力瓶颈问题，纺织业产量提高前景不可限量。但就在这万事俱备的时刻，千万不要忘记此时的英国纺织业离实现工业化的产量水平还差一阵"东风"：必须打破原材料不足的瓶颈。如何打破这一瓶颈呢？在当时只能通过扩大棉花种植面积、绵羊牧场面积，这么做就意味着需要投入更多的土地与劳动。而在全欧洲的范围内不可能找到彻底解决这一瓶颈所必需的土地，即便欧洲某个地区能够将部分森林与耕地转化为棉田与牧场，同时在更加有限的耕地上投入更密集的劳动以保证粮食不减产。

从长远看，其前景不是打破纺织业原材料瓶颈，而是进一步坠入"马尔萨斯陷阱"的深渊，因为棉田、绵羊牧场面积的扩大，必然导致耕地的减少。为了保证粮食产量不降，就必须在减少的耕地上投入更多的劳动和人力，这样就需要更多的劳动力投入粮食生产，就会推动人口的增长和农业劳动力的扩大，从而又进一步增加了粮食需求，人口与土地矛盾更加尖锐，工业劳动力供给不足。英国纺织业原材料瓶颈的最终打破靠的是从美洲殖民地大量输入棉花与羊毛，才使原材料供给跟上机械化的生产能力，产量和生产效率确实达到了近代工业化水平，工业革命才具有了实际意义。

我们可以设想一下，即便有了英国纺织技术、纺织机械的进步，但如果没有美洲源源不断地输入棉花、羊毛、粮食等生态初级产品，英国为了供给不断发展的纺织业所需的棉花与羊毛，就只能减少耕地与林地面积，拿出更多的土地来种植棉花、饲养绵羊，这样粮食与燃料供求就会更加紧张，价格上涨不可避免，生活成本的提高意味着工资的上涨，人力资本过高造成企业负担沉重，竞争困难。而农业技术相对落后的英国本来亩产就比较低，为了弥补种植棉花与养殖绵羊所侵占的土地，就不得不在耕地中投入更多的劳动力，劳动密集型农业必然形成，"马尔萨斯陷阱"的程度也会加深。为了有足够的土地来种植粮食和树木，保证粮食价格与燃料价格不会太高，就不可能有更多的土地用于种植棉花和养殖绵羊上面，这样纺织业就会缺少原材料，纺织技术就可能变成无甚用处的"奇技淫巧"。

所以，技术发明诚然非常重要，但更重要的是外来的资源替代了本国的土地，使英国能缓解人口与土地、资源的紧张关系，跳出"马尔萨斯陷阱"。

中国的技术专长

与欧洲相比，中国的技术优势在于丝织技术、制瓷技术与制茶技术等，这些技术的领先使得中国在上述三个产业中处于垄断地位，但这并不意味着中国在其他方面没有技术领先。

彭慕兰在《大分流：欧洲、中国及现代世界经济的发展》一书中举了一个例子，他对比了中国式的炉子和欧洲的壁炉，前者在热效率方面大大优于后者。美国经济学家瓦科拉夫·斯米尔在《世界历史中的能源》一书中通过计算，估计出 1700 年左右中国的人均能源利用量可能与西欧差不多。这说明尽管欧洲有能源利用率较高的水车及不久后发明的蒸汽机等动力机械，但也有能源浪费较大的壁炉拉低了欧洲的人均能源利用率。而中国式炉子的能源利用效率无论在做饭还是在取暖方面，都有着显著的优势。

当然，今天的我们可以对中国式炉子的高效不屑一顾，因为它与工业革命进程毫无关系，事后诸葛亮人人都能当。但在当时谁能判断是欧洲利用热能的方式（开采新的燃料煤），还是中国提高热效率（研制热利用更高、热损失更低的炉子）的方式，哪个更可能导致工业突破呢？

其实 17—19 世纪上半叶中国技术领先最重要的领域在农业，而农业无论在中国还是在欧洲，都是当时最大的产业。英国经济史家贝利在

《帝国的全盛期：英帝国与世界（1780—1830）》一书中提及：1753 年建立的一个英国威尔士农业改良协会曾表示要致力于让威尔士"像中国一样繁荣"的日子早些到来。

灌溉技术、打井技术都是中国农业技术中的佼佼者。但更重要的是中国人有办法使耕地保持较高的肥力，单位面积生产更多的粮食。中国南方种植水稻，其亩产远高于北方的旱田。因为稻田中一年的藻类能恢复两季水稻连续种植所造成的氮损失。猪粪肥和东北豆饼肥料的大规模运用，使得岭南地区水稻亩产在 1750—1900 年翻了一番。长江下游地区大量豆饼肥料的应用，使水稻亩产量在没有化肥、杀虫剂等新技术的刺激下仍保持持续增长，部分地区甚至直到 1930 年仍有增长。

中国北方旱作区域与欧洲的可比性更大。彭慕兰对 1800 年前后华北一个以小麦和高粱为主的区域做过一个粗略估计，其每英亩（1 英亩约等于 40.46 亩）耕地使用的肥料比西欧多 40%—60%。他还通过在中国与英国各假设一个典型农场的方式，分别计算了中英两国耕地的氮循环量，得出了在中国农业技术和耕种方式下，耕地保持了更多肥力的结论。

中国先进的农业技术、耕种方式与施肥方法创造了比欧洲更高的亩产量，如果欧洲没能获得来自美洲的数量巨大的农产品（等于获得了额外的耕地），我们很容易设想在 18 世纪农业这个最大的经济部门中，欧洲明显的技术落后、亩产低下与它在机械制造、煤等产业中的优势具有同样重大的意义。因为农业技术落后、亩产低下导致欧洲不得不将更多的土地和劳动投入粮食生产，这就会限制燃料、纺织原料的生产，而这正是深陷"马尔萨斯陷阱"的体现。

我们可以再设想一下，如果中国能得到外部源源不断地输入棉花、生丝等纺织业原料，再加上中国先进的农业技术造成的农业产量高，中国会比较容易摆脱"马尔萨斯陷阱"。如此一来，中国可以在继续供养庞大人口的同时，获得纺织业良好发展所需的充足原材料，通过北方地窖、南方织机等的发明，大幅度提高纺织业生产效率是非常可能的，最终以某种方式实现机械化也不是不可能的，毕竟元代中国人就已经发明了拥有 32 个纱锭的水转大纺车。

————————————华————丽————的————分————界————线————————————

瓦特：你小子这么说好像也有点道理，确实在搞发明时，我们只会想到如何应付当前需求，提高产量和生产效率，谁也不会关心能否推动工业革命。

作者：是呀。你们英国牛，一系列技术发明推动着工业，特别是纺织业发展，但那都是后人总结的。肯定还有一些别的发明，就像华北地区的地窖一样，在当时也提高了生产效率，但由于与工业革命无关而被遗忘在历史的长河之中了。

瓦特：嗯，你的这种说法我倒是第一次听说，虽然不完全接受，但我也不否认有一定道理。

作者：好，只要您说有一定道理，就是对我的莫大鼓舞。

瓦特：哈哈，看来我的影响还是很大的呀。

作者：当然了，您可是当了单位的人了。

瓦特：当了单位的人？什么意思？

作者：瓦特是功率的单位呀，我们平时经常提及您呀。我和我的小伙伴们小时候都听过您与茶壶的故事。

瓦特：我与茶壶的故事？

作者：这个故事说您小时候，通过观察烧开水的茶壶壶盖被水蒸气顶起来，而引发蒸汽机的发明，我不知道是不是真的呀？

瓦特：通过观察烧开水的茶壶发明蒸汽机？哈哈，你觉得是不是真的呢？

----------------华-----丽-----的-----分-----界-----线----------------

促进土地自由买卖

前面笔者在谈到土地市场时，讲过明清宗族关系在土地交易中影响越来越小，市场在土地资源的配置中所起的作用越来越大。明清政府，特别是清政府提倡土地自由买卖，对削弱宗族影响，推动土地交易市场化方面起到了重要作用。

据乾隆时期的《济宁州志》载，早在康熙年间，山东济宁知州吴柽就指出：典卖田宅，必先让原业、本家，次则地邻之俗例，是很可笑的。他还认为这种陋习侵犯了卖地者的利益，有的族人本想要买的，却假称不要，就是为了压低地价，等卖家实在等不了了，急于出手时，再低价买入，致使卖地者陷入困境。

康熙、雍正朝的河南布政使田文镜在《抚豫宣化录》中说，雍正三年（1725），河南废除土地买卖中要先考虑宗族购买的陋习：田园房产，为小民性命之依，苟非万不得已，岂肯轻弃？既有急需，应听其觅主典卖，以济燃眉。乃豫省有先尽业主邻亲之说，他姓概不敢买，任其乘机挟勒，以致穷民不得不减价相就。嗣后，不论何人许买，有钱出价者即系售主。如业主之邻亲告争，按律治罪。

田文镜清楚卖地卖房者肯定是生活急需用钱，而让宗族内部先行购买的习俗给了宗族勒索卖家的机会，逼得穷人不得不减价销售。所以规定今后卖家可以随意将土地卖给任何人，如有卖主、亲戚、邻居诉讼争抢，按律治罪。

雍正八年（1730），清政府将土地交易中禁止宗族优先的法令推向全国；乾隆九年（1744），清政府再次重申此项法令。

从清代刑部档案来看，清政府在司法实践上也是对土地交易中宗族优先的做法持否定态度。此处举两个案例，读者朋友们一看便知。

案例一：乾隆二十八年（1763），贵州普安州因土地交易发生一起案件。李廷槐有田地一分（0.1 亩）。在乾隆四年（1739），他将田地典当给了宗亲李廷科，价格是 5.5 两白银。乾隆二十七年（1762），李廷槐将田地赎回，而后又以 21 两白银的价格要卖给外人郎抢宾。李廷槐的堂兄李廷贤知道后，以此田为祖产，不能卖予外姓人的宗族理由，想低价购买此田。李廷槐虽然同意取消与郎抢宾的交易，将田地卖给李廷贤，但要价仍然是 21 两白银，而李廷贤坚持要以原来 5.5 两的价格购买，李廷槐自然是不同意，双方对簿公堂。当地官府认为李廷贤依仗宗族优先的习俗，仅以 5.5 两白银强买李廷槐的田地，分明就是勒索，判决所争之田，仍听李廷槐另行售卖。

案例二：湖南湘阴县县民曹少甫想将自己的田地卖给佃户廖文翰，其兄曹毓嵩指责佃户廖文翰不应买地主之田。当地官府认为：田为少甫名下私产，少甫主之，纵卖与廖文翰，亦例所不禁……但少甫果须卖田，毓嵩果虑为廖得，何不备价购存此田？如不能购，亦不能禁少甫售与他人，方为情理之至。大意是说，湖南湘阴县地方官府认为田地归曹少甫所有，他想卖给佃户，法律没有禁止。如果他哥哥曹毓嵩觉得不妥，可以出钱购买田地，如果不出钱购买，那就不能干涉曹少甫土地交易的自由权。

综上，清政府提倡土地自由买卖，为17—19世纪初中国土地自由市场的诞生起到了推动作用。

重农抑商？官商合作？

前面咱们讲过商业和商人社会地位在明清时期有较大提高。此一时期，明清政府对商业、商人的政策由一定程度的限制，转为放任，甚至鼓励、支持，对商业的依赖性越来越强，直到实现政府与商业繁荣之间互相需要、互相合作的新型关系。

当然，农业仍然是社会经济中的最大产业，农业人口依然是明清帝国统治的最主要对象，所以，重农抑商的言论与政策表现还依然存在。但是"农商皆本"的言论已经表达得日益清晰，并且越来越成为朝野共识，"利商""惠商"而非"抑商"，成为国家政策的基调。笔者在前文引用过张居正重视商业的表述，这里再看看王守仁在《节庵方公墓表》中认为士农工商平等的言论：古者四民异业而同道，其尽心焉，一也。士以修治，农以具养，工以利器，商以通货。各就其资之所近，力之所及者而业焉，以求尽其心。其归要在于有益于生人之道，则一而已。

王守仁列举了士农工商各自的职责，他们各负其责，都是在为人民服务。

张居正与王守仁都是明朝高官，他们重商的态度自然会影响明朝的商业政策。有明一代，商业税并不沉重，税率大约三十分之一，同时对军民嫁娶丧祭所用物品及舟车丝布之类免征商业税。明代中期以后，商业税名目增多，收税机构增设，税率也有所提高，但商业税总额与社会商业总规模相比，仍然处于较低水平。

万历元年（1573），"一条鞭法"推行全国，赋税负担更大程度地落在了土地上面，使得一些没有田地的富商大贾几乎不需要缴纳赋税。厦门大学历史学家陈支平、林枫在《明代万历前期的商业税制与税额》一文中，统计了明代万历年间全国的商业税总额，认为每年盐税250万两，茶税10余万两，市舶税4万两，通过税60万两，营业税20万两，总额约344万两。当时夏秋两税年收入折合白银大约为2221万两，农业税以夏秋两税为主，但还有其他。按此计算，商业税在政府税收总额中所占比例不到15%。而且，商业税中计入的盐茶税为专卖收入，狭义商业税所占比例甚至更小。这说明明代的商业税并不沉重，商业在明代有一个较为宽松的发展环境。

明初的"开中法"是政府以食盐为中介，招募商人将军需物资送到北方边疆的一种政策。食盐是明官方的专卖品，明政府将盐引（食盐销售许可证）发给商人，让他们运送军需品到北方边疆的指定地点。这样既保证了国防物资的及时送达，商人也可通过销售食盐以谋取巨额利润，实现了多赢。明清重要商帮之一的晋商就是在"开中法"的实行中逐渐成长起来的。到了明代中期，国内市场日益发达，白银货币化渐渐形成，明政府准许商人用白银购买盐引，商人们无需再贩盐到边疆就可获利，这就是"开中折色"，这又造就了另一个明清商帮——徽商。

清代重建了食盐专卖制度，主要是通过控制食盐产量、销售地、销售量、特许销售的方式运行。虽然食盐的市场化程度提高了，但清廷的总体控制依然稳固。清政府控制食盐市场运行的重要手段之一是与特许盐商合作。此类商人从政府购买食盐销售特权获取巨额商业利润，同时把食盐销售收入的一部分缴给政府作为财政收入。

从食盐产销角度看，明清政府与商人是利益相关者、合作者。明清时期，资本最雄厚、在市场中获利最大的商人，正是此类响应国家号召的盐商。

除了食盐外，茶马贸易、行商制度都是官商合作的典型。马是明朝需要从边疆地区补充输入的重要军用品之一，而边疆少数民族多以肉食为主，需要中原的茶叶助消化，中原与边疆少数民族就形成了以茶易马为主要内容的贸易。明清政府对茶马贸易实行垄断，同时利用垄断权调动商人的积极性来落实政府的茶马贸易政策，其间国家与商人的合作关系，与在食盐领域的合作如出一辙。

清代广州的行商制度是政府给广州行商外贸特许经营权，行商们则负责处理与洋人的贸易、收缴关税等事宜。它们经常被称为"十三行"。

明清政府都曾推行大量旨在维系平稳市场秩序的政策。如规定牙行评估物价必须公允，《大明律》规定，"凡买卖诸物，两不和同，而把持行市，专取其利，及贩鬻之徒通同牙行，共为奸计，卖物以贱为贵，买物以贵为贱者，杖八十"。《世祖章皇帝圣训》卷五载：顺治八年（1651），上谕吏部，"榷关之设，国家藉以通商，非以困商。关税原有定额，差一司官已足，何故滥差多人"？令各关只设官一员，添设者悉行裁去。《钦定皇朝文献通考》卷二六载：康熙五年（1666），政府下令各地将应征商税额数刊于直省商人往来关口孔道木榜，"遍行晓谕"，防止官员自行加征。雍正及之后的皇帝都重申了这些政策。

明清政府承认商人参与经营的权利及商人在民间融资的权利，这是明清时期诸多资本雄厚的商帮存在与发展的重要前提。明清政府也承认商业社团的合法性。从明中晚期开始出现商业性会所，到清代大批商业、手工业会所发展起来，这一切与明清政府给予的相对宽松的制度环境密不可分。

赋役改革

笔者在《说不明　道不清》第一册介绍过明清实行的"一条鞭法"与"摊丁入亩"等赋役改革，当时主要是从中国社会近代化转型角度考察这个问题的。现在笔者从政府对经济发展的促进作用角度，再次对赋役改革做一番考察分析。

以"一条鞭法""摊丁入亩"为代表的明清赋役改革实际上是对专制主义社会官绅阶层优免特权的挑战。所谓官绅阶层优免特权，是指政府给予官员本人甚至全家减免税粮、劳役的特权。随着赋役向赋税改革的深入，官绅手中的优免特权也逐步缩小直至消灭，这就为营造公平社会创下了一定基础，也调动了广大农民的生产积极性，从而推动了社会经济的发展。

一条鞭法

洪武十三年（1380），朱元璋下旨，"令六部、都察院等随朝官员，除本户合纳税粮外，其余一应杂泛差役尽免"。

从嘉靖年间起，明政府开始推行"一条鞭法"。"一条鞭法"有两个创新：一是完成了由实物税向货币税的转变，统一折成白银缴纳；二是废除了以前各种复杂的杂泛差役，将应收的田赋和劳役统一折合成白银若干两，再统一折入农田中，算出每亩土地应缴纳的银两数，这个银两数既包含了原先的田赋，又包含了原先的劳役。如此一来，既顺应了明中后期起商品化的经济潮流，简化了赋税收缴程序，又给无地或少地的农民和商人减轻了负担。由于以土地的多少作为征税的唯一标准，对大地主特别是原来具有优免特权的官绅阶层纳税要求大大提高了，故官绅阶层对"一条鞭法"十分不满与抵制。

万历八年（1580），在张居正的主持下，在福建先行先试的基础上，逐步向全国推行《清丈条例》，下令在全国丈量土地，清查官绅阶层漏税的田产和追缴欠税，目的在于改变"田粮不均，偏累小民"的状况，达到"均田均役"的目的。至万历十一年（1583），全国各地清丈工作陆续完毕。通过此次清丈，全国共查出隐匿土地 1.8 亿亩！占清丈前全国土地的 35%，也就是说，全国有超过三分之一的土地是被隐匿的，政府是收缴不到田赋的，其中绝大部分是官绅阶层利用各种方法隐瞒、曲解优免条例而隐匿的土地。

虽然均田均役可以说是比较进步的办法，明政府在推行"一条鞭法"上也是竭尽全力，但由于官绅阶层从中阻挠，困难重重。最终，"一条鞭法"就只达到赋役统一征银的目的，未能达到全部役转于赋的目的。大明王朝也寿终正寝了。下面我们来看看清王朝是如何继续这一历史使命的。

摊丁入亩

顺治年间，基本上延续了明代的优免条例。康熙元年（1662），江苏巡抚韩世琦奉令编审当年赋役，发布了如下通令：

照得三吴田赋十倍于他省，而徭役困苦莫甚于今日。豪强兼并之家，膏腴满野，力能花诡避役，以致富者日富，贫弱无告之民，役累随身，每至流离逋负，将见贫者益贫。近奉旨均编，当亟遵条例，通计合邑田亩，和盘扣算，按图衰益，品搭停匀，务将图外官庠自兑、附户花诡等项，尽行删汰，一惟论田起役，纤毫不许躲闪，俾户无无田之役，田无不役之人，庶几积弊顿除，穷檐稍可苏息。

其中，"一惟论田起役，纤毫不许躲闪"，就是说只要有田地就要履行赋役义务，官绅阶层也概莫能外。这就是废除了官绅的优免特权。

此时正值江南官绅阶层因受"江南奏销案"的打击而气焰消沉。"江南奏销案"是清廷对江南的苏州、松江、常州、镇江四府绅衿、衙役欠赋的处分案。由于四府在全国田赋中的重要地位，所以对欠赋的催征特别紧迫。这四府的地方官在顺治十八年（1661）办理奏销时，按照户部多次严厉要求，将绅衿、衙役所欠赋额造册由巡抚朱国治上报朝廷。名单送到朝廷后，经户部议奏：凡欠赋的，官员降两级，绅衿剥夺称号，衙役治罪。此案被降革的乡绅共 2071 名，生员 11346 名，江南官绅地主受到严重影响。

由于废除了官绅阶层的优免规定，清代比明代更彻底地实现了一条鞭法将赋役摊入田亩中的本意。在康熙实行"盛世滋生人丁，永不加赋"的基础上，雍正推行摊丁入亩，尽管也是困难重重，但总的来说，摊丁入亩基本取得了胜利，到乾隆年间，全国各省基本实现了丁银摊入田地。从此，土地成为缴纳田赋和丁银的唯一标准。至此，明清政府经过近 200 年的努力，终于战胜了官绅阶层，达到了赋税改革的目的。

这种相对公平的赋税制度沉重打击了破坏自由市场的垄断官绅阶层，为经济发展提供了公平竞争的外部环境，调动了农民、商人、手工业者的生产积极性，对明清经济的发展起到了重要作用。

社会保障政策

读者朋友们看到这个小标题千万不要误以为明清时期已经建立现代

的养老、医疗等社会保险制度了。实际上，到了 1895 年中日甲午战争时，清兵在战争中负伤，都要自己花钱治疗，更别提什么普及全民的养老、医疗等社会保险制度了。笔者在这里要谈的是常平仓、平粜等较为原始的社会保障制度。

中国社会科学院研究员李向军在《清代前期的灾况、灾蠲与灾赈》一文中统计了从顺治元年（1644）至道光十九年（1839）这 195 年间全国各种自然灾害的次数，总次数多达 28938 次，其中水灾 16324 次、旱灾 9189 次。各类灾害平均每年发生 148 次，也就是说，每两天半就发生一次自然灾害。

面对如此频发的自然灾害，清政府从顺治时期就开始着手制定应对措施，其中就包括建立常平仓与截漕赈灾。

所谓常平仓，就是政府为调节粮价、储粮备荒而设置的粮仓，主要是运用价值规律来调剂粮食供需，稳定粮食市场。在市场粮价低的时候，适当提高粮价进行大量收购，在市场粮价高的时候，适当降低价格进行出售。这一措施既避免了"谷贱伤农"，又防止了"谷贵伤民"，对平抑粮食市场起到了积极作用，而且遇有灾害还可以开仓赈济，起到社会保障的作用。

汉武帝时，桑弘羊创立的平准法就是最早的常平仓制度。明清时期也继承了这一制度。洪武三年（1370），明政府命各州县建立预备仓，出官钞购入粮食以备赈济，荒年春季播种前借贷种子给农民，秋天收获后再偿还。

清代的常平仓规模非常大。据《清会典》卷三九"户部"记载，康熙、雍正年间，全国常平仓储粮食有 48110680 石，乾隆十三年（1748），全国仓储额作了调整，额定 33792330 石。这是个什么概念呢？如果以成年人每日吃米 1 斤、未成年人每日吃米 0.5 斤计，大人小孩每年需米 2.71 石，即每年需谷物 4.5 石（按每石谷出 6 斗米计），够 9938920 人吃一年。也就是说，即使颗粒无收，这些储备粮也够将近 1000 万人吃 1 年！ 18 世纪末，常平仓的粮食储备达 3700 万至 4500 万 石，足够 2.5 亿到 3 亿成年人一个月之用！另外，清政府还鼓励民间自 建义仓、社仓，以补充常平仓的不足。

漕粮是政府从全国各地收缴的粮食，以保证皇室、军队的粮食使 用，被历代政府所重视，很少挪作他用。到清代，漕粮的功能发生变 化，社会保障功能显得越来越重要。清政府为了解决灾区粮食困难，截 漕赈灾成为经常之事。据《漕运全书》和《东华录》记载，仅直隶省自 乾隆二年（1737）起至光绪二十七年（1901）止，截漕赈灾就达 44 次 之多，截留漕粮超过 5620532 石。漕粮功能的社会化，极大地增强了赈 灾的力度，使更多农民免遭高利贷盘剥，较为顺利地渡过难关，从而保 住了仅有的一点土地。

肯特·邓在《酸甜儒教：对清政权与清帝国命运的文化影响》一文 中统计，清政府的赈灾政策在鸦片战争前的两个世纪中拯救了 1.1 亿至 1.7 亿人的性命，在鸦片战争之后的 70 年中又拯救了 5000 万至 8000 万 人，其总数几乎达到了清代 19 世纪人口的一半。

明清政府实行的常平仓与截漕赈灾政策为灾后生产恢复奠定了基 础，为社会提供了相对稳定的环境，促进了社会经济的恢复与发展。

自然大灾后往往是粮食减产甚至颗粒无收。在这种情况下，粮食 供求关系会失去平衡，投机商、为富不仁的地主就会乘机哄抬粮价，农 民为了活命，就会变卖家产甚至是土地。为了平抑灾区粮价，政府会在 受灾地区抛出大量粮食，保持灾区粮食市场价格稳定，增强农民抗灾信 心，尽量保住仅有的一点土地，以求日后活路，也为今后的经济发展留 了一条生路。这就是"平粜制度"。

江太新在《清代粮价变动及清政府的平抑粮价》一文中根据相关史料，搜集了一些清政府平粜的例子，让我们来看一看。康熙三十一年（1692），西安米贵，政府从湖广调运米 20 万石，米价照湖广价加上运费出售，西安粮价即平。康熙三十四年（1695），京郊顺义歉收，高粱每斗300 钱，政府从通州的常平仓运米 1 万石，5000 石在顺义减价出售，每斗百钱，百姓因此未受苦。康熙六十年（1721），直隶、山东、河南、山西等地大旱，政府令直隶巡抚将常平仓谷 1605272 石、令山东巡抚将常平仓谷 473 万石、令河南巡抚将常平仓谷 134.7 万石、令山西巡抚将常平仓谷 48 万石平价出售给灾民。乾隆二十四年（1759），甘肃米贵，在按常规减价售米不足以平抑市价时，政府采取限价措施，令小米、大米每石减价二两四钱，小麦每石减价二两二钱，使贫民不致难于购粮。

粮食丰收之年由于市场供应过多会造成谷物价格下跌，即所谓的"谷贱伤农"，为了防止谷贱伤农，平粜制度也发挥了作用。据广东《揭阳县志》记载，康熙十年（1671），广东揭阳因"谷太贱则无可输课，耕夫无以赡家，田多抛荒"。为了维护农民收入，保持农民生产积极性，政府动用库银，按正常市价采买粮食，故粮价没有大幅度下跌。据《清朝文献通考》卷三六"市籴"载，乾隆元年（1736），川陕总督查郎阿说，甘肃粮食丰收，由于地瘠民贫，一切费用都出自所收的粮食，但当农民将粮食拿到市场去出售时，发现由于粮食过多，价格很低，所得无几，因此丰收之年反受粮贱之苦，名为"熟荒"。乾隆皇帝同意他的建议并批示："秋收之后，随时随地按市价采买，使民间不受熟荒之累。"乾隆七年（1742），又规定："其采买之道，视收成丰熟之处照依时价，不可勒派，亦不可急于多籴，使民间反致价昂。"

同时，政府还保障灾年难民被迫卖地后赎回的权利。《东华录》《畿辅通志》《周文忠公尺牍》等史料都记载了灾年卖地赎回的问题。

比如：此等贱卖之田，核其原价，勒限听原主收赎。又如：著照该督那彦成（时任陕甘总督）所请，明定章程，自上年麦收以后本年麦收以前所卖地亩，准令照原价赎取，定以三年为期，俾贫民渐次复业，免致失所。

《清高宗实录》载，乾隆五十一年（1786），河南巡抚毕沅奏称：河南近年来，连年灾荒，粮食无收，"凡有恒产之家，往往变卖糊口……山西等处富户，闻风赴豫举放利债，藉此准折地亩"。乾隆皇帝对此很不满，指责山西商人"似此乘人之危，以遂其垄断之计，其情甚为可恶"。为此，清廷严定章程，准民按原价回赎，不让原主赎回者，"必当置之于法"。在清政府强有力的干预下，因灾贱卖的土地，得以原价赎回。这对灾年卖地的农民来说具有重要意义，是一种重要的保障制度。

明清政府实行的这些社会保障措施，为平民在特殊情况下提供了生存之路，也对经济的发展，特别是灾后经济恢复起到了促进作用。

—————————————华————丽————的————分————界————线—————————————

作者：俾丞相，早上好，给您请安。

俾斯麦：哈哈，早上好。约我有什么事呀？

作者：没什么事，就是想和您聊聊政府对经济发展应起的作用。

俾斯麦：哦，政府当然应该促进经济发展了。

作者：那是当然，不过您可是社会保障政策的鼻祖呀，所以您的意见肯定是相当重要的。

俾斯麦：人称我是铁血宰相，可我最得意的还是创建了社会保障体系。我在 1883 年颁布了有巨大影响力的《疾病保险法》，在 1884 年实行《医疗保险法》和《工伤事故保险法》，又在1889年出台《养老和伤残保险法》，德国人民从此享受到了社会保险。

作者：没错。您觉得明清时期的经济发展政策及社会保障政策如何呀？

俾斯麦：我看了你写的东西了。非常认可你对史实的分析，当然，明清政府的经济促进政策和社会保障政策还很原始，不过考虑到17、18世纪世界上的其他国家，特别是欧洲国家的政策，我认为当时中国政府对经济发展的推动作用并不亚于其他国家，明清政府抑制经济发展的看法可能是失之偏颇的。

作者：俾丞相，有您这句话肯定我的观点，我算是值了。

俾斯麦：哈哈，你继续写，我会持续关注的。

------------------华-----丽-----的-----分-----界-----线------------------

中荷间的战争

让我们回过头来看看郑成功收回台湾之战，通过详细分析我们会发现，截至此一时期，中国的军事技术也并没有大规模落后于当时欧洲最先进的国家，至少没有落后到打败仗的地步。

1661年初，在台湾的荷兰人已经得知郑成功将会大举进攻，荷兰东印度公司在台最高长官揆一下令哨兵24小时监视海面，一旦见到中国舰队立即报告。4月30日清晨，海面大雾弥漫。城楼上的哨兵面对雾蒙蒙的海面，认为中国人绝不会在这种鬼天气下发动进攻。

随着阳光逐渐驱散晨雾，哨兵发现了海面上数以百计的桅杆，他赶快敲起大钟，发出警报。传令兵骑着快马飞驰，口中大喊："敌军来了！"

这时候，荷兰人已经来不及阻止中国舰队驶入大员湾了。郑成功的军队迅速登陆，在大将马信的带领下，骑兵部队向着荷兰东印度公司在台湾本土的核心区域普罗民遮城堡与赤嵌城进发。

郑成功的这一决定非常明智。因为荷兰人预期中国军队会首先攻击位于台湾本岛外沙洲上的热兰遮城堡，他们在热兰遮城堡布下重兵，可郑成功却绕过了热兰遮城堡，直奔本岛上的普罗民遮城堡和赤嵌城。

由于郑成功舰队的突然出现和马信骑兵部队的迅速挺进，普罗民遮城的长官猫难实叮没来得及向城堡内转移火药、炮弹和粮食，当守城官兵发现城堡内的水井已干涸时，城外常用的一口水井已经为马信大军所阻隔，城内面临着缺粮断水、装备不足的困难局面。同时，郑成功派遣大将陈泽在热兰遮城堡所在的沙洲登陆，包围了热兰遮城堡，而荷兰东印度公司的最高长官揆一此时正在城堡之中。

陆战：中国胜

5月1日清晨，揆一放弃了固守坚城的有利战法，派遣其手下最得力的240名火枪兵在拔鬼仔上尉的率领下，主动出城迎战陈泽2000人的军队。

别看拔鬼仔是荷兰人，他在台湾摸爬滚打了近20年，一路从下士晋升到上尉，他对台湾的熟悉程度远高于新来的陈泽将军。这天一早，拔鬼仔的儿子被陈将军的士兵几乎砍断了一条胳膊，只连着一点皮肉，暴怒的拔鬼仔被愤怒冲昏了头脑，他率领火枪兵经过一座座沙丘和一片片树林，来到一片平坦宽阔之地，想利用此优势地形痛击陈泽。他下令火枪兵散开，以便更多的士兵面对敌军时，可以同时发出更多的铅弹。

陈泽骑一匹高头大马，举剑指挥，他的士兵头戴闪亮光滑的钢盔，身披铁甲，手持铁质长矛，向荷兰火枪兵列队行进。两军接近至刚好超出火枪射程之际，陈泽突然下令全军停下脚步，形成一堵铁甲人墙。

拔鬼仔终于看清了中国军队，心中不禁暗喜：中国军队的装备似乎与古罗马军队一样，尚处于冷兵器时代，可以大开杀戒了。他刚想下达射击的命令，突然身后的热兰遮城堡传来两声炮响，这是命令拔鬼仔立即撤退回城的信号。拔鬼仔回头看了看热兰遮城堡，对身边的副官说道："揆一长官是被郑成功吓死了，现在如此有利的形势下，居然要我撤兵。我看只要我军火枪齐射，敌人必然屁滚尿流，四散奔逃。"于是，他没有理会热兰遮城堡的命令，而是下令手下开枪。

荷兰士兵立即显示出良好的军事素质，他们使用排枪齐射法，第一排射击完毕后，迅速回到最后，第二排立即继续射击，以后各排依次射击，形成不间断的火力。与此同时，海面上的荷兰军舰也开始向陈泽的部队开炮。

出乎拔鬼仔意料的是，中国士兵非但没有四散奔逃，反而岿然不动，被铅弹和炮弹击中的士兵的位置，会立即被援兵填补。拔鬼仔惊讶于中国军队的严明纪律与训练有素，突然间陈泽大军向荷兰士兵冲过来。

还没等拔鬼仔反应过来，荷兰士兵背后忽然发出喊杀声，又有一支中国军队神不知鬼不觉地出现在荷兰士兵后面，并向荷兰士兵发动了攻击。拔鬼仔试图维持荷兰士兵的秩序，大喊道："最后一排回头射击！消灭背后的敌人！"

荷兰士兵不顾长官的命令，纷纷抛下火枪，四散奔逃，顷刻间纪律荡然无存。

这时，拔鬼仔才意识到刚才来自热兰遮城堡命令撤退的两声炮声，很可能是城上的荷兰人看到了陈泽的军舰利用沙丘的掩护偷送军队到自己后背，实施两面夹击的策略。当然，也许拔鬼仔到死也没意识到这一点，因为很快他就被砍马刀一刀劈死。240 名火枪兵只剩 80 人逃回热兰遮城堡。

此战之后直至郑成功收复台湾，荷兰陆军再也未出城。可中国史料对此战毫不在意，郑成功的户官杨英在《先王实录》中仅用不到百字记述了战争的整个过程。这说明，这场交锋对于中国人来说是个小战役，不过，对于荷兰人来说，应该是一场惨重失利，毕竟他们再也不曾派兵出城与中国军队正面陆战。

海战：中国胜

至此，台湾的荷兰人全部被郑成功的军队分割包围在台湾岛的普罗民遮城堡和大员湾沙洲上的热兰遮城堡之中。郑成功在正式攻打两座城堡前，开始了劝降工作。

缺粮断水、装备不足的普罗民遮城堡坚持了不到一个星期，它的长官猫难实叮决定投降。5 月 4 日，猫难实叮向郑成功送交降书，5 月 6 日，郑成功收复台湾岛，他将普罗民遮城堡改名为东都明京，并设总部于此。同时，投降的荷兰人也都得到了较为体面的待遇。

至于热兰遮城堡，在揆一的带领下，坚决抵抗。热兰遮城堡的城墙四角各有一座突出城墙的棱堡，棱堡上安置大炮，使得攻城军队无法找到守城部队的火力死角，再加上城墙厚实坚固，郑成功的军队屡攻不克。

8 月的一天，艳阳高照。揆一被兴奋的手下叫上碉堡。

"援军！长官，我们的祷告得到了回应，巴达维亚①派遣支援舰队了！"一名军官指着南方海面上的12艘荷兰战舰激动地说。

揆一看到这一幕，不禁泪流满面，仰面祈祷："感谢上帝，全能的上帝让我们今天看见了一支气势盛大的荷兰舰队，愿上帝的神圣之名永远受人歌颂！"

以卡乌为司令官的荷兰支援舰队带来了700名援军、弹药、粮食、酒和各种补给。被俘的猫难实叮见状，也趁夜偷派了一个水性极好的人游到热兰遮城堡，与揆一联络，希望能里应外合打败郑成功。

在支援舰队到来后没几天，卡乌在棱堡上观察敌人，发现中国军队在城堡外修筑某种工事，于是下令炮手向敌人开火，刚打了三炮，就有一个传令官跑来告诉卡乌："司令官阁下，揆一长官有令停止射击。"

卡乌随即气冲冲地来到揆一的办公室，问道："为什么不允许我向敌人开炮？"

"因为热兰遮城堡中一枪一炮都必须得到我的命令才能发射。"揆一坐在他的大扶手椅上，懒懒地抬眼看着站在门口的卡乌说。

"如果我连下令炮击近在眼前的敌人都不可以，那我在这里干什么？"卡乌气得脸红，"我还是回船上算了。"

"请便。"揆一做了一个请的手势。

卡乌简直不敢相信揆一对自己这个救星一般的舰队司令竟然如此说话："没有我带来的舰队和补给，我看热兰遮城堡早就落入他人之手了！"

"我有着丰富的作战经验，与中国人打交道也比任何一个荷兰人都强，所以我们才能坚持到现在。"

---

①巴达维亚即今天的印尼雅加达，当时是荷兰东印度公司在亚洲的总部所在地。

卡乌嘲讽地哈哈大笑："你有丰富的作战经验？我的长官，你应该看看你的手下，个个面黄肌瘦，60%以上的士兵腿上都有浮肿，没有我的增援，你再也坚持不到一周！"

揆一见自己被卡乌当面揭短，臊得满脸通红，大喊道："你有什么资格嘲笑我，你唯一的作战经验就是在莱顿求学时，用剑刺穿你情敌的窗户。"

双方不欢而散，当晚卡乌搬回自己的旗舰上住了。

就这样，揆一拒绝了舰队司令官指挥舰队的进攻，而是亲自领导安排进攻事宜。他计划让五艘最大的战舰驶入大员湾，停泊在中国军队修筑的工事后方，利用荷兰战舰威力巨大的侧舷大炮猛轰敌人，以吸引敌人注意。同时派遣一些比较小的船只奇袭郑成功的大本营东都明京，企图一举歼灭停泊在海湾里的数十艘中式帆船。

发动攻击的当天天空晴朗，万里无云。舰队缓缓开动，向着大员湾内开进。由于大员湾航道很浅，卡乌带来的舰队都是远洋战舰，吃水较深，为了驶进浅水，揆一早已下令将战舰上的多余人员和物品卸下。

五艘大型战舰航行到中国军队修筑的工事背后，本来计划一字排开，同时开炮轰击，从工事后面击毁郑成功军队的大炮。但出乎荷兰人意料的是海湾的水太浅，来自南方的洋流又过强，导致这五艘大型战舰无法一字排开，只有旗舰"柯克肯号"能将全部侧舷火炮对准中国阵地，其他四艘战舰在"柯克肯号"后面挤成一团，由于"柯克肯号"的遮挡，无法发挥全部火炮的威力。

战舰开炮后，热兰遮城堡上的大炮也同时向中方阵地开炮。但战舰的炮弹却射得过高，纷纷飞过阵地，有些甚至打到热兰遮城堡之中。由于海湾的水实在太浅，战舰上的炮手根本无法降低瞄准高度。

与此同时，中国士兵迅速地调整了大炮的方向，瞄准了敌舰。最前排的"柯克肯号"受到最集中的攻击，很快就开始漏水了。

奇袭东都明京的小型荷兰战船也进展不利。刚开始，东都明京海面上巡游的中国战船遇到荷兰小型战船掉头便跑，荷兰小型战船在后面紧追不舍，双方逐渐拉近距离。这时候，中国战船突然调过头来，驶向荷兰小型战船，并开炮射击。原来中国战船是将荷兰小型战船从其大型战舰旁引开，这样就不必顾忌大型战舰猛烈的侧舷火力了。指挥中国战船的司令官就是陈泽将军，他再度以智慧取胜，重创了荷方阵营。

太阳西斜，海战持续了一天。"柯克肯号"被击沉，还有一艘搁浅的大型战舰被缴获，另有三艘小型战船被击沉。海面上漂浮着大量荷兰士兵的尸体，荷兰人花了一整天时间，才将这些尸体捞起来埋葬。

此战过后，荷兰人无论在陆上还是在海上，都再也无力发动进攻，并最终以失败定局。

军事实力哪家强

综上所述可知：在单兵装备方面，荷兰步兵已经配备了火枪，并采用了排枪齐射的战术；而中国陆军还是持砍马刀等冷兵器，需要冲到对方阵营跟前才能消灭敌人。在火炮技术方面，双方差距不大，中国军队的大炮在海战和攻城战中击沉敌方战舰、轰平敌人碉堡，发挥了巨大作用；荷兰的军事优势主要体现在舷侧炮战舰和堡垒上。

总的来说，此时中国的军事技术已与荷兰有一定差距，但中国士兵训练精良、纪律严明，将领指挥得当、善用计谋，故整体军事实力仍不弱于欧洲，从而最终取得战争的胜利。

章尾小结

第一章基本就结束了，现在我们简单回顾一下吧。在这一章中，我们从经济总量、人均占有量、生活水平、土地和劳动力市场制度、商业地位、技术发展水平、政府作用、军事实力等几个方面，考察了明清中国的实际情况，并在某些方面与当时的欧洲进行了比较。

真是不比不知道，一比吓一跳。我们发现 17—19 世纪前期的中国经济总量、人均占有量与欧洲不相上下；中国人均消费水平，特别是发达的江南地区与英国相差不大；中国的全国市场早已形成，市场经济发达，"看不见的手"在明清时期与在欧洲一样发挥着重要的调节作用；明清社会对商人和商业的看法发生了很大转变，商人的地位大大提高；明清虽然在某些技术领域落后于欧洲，但也有领先于欧洲的领域；而且明清政府通过种种措施推动了经济的发展。中、欧双方的军事实力也不分上下，中国尚能打败欧洲强国荷兰。

综上所述，在很多经济领域，明清时期的中国并没有明显地落后于同时代的欧洲，有些领域甚至比欧洲还要领先，总体上处于不分伯仲的状态。工业革命完成前的中国和欧洲在很多经济领域非常相像。正如王国斌所说，18 世纪的欧洲与同时期的中国之间的相似之处，超过了 18 世纪的欧洲与 19、20 世纪的欧洲的共同之处。这样在我们寻找近代中国落后的原因中就可以排除本章分析的这些相似因素了，因为既然双方都具有这些因素，那它们必然不是引起中国落后的原因了。

好，在排除了这些因素后，第二章我们就来看看还剩下哪些因素引发了英国率先爆发工业革命，从而使英国能够赶超中国，领先于世。

大分流：工业革命优先光顾英国

在第一章中，我们考察了 17—19 世纪初中、欧经济发展中的很多相似因素，说明这些因素并不是推动英国工业革命爆发，从而获取领先地位的原因，因为它们也同样地出现在中国社会中。在本章中，我们就深入近代早期的英国社会，分析一下到底哪些因素推动了工业革命的爆发，并将英国推上世界第一的宝座。

工业革命

工业革命是人类历史上具有头等重要性的事件之一，其意义无论怎么描述都不会过分。工业革命前的人类社会充斥着饥饿、贫困与疾病，生产主要靠人力和畜力，土地是人类唯一的指望，靠天吃饭是工业化之前的真实写照，生活对于大多数人来说就是一场与贫困和死神的不懈斗争。即使工业革命已然开展，但 18 世纪末人均预期寿命仍然只有 35 岁左右。

工业革命彻底改变了人类社会的面貌，使人类告别了农业社会，步入工业社会。在工业社会中，机械力取代了人力和畜力，人类终于摆脱了饥饿和物资短缺的困扰。新的生产方式、社会组织方式、政治力量和社会阶层诞生了。机器、火车、轮船、大炮也彻底改变了国际格局，不同国家和地区在人类社会中的地位发生了天翻地覆的变化。正是由于英国率先完成工业革命，成为人类历史上第一个工业化国家，才使得英国成为 19 世纪的"日不落帝国"，称霸全球。中国未能抢占此先机是落后于欧洲的根本原因。

英国工业革命的故事，也许读者朋友们耳熟能详，但我们不妨再次回顾一下吧。

蒸腾出工业革命的盛景

詹姆斯·瓦特的威名远播天下，大家都知道是这个英国人发明了蒸汽机，推动了蒸汽动力的广泛使用，将人类拉入"蒸汽时代"。瓦特出生在苏格兰，生于1736年，也就是英格兰与苏格兰合并后的第29年（1707年5月1日，英格兰、苏格兰两国正式合并）。

1736年1月19日，苏格兰格拉斯哥市附近一个名叫格林诺克的港口小镇，这天天刚蒙蒙亮，一个造船作坊主被身边的老婆推醒了。

"我刚才做了一个奇怪的梦。"老婆说道。

"什么梦呀？"造船作坊主显然还没睡醒，揉揉眼睛，心里还在埋怨老婆这么早就叫醒自己，"还是再睡一会儿吧。"

"我梦到自己掉进了克莱德河，拼命挣扎，可身体还是往下沉。"

"后来呢？"

"后来，突然从河底冒出一股白气，还挺热的。就是这股白气把我托了起来，我才回到岸上。"老婆好像还是心有余悸，"你说这是神在启示我们什么呢？会不会和我肚子里的孩子有关呢？"

造船作坊主已经不怎么困了，坐起身来，说道："不要胡思乱想了，你快生了，说不定就在今天，还是多睡一会儿吧。"

本来这天早上晴空万里，可到了上午大约10点钟光景，突然间雷电交加、风雨大作、天地昏暗。这时老婆的肚子剧痛，羊水破了，不久小詹姆斯就出生了，婴儿是在一团热白气的笼罩中出生的，而且身上散发出一股奇香，香气四溢，经久不散。最令人称奇的是，这个婴儿的皮肤连续三天冒出一股股淡淡的热白气，宛如蒸汽火车烟囱冒出的蒸汽即将散去的样子。

小詹姆斯是一个可爱、温柔的梦想家，内心充满渴望探索未知的激情。

　　小詹姆斯小时候体弱多病，几乎没有读过小学，他常常坐在奶奶的厨房里，对很多事情都想问一个为什么。一天，他看见吊在火炉上的水壶里的水开了，水蒸气把壶盖顶起、落下，又顶起、落下，壶盖"噗噗噗"地抖动起来，蒸汽一个劲儿往外猛喷。

　　"奶奶，水壶里有鬼，把壶盖顶起来了。"小詹姆斯非常吃惊地说道。

　　"哪有鬼？那是蒸汽。"奶奶笑着说道。

　　"蒸汽是从哪里来的？"

　　"从开水里跑出来的。"奶奶答道。

　　小詹姆斯想：从一壶开水里跑出来的蒸汽就有这么大的力量，差点把壶盖掀翻，如果有好多壶开水，好多好多蒸汽，不是可以举起更大更重的东西吗？

　　"奶奶，奶奶。如果我们有 100 个水壶，里面都放满水，用火烧开，利用里面的蒸汽，是不是可以帮爸爸举起更大的铁锤，造更大的铁板了？"小詹姆斯得意地问道。

　　奶奶连眼皮都没抬，心想这个孩子又在异想天开："傻孩子，我们哪有钱买 100 个水壶呢？"

　　"可是，可是，我们有了蒸汽的力量，就有钱了，能买 100 个水壶了。"小詹姆斯显然不服气。

　　奶奶有些不耐烦了："我们没有钱，哪有 100 个水壶呢？就算有了钱，我也不会去买 100 个水壶，我会好好大吃一顿。"

　　小詹姆斯还想再说些什么，但被奶奶抢过话来："停，小詹姆斯，你还是去帮妈妈做饭吧，别在这胡思乱想了。"

　　当晚，奶奶就做了一个奇怪的梦：自己走在一片树林里，天上一道道闪电打在离自己只有不到半米的地上，吓得奶奶到处跑，到处躲，可还是有一道道闪电从天空击下，仿佛是上帝在警告自己。奶奶见无处可跑，于是跪下来祷告上帝救救自己。突然间，奶奶前方金光四射，一个天使挥动着大翅膀飘浮在自己面前。一个圣洁的声音传入自己的耳朵："老太太，不要再误导你的孙子了，上帝派他发明蒸汽机。要是你再这样打击他，估计他发明不了蒸汽机了。"

奶奶跪在地上，连忙给天使磕头："那我应该怎么对他？"

"送他去上学。"还是那个圣洁的声音。

等奶奶抬起头的时候，天使已经消失得无影无踪了。

于是，瓦特去上学了。

本节内容除瓦特出生的时间和地点外，全是我胡编的，请各位读者朋友明察。

格拉斯哥大学的编外临时工

瓦特少年时代在镇上最好的中学上学，成绩优秀，数学尤为突出，校长曾拟推荐他去上大学。瓦特的父亲在他很小的时候，就在工厂里给他设立了一个工作台，让他动手修理工具、仪器。几年以后，他居然可以做出合格的器具，工匠们认为他心灵手巧。但在瓦特中学即将毕业的时候，一场重大海难事故使他家破产，不久母亲去世。瓦特主动放弃上大学，出门拜师学艺，帮助父亲维持家庭生计。1755 年，19 岁的瓦特到伦敦一家仪器制造厂当学徒，学徒工不但没有工资，还要交学费。一年后瓦特回到老家格林诺克。没有工作，没有收入来源困扰着年轻的瓦特，但突然间一个机会降临在他面前。

1756 年，一位富商捐给格拉斯哥大学一批二手的天文仪器在海运途中遭损。大学主管找瓦特来清洗、修理这批仪器。瓦特一个人修好了全部仪器，显示了高超的工匠技艺，得到 5 英镑报酬。1757 年，21 岁的瓦特成了格拉斯哥大学实验室的"编外员工"，学校给他一个"大学数据仪器制造者"的头衔，提供一个工作间和宿舍，但是没有基本工资，只按完成的工作量给报酬。鉴于实在找不到什么好工作了，瓦特不得不接受了这份合同制临时工的工作。

大约在 1763 年至 1764 年间，瓦特接到大学的一项重要任务，必须尽快修好学校用于课程教学的纽科门蒸汽机。原来早在 1705 年，英国人纽科门就发明过一台用于矿井抽水的蒸汽机，并于 1712 年取得过专利，但这种蒸汽机的效率极低。瓦特没用多长时间就让这台坏掉的纽科门蒸汽机重新转了起来，受到校方的赞扬。

这个编外的临时工不但修好了纽科门蒸汽机，还发现了它存在的问题。瓦特从原理和构造上分析了纽科门蒸汽机效率低下的原因：它的加温和冷却是在同一汽缸中交替进行的，因此活塞运动不连续而且慢。通过实验定量分析蒸汽浪费的情况，并与格拉斯哥大学的多名教授反复深入探讨，到 1765 年，瓦特终于构想出分离式冷凝器的设计，将汽缸和冷凝器分开，彻底解决了汽缸保持高温的同时蒸汽在冷凝器中降温的问题。为此，他制造了一个简单模型验证自己的理论设计。

但将这一划时代的伟大模型转为真正能为工业生产所使用的动力机时，瓦特遇到了一个前所未有的难题：资金紧张。前文说过瓦特没有基本工资，只有计件工资，他靠修理乐器、生产乐器，甚至靠生产铜纽扣、金属装饰品等来维持生活和研究。仅靠这些微薄收入，研究工作自然是难以长期坚持下去的。他曾一度放下蒸汽机研究工作长达 4 年，全力去承包一条运河的测绘工作和部分施工工程，并且获得了较好的经济收入。为此，他曾想放弃蒸汽机的研究工作，改行当包工头去社会上闯荡。我们差一点就失去一位伟大的发明家，而多了一位平庸的民工队队长，真可惜 18 世纪的英国没有今日的风投基金。

在这个关键时刻，瓦特的两位好友——格拉斯哥大学的两名年轻教授布莱克和罗比森，对他做了大量劝说工作，把瓦特从工程施工业拉了回来，同时介绍了大企业家马修·博尔顿来提供资金支持。博尔顿以企业家的远见，认为这项研究可以取得巨额财富，决定投入资金和精力来支持瓦特，同时提出了研究的运作模式要改变，要运用企业机制来运作：成立瓦特—博尔顿公司，按股份制模式运作，博尔顿投入资金和研究设备等，拥有发明股权的 2/3，瓦特拥有发明股权的 1/3；利用博尔顿的商业渠道和朋友关系，引进先进工艺技术并及早进行蒸汽机的小批量生产，进行样机试销，为保证研究资金充足创造前提。

开始时，瓦特并不完全赞同这些意见，但当时他处于窘境，也就接受了。博尔顿这一整套办法的实施，大大加快了发动机的研究进度，终于在 1770 年前后投产了首批 2 台样机，分别安装在矿井和炼铁厂。尽管样机还存在不少毛病，但它强大的功率和较高的热效率，比原来使用的纽科门蒸汽机好得多，煤矿里深层的水抽得出来了，深层的煤挖得出来了，而且运行成本还低得多。使用样机的厂矿主获得了巨大的利益，邻近一些厂矿纷纷要求订购新型蒸汽机。到 1781 年前后，瓦特蒸汽机已被社会广泛接受。从 1757 年在格拉斯哥大学当临时工开始，到 1781 年的成功，共度过了 24 年艰难岁月。此后，瓦特又分别于 1782 年、1784 年、1788 年和 1790 年四次改进蒸汽机。至此，瓦特才算彻底征服了蒸汽动力，使得英国能够率先大规模使用非自然力。

通过本节的分析，笔者希望读者朋友们能不再相信水壶启迪瓦特发明蒸汽机的鸡汤故事。真正的发明是经过长时间的艰苦研究、商业化的运作模式才能取得成功的，绝不是一个简单的蒸汽顶开壶盖就能启迪的。

重工业：煤铁革命

英国工业革命起源于纺织业，我们在前文也回顾过英国纺织业的技术发明，从飞梭到珍妮纺纱机再到阿克莱水力纺纱机和骡机，这些纺织业技术发明固然大大提高了纺织业的生产效率，加速了工业革命的到来，但18世纪英国工业革命前夕，江南地区纺织业的生产效率、人均产量、技术水平并不比英国差，甚至在某些方面强于英国，那江南的纺织业为什么没有发展成近代工业呢？英国与江南纺织业发展中最重要的一个差别就是英国纺织业与煤铁工业相结合，出现了蒸汽驱动的钢铁织机，从而大大提高了产量，而江南则没有。

社会生产分为生产资料的生产（主要是重工业）和生活资料的生产（主要是农业和轻工业）两个部分。工业革命实现的近代工业化本质上是生产资料生产的加速扩大，其速度超过了生活资料的生产速度，生产资料生产所占比重显著提高。英国正是因为煤铁工业的迅猛发展，重工业生产比重猛增，迅速扩大，实现了动力和能源的转变，动力从人力、畜力为主转变为蒸汽驱动的机械力为主，能源则从以木材等有机能源为主转变为以煤等矿物能源为主。

虽然一般认为英国工业革命以纺织业为先导，但实际上如果没有重工业的迅猛发展，即所谓的"煤铁革命"，英国近代工业化的前途将与江南地区无异。无论纺织技术和纺织机械如何发展，都仍受人力、畜力、水力的制约，不可能像蒸汽机那样给纺织业带来近乎无限的动力。

当然光有煤铁这种生产资料重工业革命，也不可能达到工业革命的目的，毕竟人类生活所直接需要的煤和铁都极其有限。但是当提供新动力和新材料的煤铁工业与发达的纺织业结合起来时，英国爆发出巨大的生产潜力，工业革命不可逆转地彻底将英国社会带入近代工业化。

早期工业化

引发英国工业革命的大变革延续了两个多世纪，在工业革命爆发前的两个世纪中，英国社会经济经历着一场漫长的序幕，被很多经济史家称为"早期工业化"。工业化分为两个阶段，即早期工业化（一般认为在16—18世纪中叶）和近代工业化（一般认为在18世纪后期到19世纪中叶）。

笔者在此先阐述一下"工业""早期工业化"和"近代工业化"三个概念。于光远主编的《经济大辞典》中认为"工业"是指采掘自然物质资源和对原材料进行加工和再加工的物质生产部门。其他书中的定义也都大同小异，实质就是采集自然形成的原料，并将其加工为成品。至于如何采集与加工不是工业定义的重点，也就是说，不论手工还是机械化的采集或加工都属于工业的范畴，这就为工业的进一步分类奠定了基础。

早期工业化发生在工业革命之前，它的特征是工业在国民经济中的比重提高，使得工业在一个国家或地区的社会经济中所占地位日益重要，甚至超过农业所占地位。但早期工业化并没有实现机械化与能源的转变，也就是说，早期工业发展仍是以人力、畜力、水力和风力等自然力为动力来源，以木材、木炭等有机能源为能量来源，以家庭和手工工场为主要生产组织形式的手工业。但早期工业化的手工业属于传统手工业的发达阶段。

工业化就是人类社会从以农业占支配地位的社会经济形态转化为工业占支配地位的社会经济形态的过程。我们一般所说的工业化是特指近代工业化，它的标志就是工业革命，从此工业生产进入机械化时代，蒸汽动力取代人力和自然力，矿物能源取代有机能源，机械化工厂取代手工工场。

传统观点认为早期工业化与近代工业化之间有一种必然的因果关系，但随着近年来研究的深入，越来越多的经济史家认为这种观点不能成立。他们认为，两者之间的关系非常复杂，中国就是个很好的例子。17—19世纪初的明清时期，中国特别是江南地区、珠江三角洲及其他一些地区经历着早期工业化的进程，纺织业、制瓷业、制茶业、造船业等产业发展迅速，一点也不逊于英国等欧洲国家，但中国却没有爆发近代意义上的工业革命。与中国类似的国家和地区还有荷兰、法国、丹麦、印度古吉拉特、日本畿内地区等。特别是荷兰在17世纪曾是欧洲经济最发达的国家，1763年前的法国商业也并不落后于英国，甚至还略有领先。这些地方在近代早期都经历着较为发达的早期工业化进程，却没有发生工业革命。而早期工业化同样发达的英国就率先爆发了工业革命，第一个进入了真正的近代工业社会。

因此，可以推测出早期工业化与近代工业化一定是有很大区别的，两者肯定是不同经济动力推动的不同经济增长方式。笔者将经济学界对两者的研究成果制简表如下：

表 2.1 早期工业化与近代工业化

阶段	时间	国家和地区	经济成长动力	发达经济部门	经济性质
早期工业化	16世纪到18世纪中期	明清江南、英国、荷兰、法国、丹麦、印度古吉拉特、日本畿内等	斯密型动力	轻工业	有机经济
近代工业化	18世纪后期到19世纪中期	英国	库兹涅茨型动力	重工业	矿物能源经济

笔者先来解释一下表 2.1 提出的几个概念：

斯密型动力：亚当·斯密提出的由劳动分工和专业化带来的较高的生产率提供给经济发展的动力。每个人（或地区、国家）生产出自己效率最高的产品，然后拿到市场上与其他人（或地区、国家）交换，从而在市场上获得丰厚的回报。

举个例子，假设甲厂和乙厂各有 100 个工人，两个厂都需要两种产品：面包和葡萄酒。面包是甲厂的优势产品，每个工人每天可以生产 3 个面包，而葡萄酒每个工人每天只能生产 1 升。乙厂相反，每个工人每天可以生产葡萄酒 3 升，而面包每个工人每天却只能生产 1 个。我们再假设两个厂对面包和葡萄酒的需求量是一样的，那么，如果没有贸易，甲厂单独生产的话，就要安排 25 个工人生产面包，75 个工人生产葡萄酒，这样甲厂每天的总产量就是 75 个面包和 75 升葡萄酒。乙厂则需要 75 个工人生产面包，25 个工人生产葡萄酒，总产量也是 75 个面包和 75 升葡萄酒。如果这时两个厂开始贸易，双方都生产各自的优势产品，甲厂 100 个工人全生产面包，一天能生产 300 个，乙厂 100 个工人只生产葡萄酒，一天能生产 300 升。在不考虑复杂的交易价格情况下，假设双方都是一个面包换一升葡萄酒，这样双方都可以消费面包 150 个、葡萄酒 150 升，产量翻了一倍，这就是分工和贸易带来的好处，推动了经济的增长。

劳动分工仅受市场大小的限制，随着市场的扩大，经济成长的机会也随之增加。贸易既是劳动分工与专业化发展的条件，又基于劳动分工和专业化所体现出来的绝对优势或相对优势。

在斯密型动力中，经济总量和劳动生产率都有所提高，但技术变化不大，因此此种经济增长局限于市场规模，也就是说市场的容量就是它成长的极限。由于技术所限，农业与轻工业迅速成长，但以高技术为基础的重工业缺乏发展动力，几乎没有发展。

库兹涅茨型动力：主要由技术变革和生产组织变革推动的经济成长。在库兹涅茨型经济成长中，不仅经济总量和劳动生产率都有所提高，而且还有重大的技术与组织变革。工业革命后的近代工业化社会就属于库兹涅茨型经济成长动力，蒸汽机与矿物能源取代人力、畜力等自然力与有机能源就是技术变革，而城市工厂大量出现取代农村家庭手工业和城镇工场手工业就是组织变革，近代经济成长正是在这样的技术变革与生产组织变革的推动下发展的。增长最快的经济部门是以煤铁业为代表的重工业。

通过以上的分析，我们看到在近代早期世界各地的经济核心区域均经历过早期工业化进程，其经济成长的动力属于劳动分工与专业化推动的斯密型动力，整个社会处于技术、生产组织形式变化不大的、严重依赖土地资源的有机经济状态。而首先爆发工业革命的英国则独树一帜地实现了近代工业化，以蒸汽机、煤炭的大量应用为代表的技术变革和以近代工厂为代表的生产组织变革表明库兹涅茨型动力已成为此时英国经济成长的主要动力，英国社会也率先进入矿物能源经济状态。

从以上的分析中，我们还可以发现英国率先实现近代工业化的工业革命道路与大多数近代早期发达国家与地区比起来，实际上是一种特例，而非传统观点认为的普遍的标准化道路。也就是说，英国道路甚至在欧洲也不具普遍性。而江南等世界其他地区的以早期工业化、斯密型成长动力为代表的有机经济状态可能是在全球更具普遍意义的经济成长模式。

16世纪至18世纪中叶，即工业革命前，英国的早期工业以纺织业、金属加工业为主。下面我们就来看看英国这一时期工业的大致情况。

英国的早期纺织业

纺织业能为人们提供衣服这一生活必需品，因此世界各国工业化大多从纺织业发端，英国也不例外。

与中国不同，英国的纺织业中丝织业几乎没有，而是以毛纺织业、亚麻布纺织业和棉纺织业为主。其中最为发达、时间最早的就是毛纺织业，其原材料是羊毛。

16世纪以后，英国的毛纺织业进入蓬勃发展期。据学者们的统计，16世纪末伦敦出口的毛纺织品总数约10.5万匹，1614年伦敦输往海外的宽幅呢绒就达到12.7万匹。1618年有人统计所有生产的毛纺织品2/3是在国内消费的，也就是说，年产量是年出口量的3倍，即年产量可达30万匹以上。18世纪以后，产量仍持续不断地增长，18世纪40年代之前平均年增长率约为8%，1741年至1772年间年均增长率高达13%或14%，这之后下降到6%。虽然这些估算可能并不完全准确，但16—18世纪英国毛纺织业的快速发展应为不争的事实。工业革命前，毛纺织业是英国最重要的工业部门，1740年，它占所有工业产值的1/3，不愧为英国第一工业。

亚麻布纺织业在棉纺织业兴起前，也是英国纺织业的重要部门之一。其主要原料是亚麻、大麻等植物纤维，人们利用这些植物纤维纺纱织布，成品就是亚麻布。它具有调温、抗过敏、防静电、抗菌、吸湿性好等优点，现在很多衣物、窗帘、墙布、桌布、床上用品所用布料就是亚麻布，油画的画布、帐篷等也使用亚麻布。18 世纪前，亚麻纺织业多是乡村农民在农闲时节从事的一种副业。从英国 16 世纪晚期到 17 世纪早期遗产清单中，可以看出有大约 14% 的业余劳动者从事亚麻的加工，另有 15% 从事大麻的加工，多达 1/3 的劳动者涉及亚麻布的副业生产。

17 世纪下半叶开始，爱尔兰、苏格兰的亚麻布生产加速起来，18 世纪英格兰的亚麻纺织业也开始兴盛。1725—1750 年，英国的亚麻布产量翻番，在 1750—1775 年又翻了一番。亚麻布产值从 1728 年的 10.3 万英镑上升至 1799 年的 111.6 万英镑。18 世纪末，随着棉纺织业的迅猛发展，亚麻布的生产逐渐衰落。

棉布穿着比亚麻舒适，特别适合贴身穿着。但棉花不在英国本土生长，所以起初英国人对棉布一无所知，直到 16 世纪的海外贸易将棉布从印度引入英国，棉布很快就获得英国市场的认可。17 世纪末，英国国内的棉纺织业开始起步。18 世纪中期以后，棉纺织业随着工业革命的技术发明迅速发展起来，成为工业革命的领头行业，被很多经济史家认为是经济起飞的主导行业。

工业革命之前的纺织业，虽然有了较大发展，但由于纺纱织布的动力仍然是人力、畜力或水力，劳动生产率的提高已经接近极限，所以以升级动力源为主要诉求的技术革新势在必行，否则纺织业将止步不前。

英国的早期金属加工业

冶铁业是最重要的金属加工业部门，它可以分为两大部分：一部分是铁矿石的冶炼、制造生铁和条铁；另一部分是铁制品（如枪炮、农具等）的生产。中世纪冶铁业就存在于英国经济社会之中，但规模很小。

15世纪末，水力风箱和以木炭为燃料的鼓风炉技术传入英国，冶铁业有所发展。萨塞克斯郡和肯特郡的威尔德地区有丰富的溪流提供水力，茂密的林地提供木炭燃料，再加上大量的铁矿石，冶铁业在该地区发展起来。1530年威尔德地区只有3个熔炉在运作，到了1550年上升到26个。1600年英格兰85个冶铁鼓风炉中有49个在威尔德地区。18世纪以后，由于该地区林地的消耗及其他地区的竞争，威尔德的冶铁业逐渐衰落下去。

1709年，亚伯拉罕·达比发明焦炭冶炼铁矿石的方法后，冶铁业开始集中到煤矿产区，而不再集中于早期的森林地区。不过在工业革命前英国的铁产量总体上增长比较缓慢，1700年至1760年，铁产量年均增长仅仅0.6%，18世纪40年代，年均产量在2.5万吨左右。

冶铁业发展缓慢的一个重要原因就是燃料短缺。1吨精炼的铁需要10吨燃料供给，工业革命前的主要燃料是木材或木材制成的木炭，按年产2.5万吨生铁计算，每年需要木材燃料25万吨！铁产量虽然不高，但却是以森林的毁灭为代价的。随着森林面积的减少，英国冶铁业的发展受到了很大制约。

早期工业化与近代工业化的关系

　　早期工业化与近代工业化之间的关系相当复杂，我们不能想当然地认为前者必然会自发地向后者过渡与发展，因为世界很多经济核心区并未发生这种自然而然的过渡；但我们也不能因此就认为前者对后者的发展毫无促进作用，因为英国的近代工业化正是基于工业革命前长达两个世纪的早期工业化进程。因此，两者之间至少有两层关系：一是早期工业化为近代工业化准备了必要条件；二是单单早期工业化并不能自发地形成近代工业化，还需要与其他因素一起促成工业革命的爆发与近代工业化的产生。这些"其他因素"正是英国所独具而包括江南地区在内的世界其他经济核心区所不具备的。

　　好，现在读者朋友们一定非常好奇英国到底具备哪些引发工业革命从而率先进入工业社会的"其他因素"。不过先别着急，在分析这些"其他因素"之前，我们先要看一看英国（或欧洲）在18世纪工业革命前夕的社会经济状态。

------------------华-----丽-----的-----分-----界-----线--------------------

　　马修·博尔顿：你就是那位写历史普及书的作者？

　　作者：您好，是我，您是？

　　马修·博尔顿：我是詹姆斯·瓦特的合作伙伴兼好朋友马修·博尔顿。

　　作者：哦，您好，我真是有眼不识泰山了。原来是博老呀。

　　马修·博尔顿：嗯，我看了你写的书，特别是关于瓦特蒸汽机发明和普及的故事。

作者：谢谢博老这么抬举我。

马修·博尔顿：有一点我想告诉你，无论什么发明，只要能挣钱，我就会投资。任何人包括我在内可不知道什么发明能促进工业革命的到来，在我们那个时代，人们根本不知道也没有感受到你们所谓的工业革命。发明家们搞发明创造的目的也是挣钱，没有人在乎什么工业革命。

作者：嗯，这个我明白。

马修·博尔顿：虽然不是我的专业领域，但我们那时，农业技术的发明是最挣钱的，提高小麦等各种农作物的亩产量才是人人梦寐以求的，工矿业的发明创新都是退而求其次的。

作者：是吗？这个我还真不知道。

马修·博尔顿：18 世纪还不是人人能吃饱饭的时代呀，不像你们现在人人喊着要减肥。你继续写吧，我会一直保持关注的。

作者：谢谢博老。您都是上了 2011 年版 50 英镑纸币的牛人了，还这么关注我的书，真是太抬举我了。

马修·博尔顿：哈哈，小事小事。

------------------华-----丽-----的-----分-----界-----线------------------

马尔萨斯在欧洲

前工业时代，人们日常生活的一切必需品——食物、衣物纤维、燃料、建材等都需要有机原材料，而有机原材料只有一个最终来源：土地；人类只有一个产业生产全部有机原料：农业。我们吃的粮食与蔬菜，必须在耕地中播种、生长与收割；我们吃的肉，出自牧场中饲养的家畜，家畜要吃土地中生长的饲料；我们穿的衣服，出自麻、棉花、羊毛等动植物纤维，而麻、棉花的种植需要耕地，绵羊的养殖也需要牧场和饲料；我们取暖、烹调、冶铁、印染、烧窑、酿造、造船等都需要木材作为原材料或燃料，而木材的多少则依赖于林地的面积；也许只有我们居住的房屋对有机原材料依赖较少，石材建筑的房屋也是可以居住的，但是在近代早期人们的房屋是以砖和木材为主要材料的，砖的烧制需要木材作燃料，木材则需要林地种植与生长。而上述全部的原材料都需要农业来提供，也就是说，农业支撑着工业革命前人类社会生产和生活的全部物质基础。

最要命的是，土地可能是我们这颗星球上供给弹性最小的资源。其他无论什么商品，当市场价格上涨时，供给一般会随之增加，但土地绝对不会因价格上涨而增加供给，因为地球的地表面积不是人类所能扩大的，所以人类只能在有限的土地上用尽办法提高单位面积土地的生产效率，并且开垦新土地投入农业生产。

但在工业化之前，没有拖拉机，没有化学肥料，单位面积土地的生产率提高极其有限，所以人类不得不砍伐森林、排干沼泽来扩大农业用地面积，这样做就加剧了人口与生态的紧张程度，近代早期世界上几大经济核心区已经几乎找不到可供开垦的闲置土地了，但其人口仍在不停地增长。同时由于缺乏新技术，使用其他资源来替代土地以提高产量的能力也非常低下。因此，土地总是处于供不应求的状态。当人口较快增长时，各种生活必需品价格必定会越来越贵，越来越紧张的人口与土地资源的关系也就形成了"马尔萨斯陷阱"。

同时，"马尔萨斯陷阱"还表现在农业的从业人口比例居高不下。为了生产足够的食物、衣物纤维，以供养不断增长的人口并提高人均占有量，人们不得不把大量的劳动力留在农业中，没有足够的人力资源去推动工业和第三产业的发展。16—17世纪，英国农业人口占总人口的比例一直在70%左右，18世纪上半叶，农业人口还一直保持在50%以上。由于农业的边际劳动生产率不断下降，随着人口的增长，农业劳动力占比还要进一步提高。这样，工业不但缺乏燃料，甚至连劳动力都无法满足，其发展前景也就可想而知了。

马尔萨斯著名的《人口论》认为人口是以几何级数增长，而生活必需品只能以算术级数增长，因此人口增殖力比土地生产人类生活必需品的力量更为强大。人类几乎总是要面对人口过多、生活必需品不够的生态紧张问题。他的人口理论诞生于近代早期的欧洲，这一时期欧洲的社会经济现实与其理论非常相符。

我们来看一组数据，该数据来自牛津大学经济史教授罗伯特·艾伦的论文《近代早期欧洲的进步与贫困》：

表2.2 早期工业化与近代工业化

国家	时间	人口/万人
英国	1500 年	250
	1600 年	441
	1700 年	521
	1750 年	604
	1800 年	906
法国	1500 年	1700
	1600 年	1900
	1700 年	2200
	1750 年	2450
	1800 年	2830

国家	时间	人口 / 万人
荷兰	1500 年	95
	1600 年	150
	1700 年	190
	1750 年	190
	1800 年	214
德国	1500 年	1050
	1600 年	1250
	1700 年	1300
	1750 年	1600
	1800 年	2150

通过表 2.2，我们可以看到欧洲主要国家在 16 世纪以后，人口都在较快增长。在这 300 年中，英国人口数量增长了约 260%，年均增长率约 0.43%。法国、荷兰、德国人口增长速度虽不及英国，但也达到了60%—125%，上述四国人口年均增长率达 0.22%。在人口增长的同时，这一时期的欧洲人均消费水平也在提高，其中英国的人均消费水平提高得最快。因此，欧洲，特别是英国必然呈现出一种人口与土地的生态紧张状态。

生态紧张

16 世纪以后欧洲人口迅速增长，人们不得不扩大耕地和牧场面积，种植更多的谷物、亚麻，饲养更多的绵羊，来生产更多的粮食与衣服以供养更多的人口。这就必定要占用原有的林地、荒地，人们还不得不排干沼泽、浅水潭。这样一来，生态紧张状态首先表现为林地减少，燃料价格猛涨。随着人口的进一步增长，人们再次用上述方法扩大了耕地和牧场，生态紧张进一步表现为工资地租比的迅速下降。人口增加，劳动力供给增加，导致工资下降，而土地需求也随人口的增加而增长，地租必定上升。工资地租比 = 工资 / 地租，分子工资下降，分母地租上涨，那么工资地租比一定会迅速下降。生态紧张还表现为土地生态危机。粮食、衣物纤维、木材等生活必需品需求不断增长，给欧洲土地造成巨大压力，土地肥力下降、土壤退化、水土流失严重。马尔萨斯预言的可怕前景笼罩着英国，乃至整个欧洲大陆。

燃料危机

中世纪的英国本是一个森林茂密的国家。据美国学者弗·卡特、汤姆·戴尔合著的《表土与人类文明》统计，11 世纪的英国只有不到 20% 的土地是可耕地，其余土地主要是森林、沼泽、水潭或荒地。而可耕地中有一半左右是牧场或草场，即耕地面积只占 10% 左右。但是到了 1696 年，英国的耕地、牧场和草地的面积已达 2100 万英亩，此时英国全境面积为 3900 万英亩，这一比例高达 53.8%。美国学者迈克尔·威廉姆斯《人类活动改造的地球》一书记载，到了 1800 年，英国的森林覆盖率只有 5%—10%。

法国森林覆盖情况略好于英国，1550 年覆盖率为 33%，1789 年降至 16%。丹麦较为注意节约燃料，1500 年森林占其陆地面积的 20%—25%，但到 1800 年，此数字也下降至 4%。

在林地大幅度减少的同时，欧洲特别是英国社会对木材的需求却在迅速上升。人口的增长无疑扩大了木材的需求，人们需要木材在寒冷的冬季取暖。从伊丽莎白一世时期（1558—1603）到 18 世纪，欧洲正经历着小冰期，英国的冬季寒冷而漫长。根据 19 世纪上半叶的数据推算，这一时期伦敦取暖可能消耗其 2/3 以上的能源供给量。当时最主要的取暖燃料就是木材。

炼铁业对木材也有着极大的需求。据查尔斯·威尔逊《英格兰学徒期，1603—1763》一书的统计，在詹姆斯一世统治时期（1603—1625），英格兰金属冶炼业每年至少要烧掉 25 万株轮伐期为 10—12 年的成年树木。

船舶的制造对木材消耗同样巨大，军舰对木材的种类和质量要求更高。鉴于海军造船用林木事关国家安全，英国自伊丽莎白一世颁布了保护造船用林木的一系列法律：如禁止在海滨附近区域砍伐直径超过 1 英尺（1 英尺 =0.3048 米）的橡树；复辟时期（1660—1688）以法律规定将著名的橡树产地迪恩（Dean）、纽（New）和艾丽丝·霍尔特皇家森林作为海军木材基地保存起来，但这些都不足以解决海军军用木材匮乏的问题。1771 年，海军部军用造船厂的木材储备只有 1.3 万车，仅是过去 5 年中每年消耗量的 41.9%。

轻工业也需要大量木材作为燃料，像酿酒、煮盐、玻璃、印染、石灰盐和砖瓦等生产制造业都会将大片大片的森林作为木柴烧掉。

一方面，木材需求在增加；另一方面，随着树木砍伐，林地在减少，木材供给越来越困难。这就必然导致欧洲木材价格上涨，英国木柴价格在 1500—1630 年间上升了 700%，是 1540—1630 年间一般商品价格上涨幅度的 3 倍；法国木柴价格在 1726—1741 年和 1785—1789 年这两个时段之间上涨了91%[①]。在法国这个森林覆盖率相对较高的国家，部分地区在18世纪出现了"再也见不到木材""穷人家里没有火"的情况。据法国著名历史学家布罗代尔估算，欧洲的燃料供给可以提供每年每人约0.5吨煤当量（tce），约合14.65×10^9焦耳的能量。1789年，仅是维持这个数字，就需要法国林地可持续产量的90%以上，因此即便木材没有一点浪费，也只能有10%的木材可供烧窑、酿造、冶铁、造船等工业需要。18世纪欧洲很多地方的冶铁业由于燃料短缺每年开工仅有短短几周。

由于人口与林地比例越来越大，传统方式的燃料供给远远不能满足生活取暖、烹调以及工业用燃料的需求，近代早期的欧洲形成了严重的燃料危机，意味着以木材燃料为基础的工业难以发展，而当时的几乎全部工业，特别是重工业部门都需要燃烧木材以获取能量。如果不能找到木材的替代品，燃料危机将使欧洲特别是英国工业各个部门面临开工不足、生产衰落的可怕前景。

工资地租比迅速下降

在经济生产活动中，劳动、资源、资本、企业家才能、技术、信息是六项必备要素。大到空客大飞机生产，小到外卖送餐，任何一项经济生产活动都会投入这六项生产要素。只不过六项投入的比例不同，大飞机生产属于高技术产业，资本、技术投入大；而外卖送餐则是劳动密集

---

① 数据出自彭慕兰的《大分流：欧洲、中国及现代世界经济的发展》，江苏人民出版社，2004年版，第206页。

型产业，劳动投入多。每项生产要素都是需要有回报的，否则要素所有人就不会投入。

当一个社会某项生产要素价格比较低，经济生产就会大量吸收这种生产要素。比如说当今社会"互联网＋"产业发展迅速，就是因为信息要素价格大幅度下降，我们打开手机外卖 App 就可以免费知道附近的餐饮服务信息：食品种类及价格、送达时间等；同时，餐饮服务提供商即餐馆也可以非常方便、非常便宜，甚至是免费地在这些 App 上发布餐饮信息，送餐小哥通过 App 也能及时方便地获取餐饮供需信息，提供送餐服务，完成交易；而诸如"饿了么""美团外卖"等互联网公司通过研发 App，利用移动互联技术大大降低了这些信息的价格，使得互联网＋外卖送餐业成为互联网经济的一个增长点。

试想一下，如果没有移动互联技术和这些外卖 App，餐馆、消费者、送餐小哥了解到这些餐饮信息的成本是相当高的。餐馆利用电视台或电台发布信息，需要支付大量的广告费用，消费者也不可能随时发现这些餐饮信息，除非餐馆能包下某个电视台全天 24 小时不停地滚动发布，而这样又使成本高到无法想象。假如他们雇用大量员工挨家挨户上门派送菜单，提供餐饮信息，在人力成本如此之高的当今社会，其工资成本就会压得企业无法生存。

从以上的分析，读者朋友们可以轻而易举地得出结论：移动互联技术和相关 App 的研发，使得餐饮信息的发布和获取价格大大下降，几乎相当于免费，正是在信息要素接近于免费的情况下，互联网＋外卖送餐业才得到蓬勃的发展。

说了这么多与我们的主题看似无关的话，笔者就是想说明要素成本对一项产业发展的极端重要性。在前工业社会里，经济生产活动基本上围绕劳动和资源这两项要素展开，其他要素当然也有，但发挥的作用很小；而资源其实就约等于土地，因为食物、衣物纤维、燃料和建材等都是出自土地。所以在工业革命之前，世界各地的经济生产活动都是以劳动和土地为最重要的生产要素。劳动投入需要工资回报，土地投入需要地租回报。工资地租比成为反映劳动要素与土地要素价格的重要指标。当一个社会工资地租比较低，就说明这个社会人力资源便宜，土地成本相对较高。这样的社会，代替劳动的机器与技术就难以普及，因为劳动力实在是太便宜了，为什么还要投资开发新技术，利用新机器呢？只需投入人力即可。但是当一个社会工资地租比较高，说明劳动成本高，土地相对便宜。人们为了节约成本，会尽力减少投入劳动，不得不依靠发展技术、利用新机器等其他途径来发展经济。相对较高的工资会使机器替代劳动具有经济动力。因此我们需要对工业革命前夕英国工资地租比作一番考察。

马尔萨斯早在 18 世纪末就提出了这个问题：人口按照几何级数增长，土地面积相对固定，土地的产出只能按算术级数增长。这样劳动力会越来越多，工资必定会持续下降，相对于不断增长的人口，土地需求必定也会不断增长，地租必定会上升，导致工资地租比会更快速上升。当然这些都是古典经济学家的定性分析，现在让我们来看一看爱尔兰都柏林三一学院历史学家凯文·奥洛克和哈佛大学历史学家杰佛瑞·威廉森在论文《从马尔萨斯到奥林：1500 年以来的贸易、工业化与分配》中综合许多历史学界研究成果后，给出的 16—19 世纪英国工资地租比折线走势图：

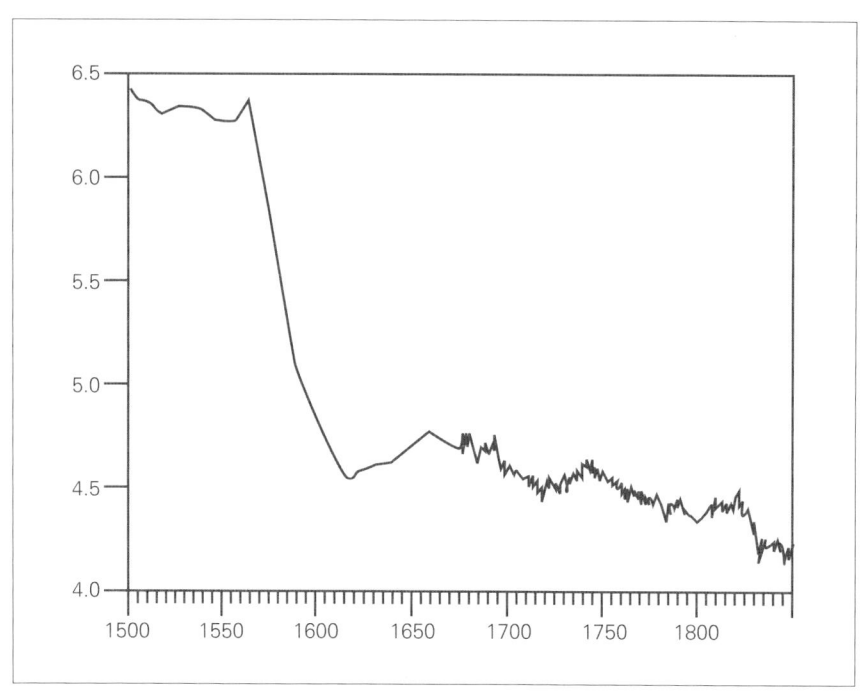

图 2.1 16—19 世纪英国工资地租比

从图 2.1 中，我们可以非常直观地看出在 19 世纪以前，英国的工资地租比一直呈下降的趋势。16 世纪中期，英国人口增长比例最大，从 1500 年的 250 万人增加到了 1600 年的 440 万人，增长了 0.76 倍，年均增长率 0.57%！这意味着更多张嘴需要吃饭，更多的身体需要衣服，因此工资地租比从 6.5 直线下降至 4.5 左右。17 世纪至 19 世纪初期，英国人口的年均增长率大约在 0.36%，人口增长趋势虽有所放缓，但也在持续增长，反映在工资地租比上也是如此：工资/地租下降趋势变慢，但直到 1840 年左右仍在持续下降。

如果我们跟斯密、李嘉图、马尔萨斯一样生活在 18 世纪的英国，也会同样得出他们的结论：随着人口的增长，工资会持续降低，降低到只能维持生计的水平，然后由于人们工资有限，生育率会下降，人口增长趋势也会逐渐下降，这样工资就会在一个很低的水平上与人口保持一种平衡。似乎没有什么能改变这一趋势，而这个趋势使得工资低得足以使人们根本没有动力去研发新技术、使用新机器，并且靠投入便宜的劳动力足以获取更多的利润，没有必要再去花钱研究新技术、开发新机器了。看来在18世纪工业革命前夕，英国经济的发展前景几乎与清代中后期人口猛涨、劳动密集型产业发达、缺乏机器替代劳动原动力的图景如出一辙。"马尔萨斯陷阱"正在吞噬着英国经济。

生态危机

1750年至1850年，欧洲人口基本上翻了一番，英国也不例外。英国国内待开发的闲置土地几乎已经没有了，为了提高每英亩耕地的产量，满足日益增长的需求，需要大量的肥料，而当时只有牲畜粪肥可以充当肥料。由于牛羊等大型牲畜一般在草地或牧场中饲养，为了保证牧场能继续维持下去，牲畜的粪便必须留在牧场中，因而大多数粪肥没有用于耕地，没有缓解粮食供给的压力。

由于粮食的极端重要性，英国国内很多草场、牧场变成耕地，牛羊猪等家畜逐渐减少，动物粪肥也随之减少。而三叶草等固氮作物大量广泛种植使得土地出现了"三叶草疲劳症"，固氮作用下降，固氮作物对土地肥力的保持能力下降了。

在森林过度采伐和过度放牧的地方，泥石流、沙尘暴是常见的现象。地面会变得泥泞不堪，土壤酸度会提高。同时，地表树木覆盖太少，造成冬季不能留住降雪，土壤就失去了一个保护层，受冻往往比以往更深。甚至在大气层气候并没有太大变化的情况下，平均风速也会提高，可能带来非常严重的侵蚀后果，水土流失更为迅速，洪水和干旱越来越明显，地下水位也越来越低。

上述这些土地生态危机造成 1750 年至 1790 年英国的小麦价格上升了 40%。拿破仑征战期间，英国谷物与肉类不足问题更加突出。为了缓解不足，英国开始从爱尔兰进口粮食，1824—1826 年粮食进口相当于英国农业、林业和渔业总产出的 10%，19 世纪 30 年代还要更多，很快爱尔兰已经不能自给。英国进而依赖美洲、俄国和大洋洲的粮食进口。

为了尽量提高粮食自给率，从现有的有限土地中出产更多的粮食，英国只能进一步扩大耕地面积，缩小林地、衣物纤维用地，同时必须使用大量密集劳动力在土地表层施撒灰泥以提高土地肥力，投入更多的劳动力修建沟渠、深耕土地、施加更多的肥料。据记载，18 世纪末英国每英亩田地要施撒 100—150 吨的灰泥①。无论施撒灰泥，还是运输灰泥到农场，都是需要大量人力、畜力投入的。我们从剑桥大学教授里格利《延续、偶然与变迁：英国工业革命的特质》一书中得知：18 世纪中叶，康沃尔郡的布勒庄园一年中劳动力预算中最大的单项不是收割，也不是耕地，而是施肥、撒沙和撒石灰等增加土地肥力的劳动。该书还提到两个巴顿庄园，它们一年中共需 7197 个人日②进行农业生产，其中12.6% 的人日用于收割，8.8% 的人日用于耕作和平整土地，而有 14%的人日用来施撒灰泥等改善土壤的生产能力。

总之，为了保证收成供养人口，英国不得不把更多的资源和人力留在农业中，像江南地区那样努力发展劳动密集型农业、节约土地的各项农业技术，而不是为新生的机器大工业提供廉价的劳动力。马尔萨斯的

---

① 出自英国古典农业经济学家阿瑟·杨格的《1787、1788、1789 年法国游记》。
② 人日：1 人工作 1 日为 1 人日；7197 个人日为 7197 人工作 1 日，或 1 人工作 7197 日，或 X 人工作 Y 日（X×Y=7197）。

预言正在变为英国的现实。

与亚当·斯密聊 QQ

通过以上的分析，读者朋友们可能也看出来了，18 世纪的英国实际上也面临着"马尔萨斯陷阱"。这种趋势被大卫·李嘉图概括为边际收益递减规律，意思是说随着经济的发展，每增加一单位生产要素的投入，其带来的收益会越来越少。

亚当·斯密虽然在《国富论》中提出分工能促进生产与经济发展，但他也认为随着经济的发展，普通民众的实际收入会维持在一个很低的水平，同时对经济进一步发展的前景非常不乐观，认为经济最终会处于一种静止状态。前不久，笔者通过 QQ 与亚当·斯密就这个问题探讨过，好在聊天记录还在，我复制在下面：

00:36:34

您好，这么晚您睡了吗？

 还没睡，我一般睡得比较晚。

那太好了，还是有问题想请教您。

 好，刚才吃羊肉串时，我们不是一直在聊吗？

还是有没聊彻底的，呵呵。

好，那咱就在 QQ 上接着聊，不过天堂通过政府采购给我买的这台电脑有点慢，可能回复会慢一些呀。

没关系。我就是想问问，您为什么认为 18 世纪的英国民众生活水平难以持续提高？

哦，这个问题呀。我是这么看的：英国劳动者的妻子们生育能力很强，在经济困难时期，因为贫困的压力，他们的孩子可能大多数会早夭。

在好年景呢？

在经济较好的时期，会有更多的孩子存活下来。

也就是说当经济困难时，劳动力需求相对较少，存活的孩子也较少，劳动力供应也较少。

嗯，没错

当经济较好时，需要的劳动力多，但此时较多的孩子存活下来使得劳动力供应也比较充足。

因此整个过程劳动力的需求与供给之比不会发生变化，即需求与供给基本保持平衡，其结果就是实际工资水平保持不变。工资不变，民众的生活水平就很难持续提高。

00:42:55

哦，原来如此。

那 18 世纪英国的经济前景呢?

经济成就有可能取得，但一定有限。挣钱的投资机会肯定会有，但随着利润较大的投资机会用完，剩下的投资机会，其利润率会越来越小，而且收益率会下降。

您有实例表明这一点吗?

我们可以根据各个国家的利率水平推导出该国的收益率水平。例如，18 世纪的荷兰政府按 2% 的利率借款，而信用良好的私人则按 3% 的利率借款。

然而此时的英格兰最低的利率也要 4%，法国和苏格兰的利率则更高。说明荷兰比英格兰、法国和苏格兰经济都要发达，其利息率或收益率也最低，也最接近静止状态。

静止状态？什么意思？

静止状态是指一个国家，其土壤和气候特点以及与其他国家相关的形势等条件都有利于实现富足，即获得了全部范围的富足，因此这个国家不再发展也不会再倒退。

在静止状态下，工资与股票收益都可能非常低。利率越低，表明越接近静止状态，到达这个点时投资的动力就会太弱而不能说服企业家拿他们的资金去冒险，经济增长势头也就会消失。

从 17 世纪以来，荷兰一直是欧洲最成功、经济最发达的国家，接近于静止状态。

也就是说，收益递减规律使得全部行业的投资都没有了太大的利润，所以企业家也就没有了投资的动力，经济发展就会停止下来？

对，没错。但全部行业投资利润降低是有个顺序的：农业投资一直是能给社会带来最大收益的投资方式，因为农业投资实际上扩大了整个经济系统的生产基础，其他一切的投资都是在农业基础上逐渐增加的。

向农业投资一般能获得最高的收益。因此北美独立前的投资主要是农业投资。但这样最好的投资机会最终一定会耗尽。

耗尽之后，资本将投向哪里呢？

 农业投资机会消失后，工业投资将成为利润热门。工业之后是商业，首先是投资于国内商业，最后是投资于国际贸易。

 你看，荷兰已在 18 世纪中叶达到了最后阶段，即国际贸易投资阶段，英国也正向着荷兰的方向发展。

那您的观点太悲观了，最终人类经济发展将趋于静止，而且普通民众的生活水平也将在一个相当低的水平上达到平衡，您不觉得这样的前景太可怕了吗？

 可怕与否我不知道，但这个观点是我通过分析大量的经济事实推导出来的，而且也有荷兰的实例证明。

那您想知道在您去世后，实际上世界经济是如何发展的吗？

不知道，也不想知道，如果经济实际与我的构想不同，那也不是我的理论错了，而是实际错了。况且现在我已经对这些不感兴趣了。

哦，好吧，您不想知道，我就不说了。不过能否问一句，您现在对哪个领域感兴趣了呢？

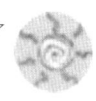

爱情，我现在只对爱情感兴趣。

这话出自您之口，真是令人大吃一惊呀。请问您和哪位女士坠入爱河了呢？

哦，我的爱人也是你们中国人：邓丽君女士。

　　斯密对 18 世纪英国前景的悲观预测代表着古典经济学家的主流观点。大卫·李嘉图在《政治经济学原理》中也曾写道：当土地产出丰富时，工资可能会暂时增加，而且生产者的消费所占比例可能会大于通常所占比例，但是这也会刺激人口增加，生产者的消费比例又会很快降低到他们通常的水平。但是当贫瘠的土地投入耕种，或者在现有土地上投入更多的资金和劳动力时，生产的收益会降低，这个效果一定是永久性的。支付地租后留下的准备在资本家和工人之间进行分配的那部分产品

中归工人所有的产品将占更大的比例。因为每一个工人所得到的可能减少，随着租地农场主所保留的全部产品增加，工人会增加。在全部产品中就会有更大部分的价值为工资所吸收，而作为利润的那部分的价值则会减少。以上结果，势必会被大自然限制土地生产力的自然规律固定下来。

结合我们前面的分析，看来欧洲在18世纪实际上面临着与中国类似的人口土地紧张状态，古典经济学家们并不看好欧洲经济发展和人民生活水平提高的前景。而在"马尔萨斯危机"的背后，隐藏着能量紧张的制约。

能量紧张

在人类社会中，一切经济生产都需要消耗能量，而地球能量的唯一来源就是太阳。能量既不会凭空产生，也不会凭空消失，它只会从一种形式转化为另一种形式，或者从一个物体转移到其他物体，在转化或转移过程中能量的总量保持不变。这就是说，人类的经济活动只能利用太阳能或由太阳能转化而来的能量。在前工业社会中，一般是利用太阳能转化的能量，主要是通过绿色植物的光合作用所转化的能量。

每年到达地球表面的太阳辐射能约为3630万亿吨标准煤，被陆地表面接收的太阳辐射能也达到762万亿吨标准煤，每吨标准煤燃烧能产生700万千卡的能量，可想而知每年到达地球的太阳能数量是巨大的。但植物的光合作用对太阳能的转化率非常低，估计在0.1%—0.4%，而且人类能利用的被植物转化的太阳能比例也非常低。

在农业出现之前，人类靠打猎、捕鱼、采集维持生计，必须确保有足够的食物，以便有足够的能量去进行下一轮的觅食，觅食活动所付出的能量必须少于所觅食物提供的能量，否则觅食就得不偿失了。在这样的社会中，某种发明如果能提高人类能量净获得量（通过降低能量消耗、增大能量获取或以上两种方法兼而有之），那一定会广为传播。例如弓箭，它大大提高了捕猎的成功率，同时弓箭的使用也减少了捕猎过程中的奔跑、投掷等高能耗行为，也就降低了捕猎中人体能量的消耗。可以说，弓箭的发明提高了人类能量的净获得量，因此它推动了社会经济的发展。

农业的出现更是如此，谷物种植使得人类获得了稳定的食物供给和能量供给，人类也无需经常进行打猎、捕鱼、采集等相对高能耗的觅食活动了。人类能够更轻易地获得更多的能量，因此农业社会是更高的社会形态。镰刀、犁、轭等农用器具的发明，通过适宜的农作物轮耕减少或消除土地休耕等方法，都使得人类社会成功获取了更多能量。人类利用的能量始于太阳，通过光合作用储存于植物之中，然后通过食物链传递到各类不同的有机形态（谷物、木材、棉花、牲畜、肉食等）中。前工业社会这种经济形态被里格利称为有机经济，即基于有机物能源的经济。

在有机经济社会中，除了极少量的利用风能、水能外，其他能量几乎均出自植物、牲畜或人自身。粮食、衣物纤维的产出需要人力和畜力，而人和牲畜需要食物和饲料；取暖、烹调和工业需要燃料，而燃料来自砍伐树木制成的木材；房屋建筑需要木材和砖，烧制砖头需要木材作燃料。所以，归根结底，有机经济社会的能量几乎全部来自土地上生长的绿色植物通过光合作用转化的太阳能。

通过计算，能更清晰地看出在有机经济社会中，能量对经济发展的制约作用：冶炼出 1 万吨的铁，所需的木材燃料要砍伐 10 万英亩的林地，1 英里铁路钢轨需要 150 吨钢铁。1850 年，英国铁路总里程是 6600 英里。假设英国没有实现矿物能源经济，在有机经济体制下，冶炼 6600 英里铁路钢轨所需的木材，要消耗林地 990 万英亩，即 4 万多平方公里林地！前文提到 1800 年英国森林覆盖率为 5%—10%，我们按较高的 10% 计算，当年英国有森林 390 万英亩（15000 多平方公里），单单是建造 1850 年的英国铁路所需钢铁就要消耗其全国森林面积的 2.5 倍！可见有机经济很难支撑起一个需要巨量钢铁的近代工业经济。

在有机经济社会中，有机能源和土地非常稀缺，特别是当人口增长较快和人均收入提高较快的近代早期，对食物、衣物、燃料和建材的需求越来越多，造成能量和土地供不应求，制约了社会经济的进一步发展。

人均产出量在很大程度上取决于人均能量支配量。举个例子：假设有三个农民同时耕地，第一个用锄头，第二个用牛拉犁，第三个用拖拉机拉犁。他们三个人都耕地两小时，劳动效率肯定是第三个人最高，第一个人最低。因为第一个人只是消耗了自身肌肉运动所需的能量，第二个人消耗了自身肌肉运动的能量和牛运动的能量，第三个人则消耗了作为拖拉机动力来源柴油的能量及制造拖拉机过程中钢铁冶炼、塑料提炼等所需大量的能量。从中我们能看出，人均能耗越多，人均产量和人均劳动生产率也就越高。但有机经济所能提供的能量，其上限受制于绿色植物对太阳能的转化能力，由于这种转化耗时长、转化率低，所以在有机经济社会中，人类所能利用的能量有限，经济发展也就有限，经济发展前景就会趋于停滞静止状态。工业革命前夕的英国社会正处于这种能量制约经济进一步发展的有机经济状态中。

勤劳革命

近代早期人类社会中，在有机经济下，斯密型经济成长动力占主流，它以劳动分工的专业化和市场的扩大作为经济发展的主要动力，这种经济成长动力无论如何是不可能提升人均能量支配量的，因此它解决不了能量供给问题，也就跳不出"马尔萨斯陷阱"。经济前景必然表现为有限的土地资源制约经济进一步的发展。

斯密型经济增长动力当然也会促进经济发展，但它不会导致工业革命，只会导致勤劳革命[①]。还是举个例子来说，在一个 100 人的小村子里，有一个铁匠手工生产菜刀，他一个人要完成菜刀生产的每个步骤，从铁矿石中冶炼出铁，并将铁水浇入模具形成铁质的菜刀，砍伐树木，并将原木削成刀柄，最后将菜刀安装到刀柄上。他每周只能生产 1 把菜刀，但这个产量已能满足 100 人村庄的需求量。当市场扩大到 10 万人的城镇时，为了满足 10 万人这个规模的市场，20 个人组成手工工场生产菜刀，他们分工协作，有人购买铁矿石，有人冶炼，有人浇模具，有人伐木，有人制刀柄，有人将菜刀安装到刀柄上。这样通过分工协作，每周可以生产 100 把菜刀，也就是每人每周 5 把，生产效率提高了 5 倍，经济在斯密型动力推动下得到了发展。当市场扩大到 100 万人的大城市时，在有机经济下，生产效率已经很难提高了，因为分工已经足够细，专业化水平也足够高，每人每周 5 把菜刀的产量已经是极限了。面对市场需求的扩大，该怎么办呢？那只有投入更多的劳动力，也就是将 20 人的手工工场扩大到 200 人，这样产量也就提高了 10 倍，这种产量的

[①] 勤劳革命（Industrious Revolution）：又翻译为勤勉革命。这个概念是日本人口史学家速水融于 1986 年首先提出的，最初用于解释日本江户时代劳动密集型的经济增长，后被美国经济史家 Jan de Vries 用于解释欧洲 16—18 世纪的经济发展。

提高是以加大劳动投入为代价的。

面对不断扩大的市场，欧洲人将越来越多的休闲时间转化为工作时间，生育更多的孩子以投入更多的劳动力。这种生产的扩大和经济的发展是靠加大劳动力投入达到的，看上去人们比原来更加勤劳了，所以被称为"勤劳革命"。正如上面那个例子所表明的，勤劳革命只是提高总产量，不能提高人均产量。由于边际收益递减规律，勤劳革命有时候可能还会降低人均产量。我们还是举上面那个生产菜刀的例子，当组建了200人的手工工场时，由于雇员众多，必定需要更多的管理人员，直接投入生产的工人相对就少了。也就是说，20人的手工工场每周生产100把菜刀，200人的手工工场每周产量可能不是1000把，而只有800把，即每人每周只有4把，这样人均劳动生产率实际上是下降了。

16—18世纪，欧洲经济发展与产量扩大主要是基于斯密型动力推动下的勤劳革命，早期工业化也是基于勤劳革命。历史学家们的研究成果显示此一时期，欧洲的人均产量并未提高，甚至有所下降。在法国东北部的斯特拉斯堡，1400—1500年，购买四口之家一个月食用的小麦所需劳动量在40—100小时之间波动，到了1540年则超过了100小时，直到1840年，才又降回到100小时之内；德国情况类似，在1500—1650年，工人工资所能购买的谷物数量下降了大约50%；在英国，到了19世纪，建筑工人的工资谷物购买力才恢复到了16世纪的水平。欧洲的工人们由于工资购买的谷物数量降低，为了获得足够的卡路里，不得不放弃吃面包的习惯，而去吃土豆，这一向被认为是饮食质量的下降。

总产量的提高，推动了人口的增长，人口增长导致人均工资下降，工资下降迫使很多人工作更长的时间，更多劳动力（包括女性甚至儿童）投入生产，人们虽然更加"勤劳"，但人均产量和劳动生产率却在下降，这一切都造成了马尔萨斯式的恶性循环。

丹麦与荷兰

17、18世纪的欧洲有两个国家与明清时期的江南地区很像，它们是丹麦与荷兰。这两个国家都有着比较发达的商业、海外贸易和高效的农业，17世纪的荷兰商业、金融业和海外贸易甚至比英国还要发达，但最终工业革命却在英国首先爆发了。我们看看到底是什么因素限制了丹麦与荷兰的进一步发展，这些限制因素是否与限制江南地区发展的因素一样呢？

丹麦在1397年成立的卡尔玛联盟（丹麦、瑞典、挪威）中居统治地位。1533年，丹麦与挪威单独组建联盟，形成由丹麦主导的联合政体——丹麦帝国，其鼎盛时期领土包括今丹麦、挪威、瑞典南部、石勒苏益格公国、法罗群岛、冰岛、格陵兰及圣托马斯、圣约翰、圣克罗伊岛、加纳等海外殖民地。16世纪末以后，丹麦航运业和海外贸易十分发达，商船队数量仅次于英国，居欧洲第二位，并拥有一支规模可观的舰队。1616年，丹麦成立东印度公司，主要经营与印度的贸易业务，在印度的基地位于特兰奎巴。丹麦还在西印度群岛和几内亚拥有殖民地。

16世纪是丹麦海军和商船队快速发展的时期，其东印度公司与英国、荷兰类似，都拥有垄断地位的特许公司。但船只的建造消耗了丹麦大量的森林，使得其土地、燃料和土壤肥力问题在18世纪变得特别尖锐。

不过，与英国不同，丹麦对生态治理很有办法：掺撒石灰、开垦荒地、挖掘水渠、保护森林、种植大量的三叶草等固氮轮作植物，通过这些规模浩大的劳动密集型工作，丹麦的农业生态系统没有继续恶化，保持了一个相对较高的产量水平，但代价是农村劳动力的人均工作时间增加了 50%。1500—1800 年，农业产量增加了 100%，但劳动投入的增加超过 200%[①]，这说明勤劳革命正在丹麦上演。1800 年之前，丹麦城市人口比重并未增长，早期工业发展有限，玻璃等燃料密集型工业产品几乎全靠进口。

虽然丹麦有良好的海运条件，能便利地获取欧洲近代科技成果，但它为了满足食物、衣物纤维等需要，走上了通过投入大量劳动力改善农业生态的道路，采取了一种劳动密集型的方式去维持农业生态平衡，以保证农业产量，因此丹麦的绝大多数劳动力直到 18 世纪末仍集中于农业，而与工业革命无缘。

荷兰的情况比丹麦稍好一些。17 世纪是荷兰的黄金时代，它在当时的欧洲坐在第一把交椅的位置。18 世纪的荷兰经济却趋于停滞，西欧国家中只有荷兰人口没有增长，1700 年荷兰城市人口比例已达 34%，而 1800 年却降至 29%[②]。

从 16 世纪开始，荷兰与英国等人口相对稠密的西欧国家一样都出现了由于森林资源日益枯竭而引起的燃料短缺危机，但荷兰却找到了一条暂时的解决之道：它开采大量的泥煤[③]，代替经济发展中本应由绿色

---

① 数据来自 Throkild Kjaergaard: The Danish Revolution, 1500—1800. Cambridge University Press, 1994.

② 数据来自 Jan de Vries: Decline and rise of the Dutch Economy, 1675—1900. Yale University Press, 1984.

③ 泥煤是植物残体在浸水和缺氧环境中经过生物、化学等作用，由分解不完全的植物残体、腐殖质和矿物质等组成的松散有机堆积物，多呈褐色、黑褐色。它存在于古老地层中，是在浅海环境下由藻类、菌类等低等生物形成的腐泥煤，是煤化程度最低的煤，其燃烧所释放的热量远低于煤。

植物光合作用所提供的能量。这在缓解土地压力的同时，也使得酿酒、砖瓦烧造、亚麻制作等高耗能工业得到了较快发展。据荷兰历史学家德泽乌的估算，17世纪每年泥煤产量在150万吨以上，荷兰经济所需的能量部分摆脱了绿色植物光合作用的限制。

可惜泥煤的产热量只有煤的一半，而且荷兰泥煤的储藏量不大，17世纪每10年的可用泥煤量占到泥煤总储藏量的3%—5%，因此泥煤资源迅速面临枯竭的情况，其边际成本也在不断提高。17世纪末，荷兰经济又开始面临能源不足的问题，使得荷兰工业在与英国的竞争中处于不利地位。

从以上的分析中，我们可以看到丹麦是通过大量投入人力，来改造农业生态环境，维持土地产量。虽然在一定程度上保证了生态平衡，但将大量人力与资本禁锢于农业之中，使得工业发展缺乏动力，属于劳动密集型的生态改善道路。荷兰找到了泥煤这种矿物能源，使得工业发展的燃料不再仅仅依靠木材，从而大大缓解了对土地的压力，生态环境得到了改善。本来这条道路非常好，既为工业发展提供了来自泥煤的能量，又减轻了对土地的需求压力，属于矿物能源经济道路。只可惜荷兰的泥煤储藏量有限，很快泥煤消耗殆尽，由于缺乏燃料，工业革命无从起步。

而18世纪的英国通过对煤矿的大规模开发利用，既避免了丹麦式的勤劳革命道路，又避免了荷兰式的能源不足道路，走上了一条通往工业革命的康庄大道。

矿物能源经济的新希望

通过以上分析可知，就人类所掌握的科技水平而言，18世纪末靠提高土地生产率（施肥、轮耕、水利工程等方法）来扩大经济发展所需能量的方式，已几乎不再可能。土地所能提供的能量受绿色植物光合作用转化太阳能效率的制约，已经达到了极限。这个极限只有在袁隆平的杂交技术和转基因技术发明后才被突破，而此时已经是20世纪中后期了。经济要想进一步发展，只有靠新的能量来源了，也就是说，人类必须找到一种能够替代土地的能源。谁能够首先大规模使用新能源，谁就能领先于世界。结果大家当然都知道，是英国首先大规模开采使用煤，工业革命爆发，以煤铁业为代表的重工业异军突起，当重工业与英国纺织业、交通运输业相结合时，整个社会面貌为之一变，近代社会完全形成了。

让我们先看一组里格利在《能源与英国工业革命》一书中给出的数据：

表 2.3 16—19 世纪英国能源产出及消耗

时间	1560—1569 年	1700—1709 年	1750—1759 年	1800—1809 年	1850—1859 年
煤产量（万吨／年）					
英格兰	17.7	220	429.5	1119.5	5165
威尔士	2	14	22	185	1340
苏格兰	3	30	71.5	200	900
合计	22.7	264	523	1504.5	7405

时间	1560—1569 年	1700—1709 年	1750—1759 年	1800—1809 年	1850—1859 年
能量消费，英格兰与威尔士（1015 焦耳）					
牲畜	21.1	32.8	33.6	34.3	50.1
人力	14.9	27.3	29.7	41.8	67.8
木材	21.5	22.5	22.6	18.5	2.2
风能	0.2	1.4	2.8	12.7	24.4
水能	0.6	1	1.3	1.1	1.7
煤	6.9	84	140.8	408.7	1689.1
合计	65.2	169	230.8	517.1	1835.3
煤所占比例	10.6%	49.7%	61%	79%	92%
人均能量消费（10^9 焦耳）	20.5	29.6	35.1	52.3	96.5

表 2.3 的数据非常清晰地告诉我们，从 18 世纪开始，英国煤产量迅速提升，这就为经济发展提供了不依靠土地的巨额能量，煤所提供的能量已经超过各种能量来源的 50%，到 19 世纪中期此比例已高达 92%。

据资料显示，干木材的燃烧值①约为 1.26×10^7 焦耳／千克，烟煤的燃烧值为 2.93×10^7 焦耳／千克，无烟煤的燃烧值更高，为 3.35×10^7 焦耳／千克。保守来说，煤的产热量是木材的 2 倍多，而且煤的生产不占用土地，这是煤的最大优势。

煤为经济进一步发展提供了所需的能量，当煤提供的能量与英国发

---

① 燃烧值是指 1 千克某种固体（气体）燃料完全燃烧放出的热量。

达的早期工业，特别是纺织业结合起来时，工业革命便爆发了。从此，人类历史上第一次经济发展速度超过了人口增长速度。蛋糕越做越大，而且其变大的速度竟然超过了分食蛋糕人数的增长速度，这就为全社会各个阶级生活水平的提高准备了物质条件。"马尔萨斯陷阱"的可怕前景，终于被煤所提供的大量能量所打破。

从煤和木材都产生热量这个角度，可以把煤折合成等量的木材，木材生长需要土地，可以继续把煤折合成土地面积。下面让我们来计算一下：每英亩林地每年可持续产量大概为2吨木材[①]，煤的产热量是木材的2倍多，也就是说，100万吨煤所产生的能量至少相当于从100万英亩林地中获取的能量。按此计算，从表2.3可知：19世纪50年代英格兰、威尔士、苏格兰共计产煤7405万吨，相当于7405万英亩（约合30万平方公里）林地所产木材提供的能量！也就是说，那一时期英格兰、威尔士、苏格兰产的煤相当于给大不列颠国土凭空增加了30万平方公里的面积，而当今的大不列颠及北爱尔兰联合王国的国土面积只有24.41万平方公里。

煤的大规模开发利用，使得取暖烹调、玻璃制造、印染、石灰制造、钢铁冶炼、制砖、酿酒、煮盐等从家庭生活到轻工业生产，再到重工业生产所需的大量能量得到很好满足，而且这种满足没有加重对有限土地资源的压力。

从此，土地不再是人类所有原材料和能量的唯一来源。煤和后来的石油、天然气等矿物能源逐渐取代木材，成为人类生活和生产燃料的重要来源；建材也不再依靠木料，而是开始使用砖头，后来渐渐地使用钢筋混凝土；当今虽然棉花和羊毛还是上等的衣料，但化学纤维的利用使

①目前，在保证可持续发展的基础上，北欧森林每英亩年木材产量在1.2吨到3.2吨之间。

得衣物生产也不再完全依靠土地；当然食物还需要大量的土地，但随着水培粮食、蔬菜技术的发展，也许有一天人类社会对土地的依赖会进一步减少。到时候，读者朋友们千万不要忘记迈出这第一步的正是煤的大规模开采利用。

综上，工业革命的实质是扩大了人类社会生活与生产的能量来源基础。除了有机能源外，矿物能源发展成为人类社会最重要的能量基础，这样的经济被里格利称为"矿物能源经济"。在这种社会中，靠劳动分工和专业化推动经济发展的斯密型经济成长动力，被库兹涅茨型动力所取代，自此经济成长主要依靠技术变革与组织变革：矿物能源取代有机能源，蒸汽动力取代人力和畜力是最主要的生产技术变革；城市中大量工人集中的机械化工厂取代了农村家庭手工业和城镇工场手工业是最主要的生产组织变革。

由于煤、石油、天然气、可燃冰等矿物能源燃烧所产生的能量远远大于绿色植物光合作用所转化的太阳能，而且矿物能源并不加重土地压力，人类社会经济发展的极限由有机能源的制约大大提升为矿物能源的制约。虽然仍有制约，但在 18 世纪末 19 世纪初工业革命时代，生产力从有机能源的制约中一跃而出，飞速发展。人类不但不需要从农业获得额外的能量，而且可以向农业补贴能量。直至今日，矿物能源虽然越来越少，但其制约仍未达到极限；也许今后有一天随着人类技术的发展，风能、水能、核能、太阳能的大规模利用会帮助人类再次打破矿物能源对经济发展的制约，到时候人类必定会再次跳出矿物能源极限的"马尔萨斯陷阱"，向着更加美好的未来发展。

------------------ 华 ----- 丽 ----- 的 ----- 分 ----- 界 ----- 线 ------------------

读者小伙伴（陌上花开）：我好像明白点了。你的意思是说在工业革命前，人类社会所需要的一切必需品，比如食物、衣物纤维、燃料、建材，都是从土地里长出来的，其生长所需的能量都是依靠绿色植物光合作用转化的太阳能。

作者：没错，你想想，除了少量的风能、水能的利用，其他全部必需品和能源都来自土地与光合作用。

读者小伙伴（陌上花开）：好像确实如此。

作者：近代早期，世界经济核心区人口增长都比较快，人均消费量也有所增长，所以人类需要的这些必需品也越来越多，这就造成了对土地的巨大压力，土地供不应求。有点类似我们现在一线城市，住房需求大，土地供应有限，导致房价较高。但当时的情况比现在的住房问题要严重得多，因为我们现在没有住房可以租房，但近代早期土地主要是提供粮食的，没有粮食，就要死人了。迫于生计，人们只能开垦荒地、兴修水利、施加肥料等，这就需要投入更多的劳动力，可不要忘记劳动力也是人呀！人类社会就陷入了一个怪圈：为了供养更多的人口，就要生产更多的必需品，生产更多的必需品又需要更多的劳动力，增加劳动力就要生育更多的人，生育更多的人反过来又需要更多的必需品……其实质是人类社会经济发展所需的能量来源只有土地，在有机经济下，为了提高土地生产效率，人们只能通过增加劳动投入的方法，但这又加速了人口的增长。

读者小伙伴（陌上花开）：嗯，这个明白了。英国是第一个通过大规模开发利用煤炭资源来获取能量，促进经济发展的国家。煤的利用使得人类又多了一个非常丰富的能源来源，大家不用再挤土地这座独木桥了，因为煤炭提供的能量简直是一座双向十车道的大型立交桥。

作者：太对了，没错！看来你是真明白了。

读者小伙伴（陌上花开）：嗯，不过，你还是没解释清楚，为什么英国就能率先走上利用煤的这条道路呢？中国也有很多煤矿呀，世界其他地区煤矿也不少呀。

作者：嗯，这个问题非常好。你继续往下看吧，后面马上就回答你这个问题。

读者小伙伴（陌上花开）：你现在就告诉我吧，我等不及了。

作者：现在不能说，提前透露剧情，谁还买书呀，你就继续看吧。

------------------华-----丽-----的-----分-----界-----线------------------

煤这么好，为什么别国不抢先利用呢？

人类利用煤的历史非常悠久，《山海经》中就有对煤的记载；希腊学者泰奥弗拉斯托斯在约公元前 300 年著有《石史》，其中记载有煤的性质和产地；古罗马大约在 2000 年前已开始用煤加热。这都说明人类对煤并不陌生，但为什么 18 世纪下半叶只有英国大规模开采利用煤呢？

我们知道，任何资源用于经济生产，必须有一个前提：价格便宜。当有大片森林可供砍伐时，木材价格非常便宜，人类为什么要使用费劲开采的价格较高的煤呢？ 16 世纪末 17 世纪初的英国，随着木材短缺的加剧，其价格上涨迅速，煤的价格才被人们逐渐接受。要知道，木材燃烧比煤燃烧要清洁得多，人们使用煤在室内壁炉中取暖是需要忍受煤造成的黑烟污染的，如果木材很便宜，煤相对昂贵，谁又会愿意忍受黑烟污染呢？

英国的煤矿储藏量大，矿层浅，甚至有大量露天煤矿，因此开采利用相对容易，价格也就相对便宜。我们来看一下罗伯特·艾伦在《近代英国工业革命揭秘：放眼全球的深度透视》中提供的数据：

表2.4 15—19世纪部分地区部分能源价格

地区	能源平均价格，以含 1M BTU 热能作为不同燃料的统一计价标准 单位：白银 重量：克								
	1400年	1450年	1500年	1550年	1600年	1650年	1700年	1750年	1800年
伦敦（煤）		3.76	3.36	3.08	2.63	3.56	3.93	3.96	3.84
伦敦（木炭）	6.35	4.50	4.14	5.91	5.08	10.21	11.15	10.08	
英国东北部沿海（煤）			0.35	0.57	0.60	0.48	0.54	0.75	
英国西部（煤）			0.69	0.69	0.63	0.58	0.63	0.65	0.50
英国西部（木炭）			1.30	1.26	1.30	1.80	2.49	2.97	2.67
阿姆斯特丹（煤）									4.57
阿姆斯特丹（木炭）					2.55	3.39	3.57	4.23	5.67
安特卫普（煤）				6.53	4.92	6.41	7.61	6.60	5.51
安特卫普（木炭）	8.01	8.57	7.25	7.50	9.96	10.49	12.61	13.94	12.31
巴黎（煤）					5.50	5.39	6.95	6.65	
佛罗伦萨（煤）			4.73	4.79	5.02		6.10	5.13	6.38
斯特拉斯堡（煤）	2.82	2.25	2.08	2.54	2.38	2.69	3.34	4.30	5.93
维也纳（煤）	2.87	2.58	2.34	2.65	2.15	2.72	3.20	3.31	2.76
华沙（煤）				6.70	9.50	9.99	8.78	10.81	
北京（煤）							10.85	9.41	7.11
广州（煤）							5.14	7.66	
浦那（印度）（煤）								13.12	10.78

BTU 是英国热量单位，1BTU 是指 1 磅纯水温度升高 1 ℉（1 ℉ =5/9℃）所需的热量，大约等于 1054.350 焦耳。表 2.4 中表示的是产生 1BTU 热量的不同能源在不同地区的价格，价格用白银重量来表示。

从表 2.4 中我们可以看到两个事实：第一，英国东北部沿海、西部地区的煤炭价格非常便宜，而这些地区正是工业革命的发源地，其煤炭价格仅仅相当于伦敦煤炭价格的零头，是欧亚其他主要城市煤炭价格的十分之一；第二，从 16 世纪开始，木炭或木材价格就高于煤，17 世纪中叶开始两者价格差进一步拉大，1750 年工业革命前夕，伦敦的木炭价格是煤的 2.5 倍，英国东北部沿海、西部等工业区木炭价格是煤的 4 倍左右！由于英国廉价煤炭分布地区恰好与其早期工业比较发达的地区有便利的水路交通连接，煤的开发利用就成为顺理成章之事了。而世界其他地区煤的价格相对较高，因此煤这一新能源对其经济刺激作用都不如英国大。

有人反对我的观点喽

读者小伙伴（草莓 2008）：作者，你还是别胡说了，越说越没谱了。

作者：你怎么跑到正文里来了？你只能出现在篇尾废话里呀，快走，快走，我还要继续写正文呢。

读者小伙伴（草莓 2008）：我不来不行呀，你写的东西根本前后矛盾呀。

作者：怎么矛盾了？

读者小伙伴（草莓 2008）：你前面说，18 世纪工业革命前的英国身陷"马尔萨斯陷阱"。从 16 世纪起英国人口就在迅速增长，呈现出一种人口与土地的生态紧张状态，大量劳动力被迫留在农业中，扩大耕地、牧场以生产更多粮食、肉类和衣物纤维来满足越来越多的吃穿需求，由于土地资源有限，不断扩大的农业用地，必然使得林地面积缩小，这样燃料自然不足，工业特别是需要消耗大量能源的冶炼钢铁等行业也就很难发展起来。你是这个意思吧？

作者：是呀，但由于 18 世纪中叶以后英国煤矿能源的开发与利用，大大充实了工业燃料的来源，而且还不挤占极其短缺的农业用地，所以英国走出了"马尔萨斯陷阱"呀。哪里矛盾了呢？

读者小伙伴（草莓 2008）：你很狡猾，矛盾的地方没有明说。按你的说法，近代早期英国社会已经陷入"马尔萨斯陷阱"，农业人口占到总人口的 70%，而且农业的边际劳动生产率不断下降，随着人口的增长，农业劳动力占比还要进一步提高，也就是越来越多的劳动力被禁锢在农业中……

作者：对，因为不这样做，英国就不能生产出足够的粮食、衣物纤维……

读者小伙伴（草莓 2008）：没错，这就是你的矛盾点：劳动力都禁锢在农业中了，谁去开采煤矿？你在表 2.3 中，明确表示了 1850 年左右英国年产煤 7405 万吨，1800 年左右年产煤 1500 多万吨，1750 年左右年产煤也达到了 520 多万吨。这么庞大的煤炭工业需要投入大量的劳动力：采矿工人、运输工人、销售人员，等等，需要几十万劳动力，1750 年产量虽少，但也需要几万人。既然英国身陷"马尔萨斯陷阱"，70% 的人口在农业，剩下的 30% 人口，除了老幼病残、不适合干矿工的女性和其他各行各业的从业人员，还能剩多少呀？我看除非农业劳动力所占比例下降，要不然不可能为煤矿工业提供这么多的劳动力。可按你的观点，农业劳动力下降后，连现有人口都难以养活。英国人又不能直接吃煤，社会上怎么会有这么大的动力吸引这么多的劳动力投入采煤业呢？

作者：没错，你说得太好了！这就是英国煤矿工业的第一推动力问题呀。

读者小伙伴（草莓2008）：第一推动力？

作者：是呀，虽然煤能提供大量的能量，推动工业发展，但它毕竟不能直接食用，在农业产品非常紧张的马尔萨斯困境中，如果没有涌现出大量的剩余农产品是根本不可能有任何其他工业发展余地的，采煤业当然也不能例外。

读者小伙伴（草莓2008）：是呀，你怎么解释这个问题呢？不缓解生态压力，就不能从农业中释放劳动力，可在近代早期的英国，缓解生态压力的方式似乎只有投入更多的劳动力，掺撒石灰、开垦荒地、挖掘水渠、保护森林、种植大量的三叶草等固氮轮作植物，可这些活动都需要投入劳动力，而不是释放劳动力。按你的分析，英国社会只能一步步走向"马尔萨斯陷阱"的深渊。虽然英国的煤矿分布广，开采容易，但没有足够的劳动力，煤炭行业发展不起来呀。

作者：可事实就是发展起来了呀，产量迅速提高了呀。

读者小伙伴（草莓2008）：所以，我认为你的理论根本解释不了史实。

作者：呵呵，你呀，就是太着急了，都跳到正文里来了。煤在工业革命中固然重要，但有比煤还重要的，那就是近代工业化的第一推动力，正是它释放了农业劳动力……

读者小伙伴（草莓2008）：啊？这第一推动力到底是什么呀？

作者：就是生态缓解贸易。

读者小伙伴（草莓2008）：生态缓解贸易？

作者：对。既然英国经济自身不能在释放农业劳动力的同时，缓解生态压力，那就只有通过对外贸易了。如果英国能输入大量的土地密集型初级生态产品……

读者小伙伴（草莓2008）：等等，什么叫土地密集型初级生态产品？

作者：土地密集型初级生态产品就是生产中需要大量土地资源的农产品，比如粮食、棉花、木材、羊毛，等等。输入这些产品等于在不增加对农业的土地资源投入和劳动力投入的前提下，英国凭空增加了农产品产量。从国外输入的粮食、棉花、木材、羊毛等农产品多了，自然就不需要本国这么多的土地和劳动力投入农业了，就可以转入工业了，这不就等于释放农业劳动力进入工业了吗？

读者小伙伴（草莓2008）：哦，那外国为什么要白白地向英国输出土地密集型初级生态产品呢？

作者：当然不会白白输出了，英国要用自身的早期工业产品去交换。

读者小伙伴（草莓2008）：可在《说不明 道不清》第一册中你说过，近代早期的英国工业落后，不能生产东方市场需要的制成品。它怎么交换呢？

作者：虽然英国的产品不能满足东方市场的需要，但它的早期工业品，比如棉纺织品、毛纺织品等，还是可以满足其美洲殖民地市场需求的。英国可以用自身资本和劳动生产的早期工业品去交换美洲殖民地用土地和劳动生产的初级生态产品……

读者小伙伴（草莓2008）：哦，原来如此。这种贸易等于用英国的资本＋劳动去换美洲殖民地的土地＋劳动。

作者：没错。在前工业社会，土地是不可替代的最为稀缺的资源，人类所需的食物、衣物纤维、建材和燃料无不出自土地，而这种生态缓解贸易等于让英国用资本来替代土地了。英国可以用理论上能无限增长的资本换取不能扩大的土地了。随着美洲殖民地土地密集型产品的大量涌入，英国的生态危机得到了彻底缓解，劳动力也从农业中得到了释放。

读者小伙伴（草莓 2008）：那你还是详细讲讲这种生态缓解贸易吧。

作者：我本来马上就要讲了，你瞎捣乱。好，我继续讲了。

明清参与创建的近代世界经济体

16—18 世纪，全球逐渐形成了一个经济整体——近代世界经济体，它形成的动力笔者在《说不明 道不清》第一册中已经讲过了。现在让我们重点考察一下近代世界经济的结构特点，以及它是如何为西欧特别是英国解除生态制约的。

根据世界体系理论，世界经济体是一个有着广泛劳动分工的经济体系，它的两个最主要特征是全球经济一体化与经济不平等。首先，世界性劳动分工体系与世界性商品交换关系将全球每个国家和地区牢牢地"禁锢"在庞大的世界经济体中，须臾不可脱离。一体化的世界经济体使人类历史上第一次开始了真正的全球化。

16—18 世纪，中国、印度等东方国家垄断了丝织品、瓷器、茶叶、棉布等高技术产品的生产技术，在世界劳动分工中处于生产工业制成品的供给地位，16世纪中期，明代的银本位制的建立使得中国对白银产生了巨大的制度性需求；欧洲市场本身就存在着对东方产品的巨大需要，随着欧洲人对美洲殖民地银矿的掠夺性开采，欧洲市场能买得起中国、印度等国的东方产品了。欧洲在世界劳动分工中处于用白银购买中国等东方国家制成品的需求地位；美洲在世界分工中处于为世界经济体提供贵金属货币的地位；非洲则提供劳动力。世界各地区都在近代世界经济体中发挥着不可替代的作用，同时也被牢牢地吸引在这个体系之中，不能脱离。

其次，经济一体化不等于经济平等，相反，近代世界体系的层级结构表明了其不平等性。核心区是经济发达地区，居于世界体系的最高层，中国江南、印度古吉拉特、日本畿内等地区就属于核心区，它们靠自身垄断的生产技术输出制成品，输入初级产品、原材料和贵金属货币；边缘区是经济落后地区，居于世界体系的底层，美洲、撒哈拉沙漠以南的非洲、东欧、部分东南亚地区属于边缘区，它们没有先进的生产技术，只能向核心区输出初级产品、原材料、贵金属甚至奴隶劳动力；介于核心区、边缘区之间的是半边缘区，西欧就是半边缘区，一方面，它要输出贵金属，从世界经济核心区购入工业制成品，另一方面，它还从边缘区输入初级产品、原材料、贵金属和奴隶劳动力。必须说明的是，核心区与边缘区是相对而言的，并且地位是可以转变的。

核心区拥有生产和交换的双重优势，向半边缘区和边缘区输出附加值大的工业品，输入它们生产的附加值小的初级产品、贵金属等，对其进行经济剥削，维持自己的优越地位；边缘区无技术优势，只能输出附加值小的初级产品、贵金属甚至劳动力；半边缘区既受核心区的剥削，又反过来剥削更落后的边缘区。

生态缓解贸易：世界经济体提供的土地密集型产品

真正解除西欧特别是英国的生态紧张状态的是近代世界经济体为其提供的大量土地密集型产品。

在近代世界经济体中，西欧这个半边缘区有一个美洲这样地广人稀的边缘区。美洲有着丰富的土地资源和银矿资源，可以补充西欧土地资源的不足。银矿可以开采出白银，用以购买中国的纺织品、瓷器、茶叶和印度的棉布等东方产品，还用来购买非洲的劳动力（18 世纪英国商人用以交换非洲奴隶的货物价值中有 1/3 是印度的棉布，而印度棉布是英国人用美洲白银购买的）。非洲被迫提供大量奴隶到美洲的种植园，美洲广袤的土地和非洲奴隶劳工一结合，就产生出了规模巨大的土地密集型产品：谷物、糖、棉花、羊毛、木材，等等。

正是由于这些初级产品大量输入英国，节约了英国的土地，缓解了英国的生态危机，也使得英国的劳动力可以从农业中解放出来投入工业，因为英国自身不需要生产这么多农产品了，靠进口就足够了。这样，英国在美洲土地、非洲劳动力的补充下，解决了生态问题，劳动密集型的农业在英国变得不重要了，劳动力也可以投入工业了，煤的开采利用又扩大了工业能量来源，英国终于摆脱了"马尔萨斯陷阱"的束缚，工业革命的到来似乎顺理成章了。

"鬼田"与"鬼工"

现在我们来看一看美洲到底给英国提供了多少土地密集型产品，为了方便理解，我们将这些土地密集型产品的数量折合成土地面积，数据[①]如下：

表 2.5 美洲为英国提供的"鬼田"数量

土地密集型产品	相当的农田数量 （1867 年，英国可耕地总面积为 1700 万英亩）
糖	1800 年前后，130 万—190 万英亩 1831 年，190 万—260 万英亩
木材	1825 年，100 万英亩
棉花	1830 年，50 万英亩
羊毛	1815 年，900 万英亩 1830 年，2300 万英亩

当然不是说 18 世纪末 19 世纪初，英国与美洲的贸易仅仅限于上述产品，实际上两地贸易量比表 2.5 要多得多。我们这里列出的只是有助于缓解英国的生态危机、使英国摆脱"马尔萨斯陷阱"的初级生态产品。其中糖虽然不属于主食，但它所提供的卡路里是马铃薯的 4 倍、小麦的 9—12 倍！今天我们常常认为甜品是垃圾食品，但在那个尚不富裕的年代里，糖对穷人是很有价值的，它阻止了体内宝贵的蛋白质燃烧转化为能量，为人体提供了大量的能量。

我们可以从表 2.5 中看出 1800 年前后工业革命的关键时期，英国从美洲输入数量巨大的土地密集型产品，这些土地密集型产品生产本来需要大量的土地，英国进口这些产品等于其国土凭空增加了非常大量的"虚拟面积"，这些虚拟面积被澳大利亚经济史学家埃里克·琼斯称为"鬼田"。我们把 1830 年左右输入的糖、棉花、羊毛折算的"鬼田"面积加上 1825 年输入的木材折算的"鬼田"面积，可以得出这一时期英

---

① 数据来自彭慕兰的《大分流：欧洲、中国及现代世界经济的发展》，江苏人民出版社，2004 年版，第 256—258 页。

国拥有的"鬼田"总面积竟然高达 2710 万英亩，而 1867 年全英国可耕地总面积只有 1700 万英亩。

除了"鬼田"外，实际上英国还利用了近代世界经济体为其提供的大量黑人奴隶劳动力，按照"鬼田"这一术语的命名方式，我们可以称这些在美洲的英国殖民地中被迫劳动的黑人奴隶为"鬼工"。

从 16 世纪至 19 世纪，跨大西洋奴隶贸易持续了 300 年，大约 1250 万非洲黑人从非洲上船，1080 万人活着抵达美洲。仅仅工业革命前夕的 18 世纪后半叶就运走了近 400 万黑人。1808 年，英国立法禁止公民参与奴隶贸易，但此后仍有 300 万非洲奴隶被运往美洲。英国、法国和西班牙在加勒比海的殖民地是甘蔗种植园的最重要基地，而正是甘蔗种植园为英国和其他西欧国家提供了糖。1800 年，有近 80 万名非洲奴隶在加勒比海的英国殖民地种植园中被迫从事辛苦的劳作，他们每年人均工作 2500—3000 小时，人均种植价值约 18 英镑的各类作物（主要是糖、烟草和棉花），每年为英国付出的总工作时间最高达 22 亿小时，为英国提供总价值达 1440 万英镑的土地密集型产品！除了英国自身的殖民地，1800 年，还有 100 万黑人奴隶在美国南方的种植园中被迫从事棉花等作物的种植工作，这些棉花有很大一部分也被输往英国，成为英国纺织业的重要原料，为缓解英国的生态困境提供了土地密集型产品。

这些"鬼工"实际上为英国凭空增加了非常大量的"虚拟劳动力"，英国国内劳动力从农业向工业转移是建立于美洲种植园无数黑人奴隶为其提供农业劳动基础之上的。1688 年，只有 18% 的英国男性在工业部门工作，但到了 1847 年，这一比例上升至 47%。

没有近代世界经济体为英国提供的"鬼田"和"鬼工"，英国可能只能勉强养活自身的人口，无法避免丹麦和明清江南地区的"勤劳革命"，无法改善阻碍工业发展的生态恶化趋势，工业革命也就成为无源之水、无本之木了。

我们再来看一组英国人口数据[①]：

表 2.6 17—19 世纪英国人口总体情况

单位：万人

年份	总人口	城镇人口	农村非农业人口	农业人口	非农业人口比例
1600 年	441	42.5	95.6	302	31.32%
1700 年	521	88.4	147	285	45.18%
1750 年	604	139	195	270	55.30%
1800 年	907	261	323	323	64.46%

表 2.6 更加清晰地表明了虽然 17 世纪以后英国人口迅速增长，但由于世界经济体向英国提供了大量的土地密集型产品和农业劳动力，它自身已不再需要这么多的农业劳动力了。英国农业人口比重不断下降，18 世纪中叶非农业人口已经超过总人口的一半，19 世纪初已达到总人口的 60% 以上。农业人口的下降意味着大量劳动力可以向工业和服务业转移，为工业革命的爆发准备了充足的人力资源。

综上，英国正是集中了整个近代世界经济体的力量才最终跳出了"马尔萨斯陷阱"，实现了近代工业的突破。

---

① 数据来自罗伯特·艾伦的《近代早期欧洲的进步与贫困》，《经济史评论》2003 年第 3 期，第 403—443 页。

章尾小结

在本章中，笔者先是分析了 16—17 世纪工业革命前夕英国社会的经济状况，指出它与明清的江南地区等世界其他经济核心区一样，也深陷"马尔萨斯陷阱"的悲惨境地，它较为发达的早期纺织业如果不与煤铁工业相结合，其前景也将会走进手工工匠巧夺天工但不能大规模量产的死胡同。随着 16 世纪人口迅速增长与人均占有量的提高，英国的生态危机也越来越严重，粮食、衣物纤维、燃料和建材的生产都在抢夺前工业社会最珍贵的土地资源，为了维持供养现有人口的吃穿，越来越多的土地被投入粮食和衣物纤维的生产，造成林地不足，进而导致工业燃料不足，工业开工率严重低下。18 世纪，欧洲很多地方的冶铁业由于燃料短缺每年开工仅有短短几周。工业，特别是需要大量燃料的煤铁工业不可能有大规模的发展。同时，为了供养现有人口的吃穿，农业必须保留大量的劳动力。土地肥力下降、土壤退化、水土流失严重，农业的边际劳动生产率不断下降，可人口、人均占有量仍在增长，英国本来也只能走明清江南、丹麦等地区劳动密集型的生态治理道路，农业劳动力比例还会进一步提高。这样，工业不但缺乏燃料，甚至连劳动力都无法满足，其发展前景也就可想而知了。所以说靠市场扩大和分工专业化为动力的斯密型经济成长方式不可能引领英国的早期工业实现近代工业化。

但英国拥有有利于近代工业化实现的两大条件：煤矿的优越位置和近代世界经济体为其提供的土地密集型产品。无论是煤还是从美洲输入的土地密集型产品，对于英国经济来说，都是补充了其土地资源的不足。1850 年，煤的利用为英国提供了 7405 万英亩的"鬼田"，1830 年左右，世界经济体土地密集型产品的输入为英国提供了 2710 万英亩的"鬼田"。1800 年，近 80 万名非洲奴隶在加勒比海的英国殖民地种植园中被迫从事辛苦的劳作，此外还有 100 万黑人奴隶在美国南方的种植园中被迫从事棉花等作物的种植工作，这些棉花有很大一部分也被输往英国。这些悲惨的黑人奴隶为英国经济提供每年最高达 22 亿小时的"鬼工"。因此，英国工业革命的爆发实际上并不是基于英国自身所拥有的土地和劳动力资源，而是基于整个世界经济体为其整合的土地和劳动力，基于煤这种矿物能源为其带来的巨大能量。

笔者在《说不明 道不清》第一册中做过分析：近代世界经济体是中国、西欧实体经济互补与合流的结果，全球各个地区在世界经济体的形成过程中都起到了作用，中国的供给能力是近代世界最终构建成功的不可或缺的东方驱动力，明代银本位制的建立和美洲银矿的大开发为世界经济体解决了货币认同问题。没有世界经济体的土地、白银、劳动力，英国就不可能走出马尔萨斯陷阱，就不可能摆脱斯密型经济成长动力的制约，就不可能实现库兹涅茨型动力，就不可能有充足的能量和劳动力，就不可能有煤铁重工业的大发展，因此就不可能爆发工业革命。

一言以蔽之：工业革命是全球合力作用于英国的结果。作为本章的结尾，笔者将工业革命爆发的过程简要绘制成如下示意图：

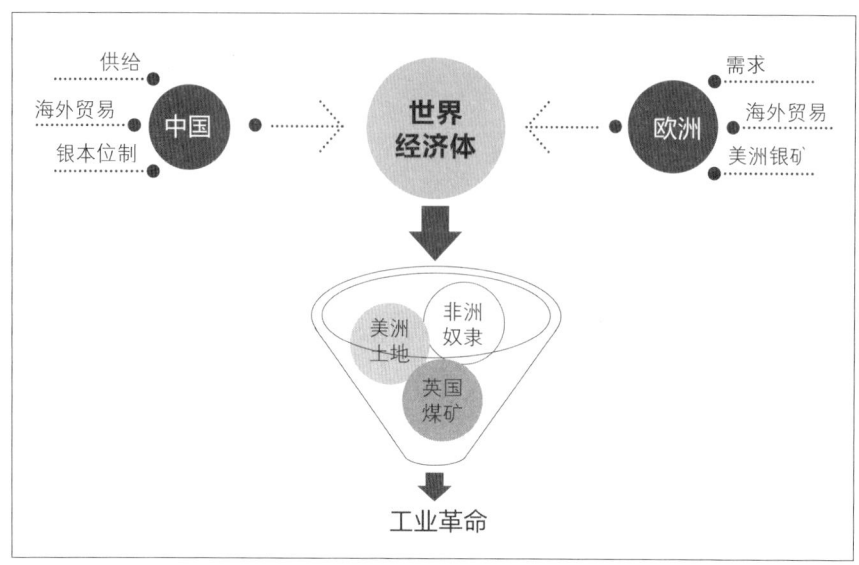

图 2.2 工业革命爆发过程示意图

大揭秘：近代中国与工业革命

本章中，我们对比英国工业革命的具体情况来考察发达的江南地区为什么没有率先实现工业化；与英国相比，江南地区到底缺少哪些推动工业革命爆发的有利因素，这样我们就能真正揭开近代中国相对于西方落后的原因了。

- -

盈亏同源

古代中国拥有发达的经济、灿烂的文明，供养着庞大的人口。明清时期除内战时期外，中国经济持续繁荣，人口在原有的基础上进一步增长。人口数量是经济发展水平的体现，也是经济发展的动力。但人口也是坠入"马尔萨斯陷阱"的引力，特别是过多的人口，会造成紧张的人地关系，导致土地等自然资源供应短缺，数量庞大的人口还可能压垮脆弱的生态系统，使得早期工业止步不前。我们先来看一看不同学者对清代人口的估计[①]：

表 3.1 不同学者对 1650—1850 年中国人口的估算

单位：亿人

年份	铂金斯	曹树基	雷夫利－王国斌	李中清－王丰
1650 年	1.25	1.6	1.3	—
1700 年	—	—	1.5	1.6
1750 年	2.25	2.76	2.15	2.25
1800 年	3.083	3.523	3.2	3.5
1850 年	4.225	4.36	4.2	4.225

[①] 资料来源于曹树基、陈意新《马尔萨斯理论和清代以来的中国人口——评美国学者近年来的相关研究》，《历史研究》2002 年第 1 期，第 41—53 页。

虽然中外学者对 1650—1850 年中国总人口估算的具体数字各不相同，但在人口迅速增长这一结论上并无区别。据表 3.1，此期中国人口增长了 3 倍左右，全国人口年均增长率在 0.55% 左右。远高于我们在第二章中提到的英、法、荷、德四国 16—18 世纪 0.22% 的人口年均增长率。

至于江南地区，在 17—19 世纪也是人口数量绝对增长的阶段，但增长率低于全国人口年均增长率。下面我们来看看苏州大学历史学者吴建华在《明清江南人口社会史研究》中给出的江南人口数字：

表 3.2 明清江南人口数据估算

单位：万人

年份	洪武 二十六年 （1393）	万历 四十八年 （1620）	乾隆 四十一年 （1776）	嘉庆 二十五年 （1820）	咸丰 元年 （1851）
人口数	1104.8	2000	2482.5	3022.5	3416.2

注：表中 1620 年数字按李伯重的估计。

从表 3.2 中，我们可以看到在 1620—1851 年这 231 年中，江南地区的人口增长了 1.71 倍，年均增长率约为 0.23%，低于 16—18 世纪英格兰 0.43% 的人口年均增长率，远低于 1650—1850 年清朝 0.55% 的人口年均增长率。

明清时期，江南地区有很多人口学者提出人口增长过快的问题，呼吁人们采取一定的手段节制生育，也许这是造成江南人口增长率低于全国，乃至低于英格兰的原因之一吧。徐光启在《农政全书·田制》中说"生人之率，大抵三十年而加一倍。自非有大兵革，则不得减"。这是他对人口在和平时期的增长速度作出的计算，而且他认为如果没有战乱，人口不会减少。清代学者任启运（1670—1744）在《清芬楼遗稿》

中指出："身生子，子又生孙，齿日繁，粮日困，亦必然之势也。"也就是说，粮食生产是不可能赶上人口增长的。

到 18 世纪后期，人口影响经济发展的看法逐渐成为一种较为系统的理论。该理论的创立者，是清代著名人口学家洪亮吉，在他之后则是更为激进的学者汪士铎（1802—1889）。

洪亮吉在《卷施阁文甲集》卷一《意言·治平篇》中提出：治平之百余年，可谓久矣，然言其户口，则视三十年以前增五倍焉，视六十年以前增十倍焉，视百年、百数十年以前，不啻增二十倍焉……（土地、房屋）然亦不过增一倍而止矣，或增三倍五倍而止矣。

大意是说在和平时期，人口比 30 年前增长 5 倍，比 60 年前增长 10 倍，比 100 多年前增长不下 20 倍。但是田地、房屋等只能增加 1 倍、3 倍至 5 倍。

汪士铎在《汪悔翁乙丙日记》中说："人多之害，山顶已植黍稷，江中已有洲田，川中已辟老林，苗洞已开深菁，犹不足养，天地之力穷矣。"

以上学者基本是江南人士，他们对人口增长速度必将超越物质资料增长速度的担心与英国的马尔萨斯如出一辙，他们的看法在江南普通民众中有一定的影响，因此江南才成为当时世界上人口增长率较慢的发达地区之一。

虽然江南地区人口增长相对较慢，但由于基数不小，土地不多，实际上与全国很多地区一样面临着较为严重的人口压力，生态形势也相当紧张。我们来看看江南地区与英国英格兰人口密度的对比：

表 3.3 中国江南地区与英国英格兰的人口密度对比

单位：人／平方公里

年份	1600 年	1620 年	1750 年	1776 年	1800 年	1820 年
江南地区	—	408	—	506	—	617
英格兰	34	—	46	—	69	—

　　虽然 17—19 世纪江南地区人口增长比英格兰慢，但人口绝对数量大，单位面积土地承载的人口数量几乎是英格兰的 8 倍以上。当然这并不是说江南地区马尔萨斯式的人口压力是英格兰的 8 倍，因为江南的农业技术水平、耕地亩产量要远高于英格兰，但人口密度数字的对比足以说明江南地区承受着至少不比英格兰低的人口压力。

　　从明代后期起，江南地区人稠地狭似乎已经成为社会的普遍意识。徐光启在《农政全书·垦田疏》中说"南人太众、耕垦无田，仕进无路，则去而为末富、奸富者多矣"。明万历年间的水利工程师徐贞明也说，"东南之境，生齿日繁，地苦不胜其民，而民皆不安其土"。到了清代人口数量更是庞大，乾隆皇帝曾说："惟是国家承平日久，生齿日繁，在京八旗及各省人民，滋生繁衍，而地不加广，此民用所以难充，民产所以难制也。"

　　我们从第一章中获知 17—19 世纪，中国与欧洲人民生活水平相差不大，但中国人口数量（或江南人口）要远远高于欧洲人口（或英国人口），这意味着中国的生态压力和人地紧张程度要高于欧洲。

工业革命的关键

我们知道任何一个社会，其经济发展必须吸收外界资源。第一，经济系统须从生态系统中吸收大量的能量和原材料。在有机能源经济形态中，早期工业成长所需的能源，主要是木材，来源于森林；早期工业所需的原材料，主要是农业中的非粮食产品，特别是纺织工业需要的农产品原料——棉花、蚕丝和羊毛等。这两种需求基本上来源于生态系统中的自然生态系统和农业生态系统。这两种系统所具备的生产潜力制约着工业的进一步发展。第二，经济系统需要从社会系统中吸收人力资源。在保证填饱肚子的前提下，有大量劳动力投入工业生产，大致来说，当十个人里有六个人投入非农产业时，才会呈现出不同于以往的经济状态，经济结构出现革命性调整，工业社会才会来临。

通过第二章的分析，我们知道英国自然生态系统和农业生态系统在沉重的人口压力下，不可能为其工业发展提供充足的能量与原材料，它是依靠大规模开采煤炭，利用煤燃烧所释放出的巨大能量，同时从世界经济体中吸收了大量的劳动密集型初级产品，残酷剥削黑人奴隶，从而解放了自身的农业劳动力，到 19 世纪初，非农业人口已达 60% 以上。在这两个基础之上，英国社会率先爆发了工业革命，完成了从有机能源经济向矿物能源经济的转变。

下面我们结合英国的工业突破，来具体分析一下江南地区的情况。我们首先考察江南地区的自然生态系统，看看它能否给江南经济向近代工业化的转变带来足够的能量；然后再去重点探讨一下江南农业的发展，因为只有农业发展了才能为工业提供原材料，只有农业生产率提高了才能为工业解放足够的劳动力。

越来越小的林地

　　中国森林多分布于东北、内蒙古、太行山、秦岭、西南等地。随着明清人口的迅猛增长，大量森林被迫开垦为田地。特别是明中后期玉米、甘薯等美洲作物引入并被广泛推广，这些作物比水稻、小麦等传统农作物更适应各种恶劣的土地环境，以前的山坡林地是不能生长水稻和小麦的，但种植玉米、甘薯没问题，因此很多山地森林被砍伐，造成泥石流和水土流失等生态问题。

　　东北地区本来被清政府视为"龙兴之地"而加以保护，长白山及东北其他一些地区被划为禁地，经过一两百年的封山育林，这里成为中国最大的林区。在人口压力下，从17世纪初黑龙江省三江平原一带就已经开发，一些交通方便之处先后被开垦为农田。18世纪，更有华北农民去东北三省开垦，禁区已名存实亡。到19世纪初叶，大量汉人北上开发禁区。清政府为了筹款，不惜将辽宁省兴宾、开原、辽阳、凤城、岫岩五县天然林区开放，设伐木厂22处。不太长的时间内，这一带就变为次生林①。与此同时，山东移民溯鸭绿江而上，从事采伐与开垦。辽宁已由多林区变为少林区。

　　清代山东、山西、陕西等省的山地，亦多被开垦。太行山早在元明时期已遭滥伐，近山浅山多成秃岭或次生林，高山远山尚保存部分原始林。乾隆晚年，不论荒山还是林地，处处被开垦，种上莜麦、玉米或荞麦。耕地一年一荒废，造成严重的水土流失。

----

①次生林是指森林通过采伐或其他自然因素破坏后，自然恢复的森林。次生林是原始林经过干扰后在次生裸地上形成的森林，可以理解为是原始森林生态系统的一种退化，生态系统的基本结构和固有功能遭破坏或丧失，生物多样性下降，稳定性和抗逆能力减弱，系统生产力降低。

18世纪以后，内蒙古草原及森林草原受害特别严重，由于大片森林和草原的消灭，沙漠南移数十里到数百里不等。

秦岭是旷古老林，历史上为国有林地，禁止开荒。18世纪末，江西、广东、贵州、湖南、四川、陕西等省遭遇荒年，有数百万农民来此。1799年，嘉庆皇帝下令开放，准许毁林种田，难民如潮而至，巴山垦荒者十余万户，山阳人口骤增十倍，周至、洋县还设木厂、纸厂、炭厂，大量伐木。秦岭山高坡陡，开垦种田，一块田只能收获数年，垦荒者等到水土流失，就又弃而求他。毁林开荒者多用刀耕火种的原始方法，经常引起森林火灾和严重的生态危机。

皖南、浙西北一带，自古为原始森林。继18世纪人口大膨胀之后，每逢苏皖浙荒年，都有大量难民进入林区，号称"棚民"。19世纪20年代，淮阴、徐州、安庆、温州等地难民大量流入于潜、昌化、安吉、宣城、广德、宁国一带，毁林种田。地方官员非常被动，有的明禁暗松，有的放任自流，因而大片森林变为荒山。

四川省大渡河两岸，在古代是茂密林区。清代人口大增，成都平原农民从乐山溯江而上，毁林种田。18世纪以来，当地流传着"要想翻、砍大山"的说法，但是好景不长，山地表土被冲刷，农作物收获逐渐减少，人们又去他山烧垦。会理县有彝族2700户，每年砍伐树木54万株。西昌地区有彝族6万余户，主要住在林区，靠烧山开荒维持生活，年复一年，山林大部分被砍过。

我们来看一组18—19世纪中国森林面积的推测数据[①]：

[①] 资料来源于何凡能、葛全胜、戴君虎等的《近300年来中国森林的变迁》，《地理学报》2007年第1期，第130—140页。

表3.4 1700—1850年全国森林面积及森林覆盖率

单位：公顷（万平方米）

地区		康熙三十九年（1700）		乾隆十五年（1750）		嘉庆五年（1800）		道光三十年（1850）	
		面积	覆盖率/%	面积	覆盖率/%	面积	覆盖率/%	面积	覆盖率/%
长江上游	川渝	3509	62	3289	58	3000	53	2660	47
	贵州	682	38.8	618	35	547	31	459	26
长江中游	湖南	1311	61.9	1186	56	1059	50	911	43
	江西	784	47.1	750	45	717	43	684	41
	湖北	869	47.4	818	44	725	39	632	34
华北	山东	91	6	84	5.5	76	5	68	4.5
	河南	105	6.3	95	5.7	80	4.8	66	4
	京津冀	387	18	322	15	258	12	193	9
岭南	粤琼	954	45	890	42	806	38	720	34
	广西	924	39.1	855	36	784	33	713	30
东北	辽宁	554	38	525	36	495	34	466	32
	吉林	1207	64	1171	62	1133	60	1077	57
	黑龙江	4085	90	3955	87	3773	83	3546	78
江南	江苏	50	4.6	41	3.8	33	3	25	2.3
	浙江	519	51	499	49	468	46	438	43
全国		24813	25.8	23221	24.2	21142	22	18780	19.6

笔者据表3.4的数字，与欧洲的数字比较了一下：1800年，英国的森林覆盖率是5%—10%，1789年，法国的森林覆盖率是16%，1800年，丹麦的森林覆盖率是4%。仅从数字上看，清朝在全国范围内的森林覆盖率还强于欧洲国家，但江南地区的森林拥有量并不乐观。1800年，江南地区的核心省份江苏省森林覆盖率只有3%，浙江省由于多是丘陵地带，开发较晚，其森林覆盖率仍然较高（46%）。但从表3.4中可知，随着时间的推移，森林覆盖率在逐渐减少，这说明江南的生态越来越紧张。

中国的燃料危机

在燃料使用上，中国与欧洲有一个很大的区别，那就是中国人除了木材和煤外，还将稻草、芦苇、柴、农作物残余（秸秆等）之类的燃烧值较低的可燃物用作燃料。这在一定程度上有利于江南工业的发展，因为这种习惯扩大了燃料的使用范围。但随着明清时期人口的增长、耕地的扩张，森林、草场、芦苇荡等面积都在缩小，其结果也必定与英国和其他欧洲国家一样，引起燃料短缺及价格上涨，而这又会给建筑业、造船业和工业发展造成极大困难。

我们先来看一看明清经济发展排名第二的地区——岭南——的燃料使用情况。

彭慕兰在《大分流：欧洲、中国及现代世界经济的发展》中估算了1753年至1853年100年间岭南地区的森林面积、人均非维生目的可使用的木材量，见表3.5：

表 3.5 1753—1853 年岭南地区森林面积及人均燃料使用情况

年份	森林面积 / 万公顷	人均非维生目的可使用木材量 / 吨
1753 年	1550	2.85
1773 年	1422	2.25
1793 年	1310	1.73
1813 年	1180	1.32
1833 年	1070	1.00
1853 年	958	0.74

我们看到，人口增长是多么迅速地吃掉了木材供给，人均非维生目的可使用木材量在100年间竟下降了74%！这是除去了维生最低限度的燃料用木材以外，还可以用于其他用途的木材量。这说明房屋建造、

车船制造以及任何工业发展所需的原材料与能源供给都在迅速减少。燃料短缺将是工业进一步发展的巨大障碍。

明清时期经济最发达的江南地区，也面临着严重的木材短缺和燃料危机。

江南地区森林覆盖率极低，平原地区几乎已没有森林。《清稗类钞·矿物类·河底古木灰》中说："江南惟沿村有树，其河港之在野者罕植，间有之，亦必取作器，小则伐为薪。"康熙五十一年（1712），《常熟县志》载常熟"无室庐之材"。无锡"木不足以备屋材"，平原各地树木短缺情况大抵如此。

事实上，清初在江南兴造战船时，木材已经颇为难得。顺治时期，"经屡次造船之后，（江南）老材巨干搜伐无遗"，在本地寻木已很艰难，因而至康熙元年（1662）再度造战船时木材更成问题。康熙元年在镇江造战船，连江北都县民间园圃中的古树都被征召。而康熙十六年（1677）造战船时，江南各县县令都不得不亲自下乡寻觅大树，闹得各地鸡犬不宁。

由于本地森林资源严重不足，为解决用材问题，明清江南一些地方已有人工种树育林的现象。如正德时江苏江阴县种植成林，"货之得厚利"。嘉庆时浙江于潜县亦人工培养松杉。但种树需数十年方能成材，因此人工种树也是远水难解近渴。

江南自身的野生林和人工林都不足以满足其木材需求，从外部输入就成为必然之选。五代时，江南已开始从外地输入木材，宋元时期亦然。明清时期向江南输出木材的地域比宋元扩大了，按距离远近，计有浙西南、皖南、福建、江西、湖南、四川及贵州等地。其中福建、湖南、四川与贵州是最重要的供应地。尤其是尺寸巨大的木材主要靠四川、贵州提供。外地输入的木材，运输成本高昂。万历年间的王士性所著《广志绎·江南诸省》中有段记载：

> 木非难而采难，伐非难而出难。木值百金，采之亦费百金，值千金，采之亦费千金。上下山阪，大涧深坑，根株既长，转动不易，遇阮坎处，必假他木抓搭鹰架，使与山平，然后可出。一木下山，常损数命。直至水滨，方了山中之事……及其水行，大木有神，浮沉迟速，多有影响，非寻常所可测……若陷入嵌则不得出矣，嵌中材溉满，或数十年，为大水所冲激则尽起，下流者竟取之以为横财。不入嵌者，亦多为夹岸夷贼所勾留，仍放姓号于下流，邀财帛入取之。

采木的一切艰难困苦最后都会加到木价上，因此使得木材在江南的价格十分昂贵。顺治十七年（1660）福建道监察御史胡文学曾说：计大木一株价值不过数两，然运送至厂，车牛夫役，雇车一辆用价十余两，觅夫一名用价四五两不等。凡此数百里、数千里之遥，计一切工价量用一二百金，是大木一株即破中家数人之产矣。

明代张燮说嘉靖时海船一艘造价千余金。清代中期，一根桅木在福建价格已达四五百两白银，运到江南价格更大大提高，可能已达近千两白银。江南沙船长 10 丈以上者一般有桅四五根，故仅桅木即需银四五千两，因此清代中期包世臣说"每造一船，需银七八千两"。嘉庆道光年间的文人齐学裘在《见闻续笔》卷二中写道："大号沙船造价盈万，中号需数千。"而木价上涨正是船只造价提高的主要原因。至道光初年，更"因历年承办战船，江浙等省屡次委员采办，伐木过多，出产缺乏，桅木一时难得"，以致福建各官营船厂只好"停工待料"。这说明造船业因木材缺乏而受到影响。

我们再来看几个明清江南"燃料荒"的例子：

据明末清初的《沈氏农书》载，明代后期湖州府归安县的稻草价格高达每百斤 5.6 分白银。一个农户每年做饭须烧稻草 5400 斤，折合白银 3 两，依当时当地米价，可购米 3 石，够一人食用一年。

明末清初的叶梦珠在《阅世编》中说到清初上海一带的柴，"大约百斤之担，值新米一斗，准银六七八分，或一钱内外不等"，已成为一种贫民消费不起的奢侈品。

明清之际的南京芦柴供应已很紧张，人们不得不节约使用。乾隆初年，芦柴价格高至每担白银一钱二三四分不等，而煤价甚至比芦柴还高。连维持人们的做饭需求都已不易，更别说投入工业生产了。

乾隆三十三年（1768）的《物料价值则例》记载，官府在上海等五县采购煤的定价是煤一斤值银 3.4 分，而人工价为专业劳动力（匠）每工付银 5.85 分，非专业劳动力（伕）每工付银 4.16 分。也就是说一斤煤竟然高达一个非专业劳动力日工资的 81%！

通过本节的分析可知，明清时期的江南燃料供给非常缺乏，随着人口、人均占有量的增长和工农业的发展，燃料供求矛盾越来越尖锐，最终导致了江南地区出现了非常严重的"燃料荒"现象，江南地区发达的早期工业没有足够的能量向近代工业转变。

燃料制约

与农业比起来，工业生产要消耗大量的能量。绿色植物转化的太阳能对于农业社会中少量的工业制造需求来说，还可以基本满足，但绝不可能支撑起近代工业。我们来分析一下 17—19 世纪江南地区燃料供需的具体情况，更能看清楚这个问题。

在明清的早期工业中，燃料消耗较大的部门主要有五金加工、烧窑和煮盐，其次则为榨油、制烛、染色、食品加工、蚕业等。

五金加工业中，消费燃料最多的是铁业。浙江桐乡炉头镇是江南最大的铁器制造中心。据当地县志记载"浙西冶业，惟此一处"，自康熙时就是"以冶铁为业，炉火不绝"。嘉庆年间更是"釜甑鼎鬲之制，大江南北咸仰赖焉"。据李伯重教授推算，1600年，江南铁消费量约为1万吨，1850年，则约为1.8万吨。在近代工业发展起来之前，使用现成的生铁加工铁器，单位燃料消耗应在1：2.5左右，也就是生产1吨铁需要消耗2.5吨的木炭①。以此比例计算，1600年，江南加工铁器需木炭2.5万吨，1850年，需木炭4.5万吨。除了铁器制造外，江南许多城镇还有金银铜锡等金属制品业，不过这些金属熔点较低，规模也不大，其燃料消耗肯定没有铁器制造业消耗多，但由于没有具体数字，我们姑且认为金银铜锡加工所用燃料总量与铁器加工业所用燃料量相当，那么明清时期江南五金加工业所需燃料就在5万吨到9万吨。

窑业也是一个消耗燃料很多的工业部门。按宋应星的《天工开物》记载，大体生产陶器130斤，需柴100斤。据英国史料记载，烧砖1000块需木柴1马车以上，烧石灰1吨则至少需木柴4马车。明清江南的窑业具有一定规模，但规模应该不大。因为江南地区所生产的陶器不能完全自给，尚需由江西等地输入瓷器和部分陶器。至于砖瓦、石灰，更是不多。从很多史料上，我们可以看到不仅在广大农村和小市镇"凿坯为门，编茅为屋，所在皆是"，砖瓦使用量很少，即便是在杭州、苏州、南京等大城市，砖瓦使用量也不多。杭州民居自南宋以来一

---

① 此数字出自20世纪30年代浙江余姚一带的土法生产铁锅、犁头等小铁厂的能量消耗计算，该厂使用的铸铁甑炉与明清江南使用的铁炉比较相近，因此我们认为其燃料消耗率也比较接近。

直是"板壁居多，砖垣特少"。到清代前期，仍然如此，"计一室所用，其为砖垣之工者，只瓦棱数片耳"（一间房屋只有几片瓦），因而火患频仍。苏州也是"瓦屋鳞鳞，俱以木成……不烧则已，烧必百家或千家"。南京也差不多，故回禄之灾（指火灾）不断。

制盐业也是燃料消耗大户，它是靠江南盛产的芦苇支撑起来的。江南各盐场制盐配方虽各不相同，但基本上是煮干4—10吨卤水，可得海盐1吨，其燃料需求量之大可以想象。由于芦苇含水量大，燃烧值不高，因此需要广阔的芦苇生长面积才能供应煮盐所需的燃料。据相关史料记载，清代中期，平均100斤盐要用芦苇500—1000斤，折合芦苇荡2—3亩。据此数据推算，明末江南产盐4.8万吨，需芦苇24万—48万吨；清代中期产盐约5.2万吨，需芦苇26万—52万吨！但由于耕地面积的不断扩大，芦苇荡也逐渐被侵蚀，芦苇产量也在减少。《万历实录》四〇七卷中记载，万历三十四年（1606），大臣乔应甲曾上奏："盐办于灶，灶依于场。场之既去，草从何生？草既不生，盐从何出？"这说明早在17世纪初，江南的芦苇荡面积减少已经影响到盐业生产了。

从以上对江南各主要燃料消费工业部门的燃料使用状况所作的初步分析，我们可以看到：明清江南工业生产中所使用的燃料，达到了相当可观的数量。下面笔者用16—17世纪英国的燃料使用情况来作个比较。

明清江南主要工业部门的燃料使用量远低于16—17世纪的英国。例如：江南五金加工业所用燃料仅折合木炭5万—9万吨，而17世纪末英国的金属工业则烧煤20万吨以上，此外还有大量木炭。江南的制盐业所用燃料按16世纪英国煮盐燃耗比例可折合煤8.64万—9.36万吨，而17世纪末英国制盐业则用煤30万吨以上。窑业所用燃料因无确切数字，无法进行对比，不过在16世纪，英国的建筑材料发生重大变革，砖瓦逐渐取代木材成为主要建筑材料，而江南则如上所述，砖瓦运用还十分有限；17世纪英国农业已普遍将石灰作为肥料，而江南虽然也有类似记载，但属个别现象。因此明清江南砖瓦、石灰等的生产规模难与17世纪的英国相比。在燃耗最多的这三个部门中，明清江南的燃料使用水平是远低于英国的。

燃料供应不足是制约江南早期工业，特别是能耗较大工业部门进一步发展的重要原因。以矿业为例，江南虽无大中型金属矿藏，但小矿还是有的。其中，杭州附近的闲林埠铁矿储藏量较大，南京宁镇一带铁、铜矿很多，虽无大矿，但总储藏量占江苏省铁、铜储藏量的一半以上，最适于发展中小冶金企业。而且，宁镇一带铁、铜矿在明清以前已多为人所知，有的还进行过一些小规模开采，但是在明清时期却未见开采，主要原因应当是严重的燃料短缺。同样地，浙江嘉兴的平湖县雅山本产铁，但据《嘉兴府志》载"烹冶者以为不当炉鞴费"。也就是说，冶铁所得收入，尚不及燃料等费用，故未开采。

据估计，17世纪前期英国冶金业年产各种金属3.5万吨以上。1611年产生铁约1.2万吨，而1720年前后约产生铁2.5万吨。在18世纪末，欧洲生产1吨铸铁大约需要6吨煤。土法冶炼所需更多。明清江南若要建立一个能与1611年或1720年的英国规模相当的冶铁业，需煤7.2万—15万吨，这肯定是当时江南燃料供应所不能承受的。另外，若是江南要建立一个人均生铁产量与17世纪英国相当的冶铁业，所需的燃料更比上述数字大得多。这样的燃料消费，江南无论如何是供应不起的。

由于消耗燃料多的工业部门在江南发展受到严重限制，因此明清江南能够得到较大发展的，只有那些消耗燃料较少的早期工业部门，例如纺织业、奢侈品及工艺品生产等。然而，即使这些工业的发展也不同程度地受到燃料问题的影响。例如，江南棉布染色的中心，明代后期在松江，入清以后逐渐转移到苏州。当然原因很多，但清初松江一带燃料极为紧张，而苏州比较接近浙西山区，周围又有大片湖荡，燃料供应状况相对好一些，不能不说是个较为重要的原因。

正如笔者在第二章中所讲到的，重工业的煤铁革命是英国工业革命的重要标志之一，因为正是煤铁的大量运用，为人类社会经济发展提供了新的能源和材料，打破了能量瓶颈。江南地区的早期工业在16、17世纪时，在世界范围内尚处于先进或比较先进的地位，直到18世纪也还能与西欧并行而前，但其基础的煤铁工业由于自然资源（燃料）贫乏等原因未能得到重大发展，这是其致命的弱点。日本著名东洋史学巨擘之一宫崎市定曾指出：明清时期，"以苏州为中心的轻工业有了显著的进步。可是中国工业中心苏州三角洲一带没有发现出产铁和煤的地方，这是非常不利的……假使苏州附近有像山西那样的铁矿和煤炭，那么中国的历史或许成为另外一种情况也未可知"。

英国工业的救星——煤，你在哪里？

18世纪煤的大规模开采和利用挽救了英国工业，并成为工业革命爆发的关键因素之一。但煤却没有在江南地区发挥像英国那样的作用。

与英国煤矿遍布，易于开采，位置便利不同，煤在江南地区是非常稀缺的资源。中国的煤矿大多分布在山西和内蒙古，远离中国早期工业发达的江南地区，而且山西、内蒙古与江南没有直接的水路相连，运输不便。这就导致了煤与早期工业的结合困难重重。

江南的煤矿非常贫乏。仅有很少的一点煤矿分布在浙江湖州府长兴县、南京附近、常州府宜兴县和洞庭湖旁的山上。这些煤矿在明清时期都已经得到开发。

　　湖州府的长兴煤矿应当是江南最大的煤矿了，明代已经开采。据乾隆时期《长兴县志》记载，当时有的矿井"深有百余丈，远至二三里，开挖者数十百人不止"，规模不算小，但煤矿在深山之中，距水运码头数十里山路，交通极为不便，而且长兴煤矿煤质低劣，不适合冶炼。南京煤矿所在地多是平地，而不是深山，且运输方便，又接近南京城，可惜储藏量和开采量都很低，发展前途不大。宜兴、太湖、洞庭西山等地的煤矿不是被政府封禁，就是储藏量太少，没有多大经济价值。与英国煤矿储藏量大，矿层浅，甚至有大量露天矿比起来，江南自身的煤矿情况可以说对摆脱有机经济非常不利。

　　江南地区从外部输入煤的数量也不是很大，因为江南与中国煤炭主产区山西、内蒙古等地没有直接的水路相连，对于煤这种价值低、重量大的商品，成本高昂的陆路运输几乎不可想象。目前发现最早的外煤输入江南的文献记载是清代初期，当时的外煤主要产自长江中游的湖南、湖北和江西，煤顺江而下，运往江南。但长江中游的省份煤产量有限，除去自身需求外，能输出的量就更小了。除了长江中游以外，还有一些与江南有水路相通的产煤地，如山东淄博、枣庄煤矿，江北的两淮煤矿，广东的煤矿等。但它们不是产量小，煤质差，就是输入量小。

　　但这并不是说江南地区不可能从外部输入获得近代工业发展所需的能源，因为18世纪末期的英国就发生过类似情况：英国的煤矿多在北部与中部，而经济中心却在东南部，长久以来都是依靠海运运煤南下，故有"海煤"之称。因此从外部输入能源以补充本地生产之不足，在近代早期英国的经济发展中就曾起过重要作用，从而也对其近代工业化的发生起到了重要作用。那么，江南为什么没发生类似输入煤的情况呢？

　　就与江南有水路可通的地区而言，清代中期，山东的淄博煤矿所产煤炭中已有一部分远销到南方。特别要指出的是，华北与东北的重要煤矿——河北开滦煤矿和辽宁本溪煤矿，不仅储藏量大，易于开采，而且位于海边，产品可通过较为廉价的海运到江南。河北开滦煤矿早在明代就已开采，后来有一定发展，光绪初年以新法开采后，据时人张焘《津门杂记》载，开滦煤矿"所出煤斤极为精美……价值又廉"，大量运到上海供应江南制造局。辽宁本溪在乾隆时期已建成煤窑 23 座，所出产的煤"价廉用省"，因此"运贩附近各处"。近代江南所用的煤主要来自以上地区。此外，东北的冶铁业，早在清初就已有一定规模。而到乾隆时期，东北又开始使用焦烟煤来炼铁。这意味着冶铁业可能有更大的发展空间。东北的鞍山、抚顺两大煤、铁矿藏，相距很近，是理想的煤铁工业发展地。这里的煤、铁 19 世纪末已开始用新法开采，在 20 世纪前半期成为东亚最大的煤、铁生产地。除了华北和东北沿海，长江中游也存在一些煤铁工业发展的有利条件。汉口在乾隆时就已成为全国最重要的铁器制造中心之一。到了洋务运动时代，汉阳凭借大冶铁矿与萍乡煤矿的矿藏，于 1884 年建成了东亚第一个近代化的大型钢铁联合企业。

以上这些煤、铁矿藏的开发前景颇为光明，预示着江南通过水运大量输入煤、铁并非完全不现实。因此，江南通过输入煤、铁来建立一个有一定规模的重工业，也不是没有一点可能的。

综上所述，我们发现江南地区燃料危机与制约只是一个相对因素，它不是决定近代中国未率先实现工业化的关键因素。真正制约中国近代工业突破的因素是生态问题未能及时缓解。

------------------华-----丽-----的-----分-----界-----线------------------

乾隆皇帝：你就是"说不明 道不清"系列的作者吧？

作者：我是。您是清高宗吧？

乾隆皇帝：对，朕是法天隆运至诚先觉体元立极敷文奋武钦明孝慈神圣纯皇帝。

作者：喘口气呀，差点憋死吧？

乾隆皇帝：我都死好几百年了。

作者：好吧，好吧，不跟您抬杠，您年号乾隆，我们后世都称您为乾隆皇帝。

乾隆皇帝：哦，这个我知道。今天我找你，是想跟你谈谈我朝功败垂成的工业革命。看了你的《说不明 道不清》第二册，才发现正是在朕在位期间，英国率先爆发了工业革命，清朝开始落后于人了。

作者：是呀。您怎么看这个问题。

乾隆皇帝：我朝最富地区在江南，可惜江南缺乏煤炭呀，煤铁业发展不起来，富裕的江南还只是停留在手工业阶段。我一想到这，就心痛呀。早知这样，朕就组织力量从山西、内蒙古往江南调运煤炭了。

作者：唉，即便您组织力量从山西、内蒙古调运大量煤炭到江南，江南地区也不一定就能发展起近代工业。

乾隆皇帝：为什么呢？哦，对了，你说了，最关键的是生态问题未能及时缓解。你得给朕具体说说这个。

作者：我现在饿了，陛下要不请我吃一顿烤串吧，我也好有力气讲呀。

乾隆皇帝：好呀，走着，我也正想吃呢。

------------------华-----丽-----的-----分-----界-----线--------------------

耕地，宝贵的耕地

江南难以获得近代工业发展所需的能量，那它能获得工业发展所需的原材料和劳动力吗？

在前工业社会，人口和人均占有量的增长，意味着土地资源越来越稀缺。中国人与欧洲人一样，不得不砍伐森林、排干沼泽，甚至放火烧山来开垦更多的土地，种植更多的粮食，以供养日益增长的人口，但这样做同样造成了严重的生态危机。

为了更具体地了解17—19世纪中国耕地面积，我们还是先看一组数据①：

表 3.6 17—19 世纪中国的耕地面积

单位：公顷（万平方米）

地区		顺治十八年（1661）	康熙二十四年（1685）	雍正二年（1724）	乾隆四十九年（1784）	嘉庆二十五年（1820）	同治十二年（1873）
长江上游	四川	140.26	203.73	2537.97	5451.81	5500.82	5474.50
	贵州	732.23	654.12	991.42	1434.75	1885.96	1830.34
长江中游	湖南	2735.58	1471.53	3310.75	3315.9	3331.01	3319.66
	江西	2578.66	2621.07	2817.92	2682.82	2702.64	2682.53
	湖北	3628.63	3678.3	3757.12	3812.76	3825.91	4031.07
华北	山东	5581.87	6966.77	7473.64	6964.13	6652.99	7414.48
	河南	4790.05	7147.60	8233.77	9131.56	9714.83	8972.93
	直隶	4660.42	5508.45	7112.82	6898.62	7121.90	7404.19
岭南	广东	2389.81	2880.97	3025.61	3196.22	3267.91	3276.45
	广西	1543.06	2232.10	2559.15	2569.30	2570.88	2572.69

---

① 数据来源于葛全胜等的《过去300年中国部分省区耕地资源数量变化及驱动因素分析》，《自然科学进展》2003年第8期，第825—834页。

从表 3.6 可以清楚地看出来，17 世纪中期到 19 世纪中期，中国主要省区的耕地面积都在增长，其中长江上游增长得最快，贵州增长了 2.5 倍，四川更是增长了令人震惊的 39 倍！长江中游、华北和岭南耕地增长了 1.5 倍左右，而江苏和浙江耕地几乎没有增长。

江南地区具体的耕地数字，已经很难准确确定了。但我们知道在万历年间的"一条鞭法"改革中，张居正主持清丈粮田，对全国土地进行了实地测量，得到了一个大体比较准确的耕地数字。具体到江南地区的耕地，根据《大明会典》和《浙江通志》的记载，大约在 4500 万亩。这个数字是 1580—1583 年间实地测量统计得出的，因而学界还是比较认可的。《大清一统志》中记载 19 世纪初江南地区耕地 4580 万亩，与 1580—1583 年的数字几乎没有什么变化，200 多年中仅仅增长了 2%。

通过以上数据和分析，我们可以发现长江上游由于原有林地面积大，明末张献忠动乱造成人口大量减少等原因，在 17 世纪中期尚存有大量闲置土地，在此后的 200 年中随着全国人口的迅速增长，耕地面积扩大速度惊人；长江中游、华北和岭南只存在一定的闲置土地，耕地面积有一定幅度的增长；而中国经济核心区的江南地区，虽然人口在增长，生活水平也保持在较高水平，但已经几乎没有可供开垦的荒地了，耕地面积增长得非常少；在这种人多地少的情况下，江南人民看来只有农业集约化这一条道路可走了。

江南农业的集约化发展

从促进工业革命的角度看，江南农业背负着双重任务：第一，为工业，特别是纺织业发展提供原材料（丝、棉花）；第二，为工业提供劳动力，通过提高农业生产率，解放农业劳动力进入工业生产。明清时期，特别是清代前期，江南就是在向着这一方向艰难地发展着。

由于 18 世纪江南地区已经没有什么闲置土地，它不像全国其他地区可以开垦荒地，扩大耕地，而只能在现有的土地上采用更加劳动密集型的方式来提高单位面积耕地的产量，从而完成上述两个任务。农业向着集约化的方向发展，这提高了包括工业原材料在内的各类农作物的产量，一定程度上也提高了劳动生产率，解放了一部分农业劳动力。虽然这也进一步加重了脆弱的农业生态系统的负担，但江南地区和英国一样也在利用自身在近代世界经济体中的核心区地位，从外部输入劳动密集型的生态产品，看样子本来江南是有机会像英国那样通过贸易来缓解生态紧张状态，解放农业劳动力，从而实现工业突破的，至于为什么没有实现，且看笔者下面的分析。

土地复种指数的提高

农业集约化主要体现在土地复种指数的提高方面，通过增加劳动力投入及资本投入，从而增加单位面积耕地的产量。土地复种指数是指一定时期内（一般为 1 年）在同一地块耕地面积上种植农作物的平均次数，即年内耕地上农作物总播种面积与耕地面积之比。说白了，就是同一块土地之上每年多次播种不同的农作物，以提高该土地的年产量。这样做肯定会消耗土地更多的肥力，要求更多的劳动力和肥料、畜力、农具等投入。

目前没有史料直接证据来说明明清江南地区的土地复种指数。不过借助前辈学者的研究，我们可以探究一下。

中国老一辈经济学家张心一在 1930 年出版的《江苏省农业概况估计》中说，20 世纪 20 年代末，上海与苏州土地复种指数为 159%。根据 20 世纪 20 年代美国著名中国农业经济学家卜凯的调查——《中国的土地利用》，长江流域几乎所有耕地都是一年种植两茬作物，他的调查显示在"扬子江稻麦产区"约三分之二的耕地采用了一年两作制。因此 20 世纪二三十年代的江南地区，特别是江南东部地区的土地复种指数应该在 160% 左右。江南地区有一些丘陵和山地，因此在这些地区复种指数应该较低，大概在 140%。所以，综合一下，整个江南地区的土地复种指数在 150% 左右。

虽然缺少清代资料用来推测当时的复种指数，但是有一些记载显示，江南的复种水平在清代中期比 20 世纪二三十年代要高出许多。据浙江湖州农学家汪日桢在 19 世纪中期所作的记述，在湖州，冬季作物在 1839 年以前很普通，但是后来因为天气变化的原因，越来越少的农民种植冬季作物了。再据时人钦善的观察，在 18 世纪末 19 世纪初的松江，耕地总数约为 350 万亩，其中一年两作的稻田约占七分之四。但在 1940 年左右，松江却几乎不再种植冬季作物了。即使在 1949—1955 年间，也仅有 10%—17% 的稻田还种植小麦和油菜。显然，清代中期江南实行一年两作制的耕地数量，比 20 世纪二三十年代的江南要多得多。这里我们对清代中期江南的复种指数做一个比较保守的估计，即约为 160%，仅高于 20 世纪二三十年代 10%。

早在明代以前，稻麦一年两作制已在江南西部出现，比在江南东部出现得更早一些，但主要是局限在一些河谷平原上具有良好灌溉条件的"高地"。据李伯重的研究，认为明代后期江南土地复种指数为 140%。因此从明代后期至清代中期，江南地区土地复种指数从 140% 上升至160%。

一年两作制是一年之内在同一块耕地上种两茬庄稼。一般来说，明清时期江南的稻田生产中的主茬作物是水稻。在棉田生产中则是棉花，但有时因为轮作，也可能在棉田每三年种一茬水稻。不论稻田或棉田，副茬作物通常都是麦类、豆类或油菜。因为这些作物的生长期都要经过冬天，所以又称为冬季作物。

除了一年两作制外，间作制也是提高耕地复种指数的重要方式。间作制是在同一块耕地上同时种植两种不同的作物，明清江南最常见的是在桑园中桑树下种植一些豆类或者蔬菜。

复种指数的提高，意味着亩产量的提高和作物种类的丰富。我们看一看明清时期江南每亩耕地产量的提高情况[①]。

表 3.7 17—19 世纪中期江南每亩耕地产量

作物		17 世纪	19 世纪中期
主茬作物	水稻	1.7 石（17 世纪初）	2.5 石
	棉花	80 斤（17 世纪后期）	100 斤
副茬作物	豆类	1 石	不详
	麦	1 石	1 石
	桑	8—9 斤丝	8—9 斤丝
	油菜籽	1.5 石（17 世纪初）	2 石

一年两作制极大地提高了亩产量。通过表 3.7，可以清楚地看出来如果没有副茬作物，土地亩产量将会大大下降；同时随着农耕技术的进步和施肥量的增加，每茬作物的亩产量也在提高。农业产量的提高为纺织业提供了更多的原材料，也为劳动力向非农产业的转移奠定了基础。

---

① 数据来自李伯重的《江南农业的发展 1620—1850》，上海古籍出版社，2007 年版。

复种指数的提高，意味着农业对土地肥力的要求提高了，人类从土地中吸收的能量和养分也提高了，农业生态问题更加严峻了。它体现在地力下降，肥料需求猛涨上。

另类的财富密码

为了更加深刻地认识清代土地肥力下降的程度有多么严重，我们先来看一个有趣的故事：出自清初小说集《照世杯》的中篇小说《掘新坑悭鬼成财主》。

此小说的作者是清初的江南文人酌元亭主人，他的这篇小说大概是中国文学史上唯一一篇以公共厕所为题材的"厕所文学"作品，其故事情节并不复杂，但语言风趣幽默，令人捧腹，反映的内容也很丰富，堪称一幅绝妙的清初江南农村社会风俗画。通过这篇作品，我们可以对人粪肥在江南农业经济发展中的重要性获得生动而直观的了解。现将小说的主要内容介绍如下：

清初的湖州乌程县义乡村，位在山凹底下。"那些种山田的，全靠人粪去栽培。又因离城窎远，没有水路通得粪船，只好在远近乡村田埂路上，拾些残粪。这粪倒比金子还值钱。"

村中有一穆太公，颇有经济头脑，"想出一个较策来，道：'我在城中走，见道旁都有粪坑。我们村中就没得，可知道把这些宝贝汁都狼藉了！我却如今想出个制度来，倒强似做别样生意。'随即去叫瓦匠，把门前三间屋掘成三个大坑，每一个坑都砌起小墙隔断，墙上又粉起来"；"又分外盖起一间屋，掘一个坑，专放妇人进去随喜"。盖好后，穆太公"忙到城中亲戚人家,讨了无数诗画斗方,贴在这粪屋壁上"。又请镇上塾师,为粪屋命名"齿爵堂"。装修毕,"恐众人不晓得",央塾师书写海报百十张,大书"穆家喷香粪坑,奉迎远近君子下顾,本宅愿贴草纸",四处粘贴。消息传出,"那乡间人最爱小便宜……见有现成草纸,怎不动火?又且壁上花花绿绿,最惹人看。登一次新坑,就如看一次景致。莫讲别的,只那三间粪屋,粉得雪洞一般,比乡间人卧室还不同些"。于是"老老幼幼,尽来鉴赏新坑"。穆太公"每日五更起床,给放草纸,连吃饭也没工夫。到夜里便将粪屋锁上,恐怕人家偷粪换钱"。因有粪,"一时种田的庄户,都来他家歪买,每担是价银一钱。更有挑柴、运米、担油来兑换的。太公以买粪坑之后,倒成个富足人家",号"新坑穆家"。后来村中有人与穆家作对,另建一坑"抢生意",于是酿成人命案。

虽然这是部小说,但读者朋友们可以从中看到清初浙江湖州农业生产中对粪肥的大量需求,竟然为了抢大粪闹出了人命案!

清代江南人民对人粪收集的重视,也给乾隆五十八年(1793)来华的马戛尔尼使团成员斯当东爵士以深刻印象。他在《英使谒见乾隆纪实》一书中写道:

中国人非常注意积肥。大批无力做其他劳动的老人、妇女和小孩,身后背一个筐,手里拿一个木耙,到街上、公路上和河岸两边,到处寻找可以做肥料的垃圾废物……在中国农民家庭中,任何老弱残废的人都有用处,他们干不了别的劳动,但他们能积肥弄肥。

除了家禽粪之外,中国人最重视人的尿粪……他们把这种粪便积起来,里面掺进坚硬壤土做成块,在太阳下晒干。这种粪块可以作为商品卖给农民。

农民在田地里或公路道边安放一些大缸，埋在地里，供来往行人大小便。在村庄附近或公路旁边有时搭一个厕所，里面安放粪缸。在缸里面随时把一些稻草放在上层，借以阻止蒸发消耗。

斯当东爵士的这段目击记录，证实了酌元亭主人小说中所说并非子虚乌有。

在清代的江南地区，为什么人粪受到如此高的重视呢？原因很简单：人口密度大。通过前面的分析，我们知道从明代后期的 1620 年至清代中期的 1820 年这两百年里，江南地区的人口密度由每平方公里 408 人上升至 617 人，提高了 50% 多。而耕地面积已经无法继续扩大，只能在同一块耕地上提高复种率，随着土地复种指数的提高，连续耕种导致土地肥力减退，作物收成就要下降。明末清初的进士梁清远已注意到这一现象，他在《雕丘杂录》中说道："昔日人有记：嘉靖时，垦田一亩，收谷一石。万历间不能五斗。粪非不多，力非不勤，而所入不当昔之半……乃今十年来，去万历时又不同矣，亩收二三耳，始信昔人言之果然也。"要制止土地肥力下降，就必须施肥，以保持和增进土地肥力。因此张履祥在《补农书》中说："人畜之粪与灶灰脚泥，无用也，一入田地，便将化为布帛菽粟。"

施肥增产

明清江南地区使用的肥料，主要有人畜粪便、绿肥、饼肥和河塘泥四大类。绿肥是指在连续种植农作物的土地上种植一些绿肥作物（主要是紫云英[①]）来提高土地氮含量，以恢复土地肥力，类似欧洲种植三叶草。饼肥则是将豆、油菜籽、棉花籽榨油之后的油渣做成的饼，饼肥最大的优点是肥力高，重量轻，可以远途运输、长期贮存，易于使用，省时省力。河塘泥是河塘的淤泥，其中也有大量养分，可以用于施肥。

下面根据李伯重在《明清江南肥料需求的数量分析——明清江南肥料问题探讨之一》一文中的研究成果，我们来看看江南地区肥料总需求量经历了怎样的大幅度上升。

表 3.8 明清时期江南主要作物种植面积

单位：万亩

时间	水稻	棉花	桑树	麦	豆	油菜
明代后期（17 世纪初）	4240	190	70	1260	360	180
清代中期（19 世纪中期）	4040	310	150	2210	630	320

表 3.9 明清时期江南主要作物施肥量

单位：折饼肥，斤 / 亩

时间	水稻	棉花	桑树	麦	豆	油菜
明代后期（17 世纪初）	80	130	500	10	10	20
清代中期（19 世纪中期）	150	170	500	20	10	20

将表 3.8 和表 3.9 的数字相乘，我们就可以算出此一时期江南地区总施肥量。表 3.10 的施肥量计算已将各种肥料折合成了饼肥，折算公式：1 担粪肥 =1 担绿肥 =10 斤饼肥。

---

① 紫云英又叫红花草、红花草子，是豆科越年生草本植物，是稻田最主要的冬季绿肥作物。紫云英鲜草含氮（N）0.4%、含磷（P205）0.11%、含钾（K2O）0.35%，是优质的有机肥。

表3.10 明清时期江南主要作物施肥总量

单位：万担，100斤=1担

时间	水稻	棉花	桑树	麦	豆	油菜	合计	平均每亩施肥量
明代后期（17世纪初）	3392	247	350	126	36	36	4187	0.93
	81%	6%	8%	3%	1%	1%	100%	
清代中期（19世纪中期）	6060	527	750	442	63	64	7906	1.76
	77%	7%	9%	6%	1%	1%	100%	

从17世纪初到19世纪中期，江南地区耕地总数保持在4500万亩左右，但供养的人口则从1620年的2000万提升至1850年的3400万。除了从外部输入粮食外，亩产量的提高也是非常重要的因素。以上数据，非常清楚地告诉我们亩产量提高的一个重要因素：施肥量的提高。清代中期比明代后期每亩施肥量提高了近90%（由0.93担/亩提升至1.76担/亩），总施肥量则提高了88%（由4187万担提升至7906万担）！

考虑到人口的增加，农业生态环境的破坏，如果没有施肥量的大大提高，别说是提高亩产量，就是保持土地肥力和维持原有产量都是非常困难的。我们从清代史料中也能看到很多关于施肥的记载，现举例如下：

清代浙江士绅凌介禧在《程安德三县贫民状》中写到，浙江湖州的乌程、归安、德清三县农民在水稻种植时，"有资者再粪，亩获二石；无资者一粪，获不及焉"。就是说有钱的农民种植水稻，会施肥两次，每亩收获两石；而没钱的农民只能施肥一次，收获不如前者。

徐光启在《农政全书》卷六《农事》中说：上海一带的水稻田，麻豆饼亩三十斤，和灰粪；棉饼亩三百斤。插禾前一日将棉饼化开，匀摊田内秒，然后插禾。大意是说每亩麻豆饼肥三十斤加大粪，每亩棉籽饼肥三百斤，在插秧前一天平均施放在稻田里，然后再插秧。

明末清初的《沈氏农书》中也说，花草亩不过三升……一亩草可壅三亩田。所谓花草就是指绿肥作物紫云英，一亩紫云英可以施肥三亩水稻。

张履祥在《补农书》中说：豆叶，豆箕头及泥，入田俱极肥，以梅豆壅田，力最长而不损苗，每亩三斗，出米必倍。大意是说豆饼肥每亩三斗，稻米收获必翻倍。

包世臣在《齐民四术·任土》中说：六月草盛，刈置田中，水热日炎，三二日辄腐，水色如靛，最肥，又松土，亩四担，计人一工而膏庇两熟。农历六月割绿肥作物，放置在田地里，灌水日照，二三天就腐烂了，水呈蓝色，此时肥力最高，再加上松土，每亩四石此种草肥，可保一年两熟。

…………

随着施肥量的大增，亩产量也获得了很大的提高，每亩粮食作物（稻、麦）由 17 世纪中期的 2 石提高至 19 世纪中期的 3 石，为扩大非粮食作物种植及农业劳动力转入非农生产奠定了基础。

粮食作物亩产量有了提高，吃饭问题得到了保证，人们可以将有限的耕地资源投入纺织工业原材料（棉花、桑田）的生产，其产量自然也获得了提升。从表 3.9 可知，桑田最耗肥（每亩 500 斤饼肥），棉田次之（每亩 130—170 斤饼肥），而明清江南地区的桑田增长速度最快（从70 万亩增到 150 万亩），增长了 114%，棉田也增长了 63%（从 190 万亩增到 310 万亩），这与复种指数和施肥量的提高是密不可分的，否则就不可能有足够的土地肥力支撑此种增长。棉田和桑田的增加，意味着纺织工业原材料的增加。每亩桑田的产量为 10—15 斤生丝，按 12.5 斤计算，清代中期的生丝产量比明代后期增长了 1000 万斤！明代后期棉田的亩产量为籽棉①80斤，清代中期为100斤，因此清代中期的籽棉产量比明代后期增长了1.58亿斤！丝绵产量的增加从原材料上保障了纺织工业的发展壮大。

------------------华-----丽-----的-----分-----界-----线------------------

时传祥：没想到，大粪还这么有用嘞！

作者：没错，确实很有用，提高农业生产率就是促进工业革命的爆发呀。不过，请问您是哪位？

时传祥：俺是北京市崇文区清洁队的淘粪工时传祥。

作者：哦，您是全国劳动模范，受刘少奇主席接见过的时传祥时师傅？

时传祥：是俺，是俺。

作者：失敬失敬。

时传祥：不敢当呀，俺是个淘粪工。不过看了你写的东西，发现这大粪还有助于工业革命的发生，有助于经济发展、社会进步呢。

作者：是呀。特别是在清代前中期人多地少的江南，当时一无化肥，二无农药，要提高亩产量，只能大量投入粪肥和其他各种自然肥料呀。

时传祥：嗯，提高了粮食作物的农业亩产量，就可以为工业原料的种植腾出土地了，对吧？

作者：没错。棉花、桑叶等早期工业原料都出自土地，它们的种

---

① 籽棉：有籽的棉花。棉农从棉田中摘下的棉花是籽棉，籽棉经加工后去掉棉籽的棉花叫皮棉。籽棉加工成皮棉的比例是10∶3，即每10吨籽棉可加工成3吨皮棉。

植也要跟粮食作物的种植抢有限的土地资源，只有粮食作物亩产量上去了，才能减少其种植面积，为工业原料作物留出宝贵的土地资源呀。

时传祥：你的分析不错，很有道理嘛。

作者：谢谢您抬举。

-----------------华-----丽-----的-----分-----界-----线-----------------

中国的勤劳革命

在第二章中，我们讲过近代早期欧洲曾爆发过勤劳革命。欧洲人为满足市场需求，将越来越多的休闲时间转化为工作时间，生育更多的孩子以投入更多的劳动力，通过加大劳动投入的方式来扩大生产发展经济。英国、法国、德国、荷兰、丹麦都出现过类似的现象。

中国有类似现象吗？当然有了！

进入清代后，特别是清代中期以后，江南地区农民的工作日明显增加。据李伯重的《"终岁勤动"：夸张还是现实？——19 世纪初松江地区各行业从业人员年工作日数之考察》一文的分析，17 世纪早期的江南，一个农户平均种田 15 亩，复种指数为 140%，前茬为稻，后茬为麦，种植水稻一亩需要 15 个人工，种麦一亩需要 3 个人工。因此，该农户一年需要在田地上工作 243 日。而 19 世纪，江南一个农户平均种田 9 亩，复种指数 160%，一年需要在田地上工作 154 日。但是，在 17 世纪早期，田地上工作的是夫妇二人，而在 19 世纪则只是农夫一人。因此就农夫而言，其在田地上的劳动日数由 121.5 日增加到 154 日，增加了 32.5 日，亦即增加了 25%。在清代中期，农妇从农田生产中解放了出来，转向棉纺织业。江南棉布总产量从明代后期到清代中期增加了1倍，因此农妇从事棉纺织业的工作日数也增加不少。

清代江南推行新的种植制度（一年两作制），提高同一块土地上作物的复种指数。发展多种经营，在提高土地利用率的同时，也增加了劳动天数；在江南某些地方还转向劳动集约程度更高的经济作物（特别是蚕桑）的生产，从而使年劳动日明显增加。

除此之外，还可以通过分析历代政府对假日的规定来判定明清江南工作日的增加。梁朝曾经规定每十天之中有一天休假，称为"旬休"。自唐至元都奉行这一规定。在每月的十日、二十日和最后一天放假休息。明清时期废去了这一类假日的规定，其他的节庆假日也在减少：唐代的节庆假日一年共有53天（包括皇帝的生辰放假3天，佛陀和老子的诞辰各放假1天），宋代这样的假日有54天，但只有18天被指定为"休务"，可以推测到其他的假日至少有一部分时间要照常办公。元代规定有16天节庆假日。明清时期，这类节庆假日进一步减少，最初只规定了三个主要的节庆——新年、冬至以及皇帝的生辰，而到后来采用了长约一个月的新年假或寒假，作为对例假日和节庆假日损失的补偿。虽然政府规定的假期是针对官员的，但官员们假期的减少在一定程度上也反映了社会普遍工作日的增加。

勤劳革命是斯密型经济成长动力对经济推动的重要体现。东西方人民都面临着一个越来越大的市场，普通民众越来越多地卷入了市场经济，其产品不再为了自己使用，而是为了遥远的消费者使用，市场需求越来越大，导致分工越来越细；同时，为了获得更多的收入，在技术没有重大进步的情况下，人们只能投入更多的劳动、资本和精力去工作，而减少休闲时间，这就是勤劳革命。虽然不是工业革命的充分条件，但它是近代工业社会兴起的原因之一。近代早期亚欧大陆两端出现的勤劳革命说明这两个地区均有爆发工业革命的可能性。

江南经济何去何从

现在我们来看一下明代后期到清代前期江南地区经济发展的三股力量——传统、近代与不确定，见表 3.11：

表 3.11 明清时期江南地区经济发展的三股力量

传统	近代	不确定
人口密度大 生态压力大 农业任务重 农业劳动力需求旺盛	斯密型经济成长动力 早期工业发达 纺织业原材料供给充足 勤劳革命	世界经济体地位 燃料供给

笔者听说有 3 个人很好地诠释了这三股力量在 19 世纪初的强弱对比，我们不妨去听听他们是怎么讲的。

时间：2017 年 12 月 3 日，周日

地点：天堂，老四烤串店

人物：爱新觉罗·颙琰（嘉庆皇帝）、周莹、大卫·李嘉图

人物简介：

爱新觉罗·颙琰（1760—1820），原名永琰，清朝第七位皇帝，清军入关后的第五位皇帝，乾隆帝的第十五子，年号嘉庆，在位二十五年（1796—1820），庙号仁宗。

周莹（1869—1908），字竹君，出生于陕西省三原县。贩盐生意起

家，商铺遍及全国，另在全国设立了7个总号，还将生意扩充到了蚕丝、棉花、棉布、药材、茶叶等方面，涉及面非常广。成为19世纪下半叶唯一富可敌国的成功女企业家。

大卫·李嘉图（1772—1823），英国著名古典经济学家。

周莹：两位真是不好请呀，今天我做东。（向烤串店伙计）伙计，麻烦快点烤，我们人齐了，刚才点的串都烤上，越快越好。羊排要甜的，刷蜂蜜，啤酒要凉的。

伙计：好嘞，马上了您嘞。

嘉庆皇帝：朕也好久没吃烤串了，也馋了。

李嘉图：我们那头没有这种东西，吃一次不容易，今天可要多点呀。酒倒上，咱先走一个。

酒过5杯，串过10枚。

李嘉图：周女士，今天找我有什么事吗？

嘉庆皇帝：是呀，有什么事吗？

周莹：没什么大事。吃点烤串，聊聊天呗。

嘉庆皇帝：哦，那就好，来干一个。

周莹：不过，这几天我就寻思着我们清朝为什么没有在陛下的统治时期发展出近代工业呢？毕竟16世纪以后，随着中国参与创建的近代世界经济体扩大到全球范围，我们的纺织业、制瓷业、制茶业等早期工业在全球及国内市场需求的刺激下，迅速发展起来，达到了当时世界上最先进的水平。这种早期工业的发达与英国等西欧国家一样是在斯密型经济成长动力下完成的，所以我觉得清朝在陛下统治时期还是有可能发展出近代工业的。

嘉庆皇帝：哎呀，咱不能有近代工业呀，农业劳动力都不够，要先解决吃饭问题呀。

周莹：可陛下，您看人家英国，就在您的统治期间爆发工业革命了呀。

嘉庆皇帝：可不能这样比，咱中国最重要的是农业，我们要供养 3 亿多人口呀，我们要开荒，不停地开垦荒地，排干沼泽，为的就是扩大耕地面积，种植更多的粮食，我们还从美洲引进土豆、地瓜等适合恶劣环境生长的高产作物，不就是为了解决百姓的吃饭问题吗？

周莹：可陛下，英国人也要解决吃饭问题呀，又不是只有我们需要供养人口呀。更何况 1620—1851 年这 231 年中江南人口增长了 1.71 倍，年均增长率约为 0.23%，低于同期英格兰 0.43% 的人口年均增长率，远低于咱们全国 0.55% 的人口年均增长率。说明我们的江南地区人口压力没有陛下说得这么严重吧？

嘉庆皇帝：傻闺女呀。虽说江南人口增长率低一些，可咱人口底子大呀，别的不说，从我八旗入关到朕驾崩，江南地区人口密度一直是英格兰的 8 倍以上。正是这样稠密的人口，造成我们农业任务极重，可江南地区能开垦的土地都开垦了，只能靠投入更多的人力、肥力来增加亩产这种集约化方法了。虽然在提高产量方面很有效，但也造成了严重的生态危机，且将劳动力禁锢在农业中了。近代工业发展自然困难重重。

周莹：陛下说的是没错。可集约化的农业生产，不但提高了粮食产量，也提高了丝绵等工业原料的产量呀，我们早期的纺织业就是在这一基础上发展起来的。早在明代后期，我们的早期工业产品不但行销全国，还出口东南亚、日本、欧洲。进入清代后此一势头更猛了，勤劳革命也使得中国人民将更多的时间和精力投入工作，我们的产品在国际市场上的竞争力非常强，这说明我们有发展近代工业的天分和基础呀。

嘉庆皇帝：近代工业与早期工业不同，需要大量的能源，光靠木材、芦苇、秸秆等传统燃料不可能解决冶铁炼钢所需的能量问题。没有足够的能源，哪来的钢铁工业呀！

周莹：河北开滦煤矿、辽宁本溪煤矿、鞍山抚顺煤铁矿藏，这些在陛下统治时期都已开采，它们不仅储藏量大，而且位于海边，煤可以通过较为廉价的海运方式抵达江南，我们是有可能解决江南地区发展近代工业能源不足问题的呀。

嘉庆皇帝：照你说的，江南地区早期工业发达，又有可能解决能源问题，那应该可以发展近代工业，可事实是没有率先实现工业突破呀。

周莹：可按陛下所言，也太悲观了吧？人口压力大，生态恶化，农业生产任务重，劳动力被禁锢在农业中，没有足够劳动力和能源支撑近代工业。这一切在英国也都发生过，对吧？嘉图兄，别光顾着吃，说说你的看法呀。

李嘉图：嗯，你说得没错。人口压力、"马尔萨斯陷阱"、生态危机、农业禁锢大量劳动力等问题在我们英国都发生过，我国东南部早期工业发达，可煤矿多在中部、西部。

周莹：陛下，您看，我没说错吧，人家英国这些问题都解决了呀。

嘉庆皇帝：嗯，那你说说你们英国是怎么解决这些问题的？

李嘉图：工业燃料和能源问题，我认为不是大问题，我们通过海运输入煤，江南地区也可以。

嘉庆皇帝：嗯，煤确实不是太大的问题。那"马尔萨斯陷阱"、生态危机、农业禁锢劳动力问题怎么解决呢？

李嘉图：这些问题才是根本所在。18世纪开始，我们英国吸收了世界经济体提供的大量劳动密集型生态产品和黑人奴隶的劳动，这才摆脱了生态死胡同，跳出了"马尔萨斯陷阱"，实现了劳动力向非农产业的转移。如果没有世界经济体提供的大量粮食、糖、木材、棉花、羊毛，甚至海鸟粪，没有加勒比海种植园和美国南方种植园中黑人奴隶的辛勤劳动，英国也是不可能爆发工业革命的。

嘉庆皇帝：你们还进口海鸟粪？干什么呀？

李嘉图：海鸟粪是一种非常好的肥料，对于增强土地肥力，提高农业产量，缓解生态危机非常有好处呀。

嘉庆皇帝：哦，朕了解了。看来江南地区还是少了外部生态产品的输入呀。

周莹：不对。18—19世纪江南地区从外部可没少输入生态产品呀。

嘉庆皇帝：那为什么江南地区没有实现近代工业化呢？

周莹：我也不知道呀。你说呢，嘉图兄？

李嘉图：我也有点奇怪为什么江南没有发展出近代工业。

嘉庆皇帝：这样吧，咱就吃串吧，至于为什么江南地区没有率先爆发工业革命，不就是这本书要告诉读者的吗？咱就别操心了，作者那小子可能会告诉大家的。

李嘉图：对，对，没错，咱再走一个。

周莹：也是，不着急，咱慢慢往下读吧。老板，再上一扎凉啤酒！

农业：近代工业化的基础

近代早期的世界，明清江南地区与英国、荷兰、日本畿内、印度古吉拉特等核心区域一样，都是工业发达地区。如果要在这些地区爆发工业革命，发展近代工业，就必须为工业提供充足的劳动力，大大提高工业从业人数。按英国的经验考察，当非农业人口占总人口60%左右时，近代工业突破才会实现。而非农业人口比例的提升是要建立在农业高生产率或大量进口农产品的基础之上的，否则就供养不了日益庞大的人口，更别提要提高生活水平了。因此，我们说农业的发达是近代工业化的基础。

通过第三章前半部分的分析，我们知道明清时期，特别是进入清代以后，江南地区农业有了较大发展，土地复种指数提高，肥料使用量大增，农业总产量也大大提高了。但我们还需要知道农业劳动生产率是否提高，即平均到每个农业人口上的农产品产量是否提高了，因为只有农业劳动生产率提高了，农业中才能解放劳动力到工业和第三产业。

举个例子：在一个社会中，如果 1 个农民生产的农产品仅能供养 1 个人的话，那该社会中每个人都必须直接参加农业生产，因为谁都没有余粮，谁不参加农业生产，谁就没饭吃要饿死；当农业劳动生产率提高到 1 个农民可以生产 1.5 个人所需的农产品时，社会就会发展：可以拥有少量的脱离直接农业生产的手工业者、商人、宗教人士和政府官员，这些人靠自己生产的手工业品、提供的服务或暴力换取农民剩余的农产品，但这样的社会不会发展起近代工业，因为非农业人口远远不足以支撑起庞大的近代工业体系；当农业劳动生产率提高到 1 个农民可以供养 6.25 个人时，也就是说，当非农业人口可以达到总人口的 60% 时 [①]，近代工业才能获得充足的劳动力供应，才能为工业革命的爆发奠定充实的人力基础。

下面就让我们来具体考察一下 17—18 世纪江南地区农业劳动生产率的情况，看看随着农业总产量的提高，其农业能否支撑近代工业化。

---

① 农业人口以 5 口之家，每个家庭 2 个劳动力来计算，农业劳动力占农业人口的 40%。当非农业人口达到总人口的 60%，农业人口占总人口的 40%，农业劳动力占总人口的 16%（40%×40%），也就是说每个农业劳动力要能养活 6.25 个人。

江南地区的农业劳动生产率

在明清时期，特别是进入清代以后，江南地区农村逐渐普及"一年两作"的耕作方式，同时，妇女越来越专注于纺织业生产，渐渐地退出了农田劳作。随着人口的增长，每个农户平均占有的耕地也从明代后期的 15 亩下降到清代中期的 10 亩，"户耕十亩"成为主流。因此，"一年两作""男耕女织""户耕十亩"成为清代江南农村经济的"三位一体"模式。江南地区的农民正是在市场驱动下，形成了这种收入最大化的"三位一体"模式，它是一种自然形成的、无明文规定的经济运行制度和结构体系。

我们对明清时期江南地区农业劳动生产率的分析正是基于此种"三位一体"模式。明清时期，农业的最基本生产单位是农户，我们就来考察一下农户的平均劳动生产率吧。

嘉靖、隆庆年间的戏曲理论家何良俊在《四友斋丛说》中提到，16 世纪中期，松江西部地区一个农户拥有稻田 25 亩，亩产 2.5 石米，因此总收获为 62.5 石米[1]。清代道光十四年（1834），姜皋编写的《浦泖农咨》中记载了 19 世纪早期一个松江西部的农户种稻 10 亩，亩产 3 石米，副茬种麦，麦产量每亩 1 石，折成米是每亩 0.7 石，因此总收获为 37 石米。

明代后期每亩土地地租为收获量的一半，即米 1.25 石，生产成本为米 0.5 石，因此《四友斋丛说》中提到的 16 世纪中期松江西部地区的这户拥有 25 亩土地的农家一年总成本为米 43.75 石，该户年净收入

---

[1] 明代后期江南地区一户拥有 25 亩田地的情况并不普遍，更普遍的情况是每户拥有 15 亩田地，因此本例实际上是说明了明代后期的农业产量和劳动生产率提高了。

为 18.75 石米；清代中期每亩土地的地租为米 1.5 石，生产成本为米 0.63 石，所以《浦泖农咨》中记载 19 世纪早期的这户拥有 10 亩土地的农家一年总成本为米 21.3 石，该户年净收入为 15.7 石米。可见户均农业净收入清代比明代后期下降了近 20%。

每户的劳动生产率是上升还是下降呢？

首先，在这两例之中，参加农作的人数有很大不同：在明代后期是一对夫妇，而在清代中期仅是一个农夫。如果以单个劳力计算，我们就会发现明代后期每人每年可生产 31 石米，而清代中期则可生产 37 石米，后者比前者高出约 20%。减去生产成本以后，每个劳力的净产值在明代为 9.35 石米，在清代则为 15.7 石米。这意味着在清代单个劳力的净产值比明代高出 60%。其次，在劳动总投入方面有很大不同，包括灌溉在内，在此时期江南每亩稻田共需人工 15 人日。明代后期的一个农户种 25 亩稻田需人工 375 人日；而清代中期的一个农户种 10 亩稻田需人工 150 人日，外加 10 亩麦田需人工 30 人日，10 亩稻和麦共需人工 180 人日，是明代后期一个农户的劳动总投入的 48%，收获却是明代后期的 84% 左右。这说明清代劳动生产率比明代高。具体地说，明代一个劳动日生产米 1.7 斗，清代则为 2.1 斗，减去生产成本，明代一个劳动日净产 1 斗米，清代则为 1.4 斗米，即清代比明代高出 40%。因此，无论是以年或以人工（劳动日）计，清代中期松江西部地区劳动生产率都比明代后期要高。将上述计算过程制表如下：

表 3.12 明清时期劳动生产率 / 户情况概述

数据	明代后期（16 世纪中叶）《四友斋丛说》	清代中期（19 世纪早期）《浦泖农咨》
户有耕地（亩）	25	10
亩产量（石）	稻 2.5	稻 3，麦 1

数据	明代后期（16世纪中叶）《四友斋丛说》	清代中期（19世纪早期）《浦泖农咨》
总产量（折合稻，石）	62.5	37
总成本（折合稻，石）	43.75（地租31.25 + 生产成本12.5）	21.3（地租15 + 生产成本6.3）
年净收入（折合稻，石）	18.75	15.7
耕作人数	夫妇2人	农夫1人
人均年净收入（折合稻，石）	9.35	15.7
劳动投入（人日）	375	稻150，麦30
每个劳动日产量（折合稻，斗）	1.7	2.1
每人劳动日净产（折合稻，斗）	1	1.4
每人每个劳动日净产（折合稻，斗）	0.5	1.4

通过以上分析可知，按人均每劳动日净产量计算，19世纪初期人均农业劳动生产率比16世纪中叶提高了1.5倍。但这里存在一个疑问：虽然劳动生产率提高了，但每个农户农业年净收入下降了，要知道粮食需求是人类生存的首要问题，粮食收入下降后是否还能满足家庭需要？如果满足不了，怎么弥补？为什么会发生这种情况呢？

粮食短缺？

中国古代家庭一般是几口人呢？根据中国著名经济史专家梁方仲在《中国历代人口、田地、田赋统计》一书中引用的明清官方数字，可以发现五口之家是江南地区家庭的平均规模，见表3.13：

表 3.13 明清江南地区每户平均人数

时间	地点	平均每户人口数量 / 人
洪武四年（1371）	苏州府	4.15
洪武九年（1376）	苏州府	4.32
洪武二十四年（1391）	松江府	4.82
	常州府	4.36
	杭州府	3.78
乾隆三十四年（1769）	嘉兴府	5
乾隆四十九年（1784）	杭州府	4.65
乾隆五十四年（1789）	嘉兴府	5.17
嘉庆四年（1799）	嘉兴府	5.36
道光十八年（1838）	嘉兴府	5.42

根据日本的中国经济史大家斯波义信的研究，自明清至民国初年，中国人均年食物消费量在中等地区约为3.6石脱粒谷物；在生产落后、人口压力又大的地方为1.44石至2.52石；灾荒时的救济标准为1.8石。可以大致认为，斯波义信对中等地区的估计3.6石符合明清时期江南普通年景的实际情况。

按江南地区人均年消费米3.6石算，那么每个家庭每年平均消费米18石。

通过前文分析，我们知道明代后期江南地区农户农业净收入为米18.75石，清代中期则为15.7石。也就是说，明代后期的农业净收入刚刚够吃，而清代中期农户的农业净收入已经不够口粮了，每户还差2.3石的口粮。我们按照前文提到的1820年江南总人口3022.5万，每户5人来计算，江南地区有604.5万个家庭，则共计缺少口粮1390.35万石！

上述情况说明清代以后，江南地区纺织业等早期工业生产带来的收益要高于其投入农业所带来的收益，否则农民们不可能冒着口粮不足而挨饿的危险投入早期工业生产。除此之外还需要有外部粮食的输入才能满足江南地区的粮食需要，否则即便早期工业收入较高，但买不到粮食，也是要挨饿。

明清时期，特别是清代以后，江南地区利用自身在世界经济体中的核心地位，通过输出丝织品、棉布、茶叶等具有一定技术含量的工业品，来换取粮食、肥料等土地密集型的初级生态产品。与英国类似，明清江南地区也拥有一定数量的"鬼田"，在一定程度上缓解了生态压力，解放了一部分农业劳动力投入早期工业。江南经济在这个意义上讲，也有可能实现工业突破。

------------------华-----丽-----的-----分-----界-----线------------------

读者小伙伴（金田一二作）：通过计算江南每个家庭平均粮食收入和粮食消费量，发现了江南存在巨大的粮食缺口，作者厉害。

作者：不敢当，史学前辈们分析出来的，我只是通俗化了。

读者小伙伴（金田一二作）：那这 1390.35 万石的粮食缺口是如何解决的呢？它又能说明什么问题呢？

作者：粮食缺口当然靠外界输入解决。它能说明大问题呀。

读者小伙伴（金田一二作）：什么大问题？

作者：说明江南地区也存在初级生态产品产地。这些地区向江南输出大米、棉花、木材等初级生态产品，一定程度上缓解了江南的生态紧张状态，也使得江南地区拥有了"鬼田"。

读者小伙伴（金田一二作）：嗯，没错。那江南也有可能爆发工业革命了？

作者：是呀，有可能。

读者小伙伴（金田一二作）：那怎么就功亏一篑了呢？

作者：呵呵，你别着急，往下看呀。

读者小伙伴（金田一二作）：我急性子呀。

------------------华-----丽-----的-----分-----界-----线------------------

明清江南经济发展的有利条件

从第二章的分析中，我们得知英国实现近代工业化，缓解生态危机靠的是吸收近代世界经济体为其提供的大量土地密集型初级生态产品和黑人奴隶劳动力。而江南地区在世界经济体中的位置比英国更加优越，处于核心地位，靠自身垄断的技术发展丝织业、棉纺织业、制茶业、制瓷业等早期工业，生产并出售附加值高的工业品。江南工业品的销售市场主要有华北、长江上游地区、东南亚和欧洲、美洲。同时，江南也吸收世界经济体半边缘区和边缘区提供的粮食、肥料、棉花、木材等附加值较低的土地密集型初级产品和贵金属（贵金属可以购买土地密集型产品），像英国一样也拥有一定数量的"鬼田"，这些"鬼田"对缓解江南的生态压力，将农业劳动力转移进工业也起到了一定作用。

粮食的输入

江南地区粮食的输出与输入出现得很早，在明代以前，输出与输入的规模都不是很大，而且在明代以前，一般是输出多于输入。到了明代后期，随着近代世界经济体的形成，江南地区的经济核心地位日益显现，情况发生了变化。吴承明曾指出明代江西南部和安徽北部已成为江南地区重要的稻米供应地，所输出数量已经很大。据韩国学者吴金成与日本学者藤井宏等人的研究，自正统（1436—1449）时起，湖广（主要是湖南）的稻米已开始大量向江南等地输出，到万历（1573—1620）时，湖南稻米输出更达到"各省商人射利，皆舍其本业，百千万艘，入楚籴谷"的程度。在湖北、湖南、江西等地所购之米，自然主要是沿长江运往江南，因为长江中游一带是重要的稻米输出地。我们从文献中还可以看到：明代南京一直依赖湖广、江西大米。天启（1621—1627）时，曾任内阁首辅的朱国桢在其著作《涌幢小品》中更明确指出：万历时南直隶（即江苏、安徽和上海）与浙江，"米则一岁之收，不足一岁之用，反取给于外江"。不过，从江南自身的粮食生产与消费关系以及其他地区的粮食生产能力来看，明代江南粮食大致尚能自给，外部输入在江南粮食消费总量中所占的比重还不是很大，而且灾年调剂性质的输入还占突出地位。

到了清代前中期，情况才变得大不相同。虽然灾年调剂在江南稻米输入中仍占有重要地位，但平时性输入已成为稻米输入的主要内容。国内外很多学者对清代前期江南平时性稻米输入都作了深入的研究。从这些研究中我们可以看到：一方面，清代湖南与四川的稻米输出能力较明代有很大提高，另一方面，江南的缺粮问题也远比明代更为严重。因此，长江流域在某种程度上已形成了一个稻米由中上游流向下游的巨大粮食市场。各学者估算的江南地区稻米输入量见表 3.14：

表 3.14 18—19 世纪江南地区稻米输入量

时间	稻米年输入量	备注	来源
18 世纪初	1000 万石	输往江浙地区	全汉升、王业键：《清雍正年间的米价》
18 世纪后期	1500 万—2000 万石	长江中上游四川、湖南、江西、安徽四省每年输出米数量，大部分输往江浙	王业键、黄国枢：《十八世纪中国粮食供需的考察》
1840 年以前	1500 万石	江浙每年输入湖南、四川米 1000 万石，安徽、江西米 500 万石	吴承明：《论清代前期我国的国内市场》

表 3.14 中的这些估计数据表明，在 18 世纪至 19 世纪前期，每年从长江中上游地区输入江浙的大米数量为 1000 万到 2000 万石。我们按中位数计算，估计清代前中期江南地区每年输入稻米 1500 万石。据李伯重估计，除了稻米，此一时期，江南地区每年还应有 300 万石麦的输入。不要忘记我们在前文分析 1820 年江南地区缺少口粮 1390.35 万石。

按照 19 世纪江南每亩产稻米 2.5 石、每亩产麦 1 石计算，18 世纪至 19 世纪前期每年输入的米麦（1500 石米＋300 万石麦）相当于给江南增加了 900 万亩的"鬼田"。

肥料的输入

明代正德、嘉靖年间，江南地区开始使用豆饼作肥料。到了明末，豆饼在江南的使用已颇为普遍。

江南从外地输入豆，始见于正德年间的记载。《江阴县志》卷七"商风"条载：当时江阴每年都有"数百人往衢州、长沙、南阳、川巴等处收买棉花、豆、炭、麻饼等物"。顾炎武在《天下郡国利病书》中也说：天启时，南京更是"豆商转集，贸豆甚便"。顺治十二年（1655），苏州浒墅钞关①的货物纳税则例中，将各种豆及豆饼列在加补料项内，应从江西方向输入。此时清军入关不久，钞关各则例多沿袭明代成法，此项规定当亦依明代之旧例。如果确实如此，则说明明末已有各色饼肥（特别是豆饼肥）输入苏州。至于输入之豆，主要也是榨油后作饼肥用。不过，明代有关豆饼输入的直接记载不多见，也许是因为输入数量尚不多的原因吧。

清代江南地区输入的豆及豆饼数量都有了巨大提升。雍正年间，江南与华北之间的豆饼及大豆贸易已很兴盛，每年输入江南的豆饼数量很大。乾嘉时此项贸易更达全盛，来源地除华北外，尚有苏北与皖北，而东北地区更取代华北成为最大的输出者。这些地区对江南的豆饼及大豆输出，在全国商品流通中占有头等地位。包世臣在《安吴四种》中说："自康熙廿四年（1685）开海禁，关东豆麦每年至上海者千余万石。"明末清初，叶梦珠编纂的《阅世编》也说："豆之为用也，油腐而外，喂马溉田，耗用之数，几与米等。"豆的数量几乎与大米相等，可见其需求量之大。据李伯重的估计，清代前中期，江南每年所输入的豆饼以及最终榨为豆饼的大豆总量当在 2000 万石左右。

就氮含量来说，3 公斤豆饼相当于 1 公斤硫酸铵。在中国，每公斤硫酸铵可增产大约 6 公斤粮食。依此比例，清代中期江南每年输入 2000 万石大豆，如果这些大豆全部制为豆饼并用于稻田施肥，将会增产 4000 万石粮食。按前文所引《浦泖农咨》中提到的清前中期水稻亩产 3 石计算，江南每年输入的 2000 万石大豆相当于使其获得了 1333 万亩"鬼田"。

---

① 钞关即内地征税的关卡。

其他土地密集型产品的输入

除了粮食与肥料外，明清时期江南地区还从外部输入大量的棉花、木材等土地密集型产品。

向江南输出棉花的地区，明代主要是山东、河南；清代则主要是河南、湖广以及浙东余姚等地。具体输入的数量，笔者翻阅大量材料也没有看到什么研究结果，这里只能做一番推论。据何泉达在《明代松江地区棉产研究》一文中的结论，明代后期松江地区年产棉布 2000 万匹，自产棉花不够棉布产量所需，每年尚需输入棉花（籽棉）2832 万斤，占棉花（籽棉）总需求的 25.2% 至 37.6%。这只是松江一府的情况，整个江南地区呢？

在正德《大明会典》卷三三"库藏"条中载："白绵布每匹长三丈二尺，阔一尺八寸，重三斤。"那么，一匹长 3 丈 2 尺、宽 1 尺 8 寸的棉布需皮棉约 3 斤。江南地区生产的棉布匹长大都为 2 丈，则其所需皮棉每匹应是 1.875 斤。根据南京大学历史系教授范金民在《明清江南商业的发展》一书中关于明代后期和清代中期江南地区棉布年产量的估计，可以得出表 3.15：

表 3.15 明清江南地区有关"棉"的数据

时间	棉布年产量/万匹	需皮棉/万斤	需籽棉/万斤	自身棉年产量/万斤	需输入棉花量/万斤
明代后期	2500	4687.5	14062.5	15200	1137.5
清代中期	7800	14625	43875	31000	−12875

明代后期江南的棉花年输入量为 1137.5 万斤，相当于为江南地区提供了 14.2 万亩的"鬼田"。而清代江南地区棉花产量已经超出生产棉

布所需的棉花量，不但不需要输入，反而可以输出了。清代农业经济学家褚华在《木棉谱》中也说乾隆时期已是"江北（棉花）绝无来者"，即江南已经不从江北输入棉花了。

明清时期向江南输出木材的地域，主要有福建、湖南、四川与贵州。尤其是尺寸巨大的木材，主要靠川黔提供。前文已经分析过江南地区森林覆盖量很少，无论是工业生产，还是百姓生活、房屋建筑和船舶制造等所需木材均依赖于从边缘区的输入，虽然具体的输入量尚不清楚。但从福建、湖南、四川与贵州这些木材来源地的森林覆盖率不断下降这一事实判断，清代输入江南的木材量可能小于明代。

江南"鬼田"的作用

从江南地区农业情况看，我们发现每个农户的年农业产量和农业净收入都变少了，总体上甚至发生了口粮短缺现象。其他地区向江南地区提供了一定量的土地密集型初级生态产品（粮食、肥料、棉花和木材等），正是这些产品在一定程度上缓解了江南地区尖锐的人口土地矛盾和生态压力，解放了一部分农业劳动力投入工业，大量女性劳力被吸引到早期工业领域，因为早期工业收益远远大于农业收益。下面我们来看看这些"鬼田"对江南工业发展所起到的积极作用。

我们还是根据前文引用的《四友斋丛说》与《浦泖农咨》中的例子，加上早期工业收益，来看看明清时期江南地区一个普通农户的全部收入和生产率的情况。

《四友斋丛说》中提到的松江西部这家农户种植 25 亩水稻，亩产 2.5 石。该农户从事水稻种植的有一夫一妇两个劳动力。种植一亩水稻需 15 个人日的劳动，25 亩共需 375 人日。整地对体力要求较高，多由男性承担，25 亩需 50 人日。除整地外，其余耕作劳动基本上是男女分担，农夫与农妇各工作 163 日 [（375–50）/2 ≈ 163]。稻田的农活完成以后要将稻谷脱粒，一般也由农夫承担，需时 63 日（每人每天可脱谷 1 石，62.5 石收获量，约需 63 日）。因此，农夫总共工作 275 日，农妇总共工作 163 日。如果以 300 日作为农夫从事所有生产活动（农业劳动和早期工业劳动都包含在内）年总工作日数的上限，200 日作为农妇年工作日上限，我们就会发现农夫仅有 25 日来做其他工作，而农妇有 37 日从事其他生产活动。因为纺织业是仅次于农作的第二重要的工作，因此我们姑且假定明清江南的农夫农妇，除了农作以外，其余工作时间全部用于棉纺织，共计 62 日，其中 60% 为女子劳动。

通过以上的分析，我们可以得出以下结论：

一、农夫用于纺织的工作日数略少于农妇。这意味着二者在棉纺织业中所起的作用相差不多。也就是说，16 世纪中叶，男耕女织的劳动分工尚不明显。

二、由于在 18 世纪以前的江南，纺织 1 匹棉布需 7 个工作日，因此在 62 个工作日内，该户男女合计共能生产棉布约 9 匹，与这个家庭一年所消费的棉布大致相等。1 匹布的净收入在清代前中期平均为 1.5 斗米，依此比例，9 匹布折合 13.5 石米，即早期工业收入合 1.35 石米。

三、按照前文的计算，我们知道该户农业净收入 18.75 石米，该农户农业与早期工业合计总收入约 20 石米。

我们再来看一看 19 世纪早期清代的情况。《浦泖农咨》中提及的松江西部农户耕作 10 亩，每亩需 18 个人日劳动（一年两作制：水稻 15 人日，麦 3 人日），10 亩地劳动投入总计为 180 人日。总产量为 30 石米＋10 石麦，折合 37 石米。又需 37 人日脱粒去麸，劳动总投入为

217 人日。这些人工全是农夫的劳动。我们还是以 300 日作为农夫劳动日上限、200 日作为农妇劳动日上限，农夫除了农业劳作和脱粒去麸外，还有 83 日可做其他工作。农妇不需下田劳动，她的 200 个工作日可全部用来做其他工作。我们还是假定该农户的其余工作时间全部用于棉纺织。这样，他们用于棉纺织业的天数共计可达 283 日。其中，女子劳动占到 70%。

通过以上的分析，我们可以得出以下结论：

一、19 世纪早期，棉纺织业在农家的经济生活中的地位比 16 世纪中叶重要得多，而农妇在棉纺织业生产中的作用也有了较大提升，说明男耕女织的劳动分工更加明显。

二、在 18—19 世纪江南地区生产 1 匹布约需 6 个工作日，因此 283 日可生产约 47 匹布。这个数量棉布的收入相当于米 7.05 石，即早期工业收入合米 7.05 石。

三、同样，按照上节的计算，我们知道该户农业净收入 15.7 石米，则该农户农业与早期工业合计总收入约 23 石米。

我们最后比较一下明清时期的情况：

一、清代中期江南农户农业收入比明代后期减少，但由于早期工业收入有较大提高，总收入比明代后期提高了 15%。

二、无论是农业还是早期工业，清代中期江南地区的劳动生产率都有提高，按人均每劳动日净产量计算，清代中期人均农业劳动生产率比明代后期提高了 1.5 倍，而早期工业的劳动生产率则提高了 14.3%。

通过以上的计算与分析，我们可以认为：

一、清代江南地区农户的早期工业收益要高于农业收益，因此大量农业劳动力，特别是女性劳动力从农业转入早期工业，而这样做是以牺牲农业收入为代价的，即农户的农业绝对收入下降了，甚至可能连口粮都不足了。

二、食物是需求弹性最小，属于绝对刚性需求的产品。因此只有在满足以下两个前提的基础上，才能发生上述牺牲农业收入的情况：第一，江南地区早期工业收入提升；第二，江南地区有良好的商业网络，能以工业产品换取粮食。而这两个前提恰恰是近代世界经济体核心区域地位赋予江南地区的优势。

三、江南地区利用其自身在世界经济体中的核心区地位，凭借对棉布、丝织品和茶叶生产技术的垄断，在全国市场乃至世界市场中出售上述具有较高附加值的工业品，靠销售收入换取粮食、肥料、棉花和木材等土地密集型产品，也就是拥有一定数量的"鬼田"。

四、这些土地密集型产品的输入在一定程度上保证了江南地区人口和人均占有量的增长，一定程度上缓解了尖锐的人口土地矛盾和生态压力，解放了一部分农业劳动力投入工业。这反过来又促进了江南地区工业的发展。

五、江南地区能够利用的"鬼田"规模远远小于英国。上文我们分析了19世纪二三十年代英国拥有"鬼田"2710万英亩，约合1.65亿亩，人均"鬼田"18.2亩；而江南地区的"鬼田"总拥有量不足2250万亩[①]，人均"鬼田"0.74亩，仅相当于英国人均"鬼田"拥有量的4.1%。

六、江南地区的这些生态缓解、劳动力解放因素并未像在英国那样导致工业突破。一方面是由于江南地区地理位置受限制；另一方面是土地密集型产品输入的时间不够长，没有坚持到江南地区的早期工业与煤铁工业的结合，从而实现近代工业化那个时刻。为什么输入时间不够

---

① 虽然这一数字没有包含木材输入折合"鬼田"的数量，我们不知道明清时期江南木材的输入量，但可以肯定的是，即便算上输入木材折合"鬼田"的数量，江南地区的"鬼田"总拥有量也远远小于英国，更别提人均拥有量了。

长呢？原来在世界经济体中为江南地区提供初级生态产品和贵金属的地区，比如说华北、长江上游、欧洲等地实行的是自由劳动制度，它们在19世纪后纷纷转向进口替代，发生了边缘区域核心化的趋势，开始自行生产以前进口的工业品，从而导致其对外输出的初级生态产品和贵金属减少，江南地区获取的初级生态产品和贵金属也相应减少了，于是出现了逆工业化现象，即农业又重新占据了部分已经早期工业化的领域，工业人口不升反降，农业人口回升。

在19世纪前中期，江南农业人均年产出水稻15.7石，人均年消费3.6石，因此每个农民可以养活4.36个人，远未达到1个农民养活6.25个人、非农业人口达60%这一英国工业革命时期的水平（以1个农民养活4.36个人这种理想状态计算，则19世纪前中期江南地区非农业人口约为该地区总人口的42.7%）。

而英国不但有着优越的地理位置，而且其控制的边缘区实行的是奴隶制，存在大量的黑人劳动力，这些人没有人身自由，不能自由地实行进口替代政策，不可能发生边缘区域核心化的现象，只能源源不断地向英国供应初级生态产品，直到英国能够大规模开发利用煤实现近代工业化。

边缘区的进口替代

在20世纪前，世界经济体中核心区与边缘区之间的技术差距通常较小，而且领先的技术也没有国际专利权的保护，因此边缘区可以相对容易地吸收并利用核心区掌握的技术，相对自由地转向新产品的生产。边缘区这种由以往的生产输出土地密集型产品逐渐转向生产工业制成品的过程，就是典型的进口替代过程，即用本地产品替代输入的工业品。20 世纪五六十年代，亚非拉许多发展中国家在不同程度上实行过进口替代战略。

19 世纪与江南地区有着密切经济联系的边缘区的进口替代是一个自然而然的过程。随着纺织业，特别是棉纺织业技术的普及，长江中游、华北等地早期工业逐渐发展起来，导致湖北、湖南、江西等地向江南输出的粮食逐渐减少。发生这种改变的原因：一是由于这些地区人口增长，自身粮食需求量增加；二是由于许多粮田改种棉花以供应本地棉纺织业。华北地区从 17 世纪开始，生产了越来越多的棉布，本地生产的棉花越来越多地在本地消费，向江南输出的棉花就逐年减少；长江上游地区随着人口的增长，耕地面积扩大，林地面积缩小，向江南输出的木材也在减少；从 19 世纪前半期开始，这些地区输往江南的土地密集型产品数量在下降，而早期工业的发展使得它们对江南工业制成品的依赖也越来越小。也就是说，江南地区在边缘区的工业品市场变小了。这一切都限制了早期工业发达的江南地区保持工业增长、制造业进一步专业化及催生工业革命的能力。

华北地区进口替代和核心化趋势较为明显。我们可以重点来分析一下。

明清时期，华北地区的棉纺织业有了非常显著的发展。明代，华北棉纺织业已有一定的发展，但尚不够发达，加之政府征调任务繁重，本地所产棉布不敷需求，每年需从江南大量输入。《农政全书》中说："今北土之吉贝（即棉花）贱而布贵，南方反是；吉贝则泛舟而鬻诸南，布则泛舟而鬻诸北。"清代华北地区棉纺织业迅速普及，并形成不少有较大输出能力的商品棉布集中产区。到乾嘉年间，华北地区已从明代的棉布输入区变为棉布输出区了。

直隶东部永平府的滦州、乐亭等州县是商品棉布重要产区之一。嘉庆《滦州志》记载，该县所产棉布"用于居人者十之二三，运于他乡者十之七八"；乾隆《乐亭县志》亦称，棉布"本地所需一二，而运出他乡者八九"。南部正定府及冀、赵、深、定等州是又一棉布产区。乾隆《正定府志》记载，"郡近秦陇，地既宜棉，男女多事织作，晋贾集焉，故布甫脱机，即并市去"；束鹿县"布市排集如山，商贾尤为云集"。这里地近太行，所产棉布多销往太行山以西的山西诸县，如《寿阳县志》所言，该县所用棉布"出获鹿、栾城，本地人叫做东布"。

河南是老棉区，产布州县也很多。较重要的商品棉布产区在怀庆、河南二府，这两府很多县是棉布产区。其中又以"孟布"最著名。乾隆年间的《孟县志》记载，"孟布驰名，自陕甘以至边墙一带远商云集，每日城镇市集收布特多"，以至于"车马辐辏，廛市填咽"；孟津县也是"邑无不织之家，秦陇巨商终年坐贩邑中"。另一商品棉布产区在南部的汝宁府，以正阳县陡沟店所产最盛，"家家设机，男女操作，其业较精。商贾至者每挟数千金，昧爽则市上张灯设烛，骈肩累迹负载而来，所谓布市"。其布匹销售范围"东达颍亳，西达山陕"。

山东商品棉布产区如鲁北平原的齐东、章丘、邹平、长山一带，所产棉布总称"寨子布"，多集于周村，输往关东。嘉庆年间，仅齐东一县每年即有数十万匹棉布输出。鲁西北的陵县、齐河、平原、恩县、清平、馆陶、聊城等又成为商品棉布产区，陵县"出产白布最多"，清代中叶该县淄博店、神头店、凤凰店等镇共开设有布店七座，"资本雄厚，购买白粗布运销辽沈"，全县收入颇为可观。齐河、馆陶、聊城等县也都有山西商人在城镇开设布庄，收购棉布，主要销往北口外。武定府的惠民、滨州、蒲台、乐陵等地也成为棉布产区，惠民布多由"海丰县呈子口装船渡海，赴东三省销行"；蒲台所产则"南赴沂水，北往关东"；乐陵布"行销直隶乐亭、文安、霸州一带"。18世纪末至19世纪八九十年代是华北平原棉纺织手工业大发展时期。其时，仅山东一省每年即有300万—500万匹的输出能力，直隶、河南和山东三省合计每年的输出量在五六百万至千万匹。此时的华北、西北棉布市场已基本为上述三省棉布所占领；在东北市场上则形成了山东、直隶、江南棉布争夺、分割市场的新格局。

除了华北以外，长江中游地区的湖北、湖南两省的早期工业也有一定的发展。清代，湖北棉纺织业已有一定规模，在汉阳、德安、荆州等府形成几个商品棉布产区。乾隆年间的《汉阳府志》记载，汉阳所产棉布"四方来贸者辄盈千累百捆载以去"，销售范围远至秦晋、滇黔；孝感、应城等县是棉布产区，"行北路者曰山庄，行南路者曰水庄，亦有染色出售者，四时舟车负贩不绝"；荆州府监利等县所产棉布则"西走蜀黔，南走百粤"，主要销往西南。又据道光年间的《云梦县志》记载，该邑农民"甫释犁锄即勤机杼，男女老少皆然，寒暑不辍"。云梦县是湖北棉布销往西北的重要转运中心，"凡西客来楚贸布，必经云城捆载出疆"，山西商人在云梦县城立有店铺字号十数处，"市肆牙行专视远商之售否为盈虚"。孝感、应城等县销往西北的棉布当也在云梦集中，销往西南的棉布则由汉阳溯长江而上。此外，湖南的巴陵、祁阳、浏阳等县也有棉布或夏布输出。

江南的逆工业化趋势

华北、长江中游地区早期工业，特别是棉纺织业的发展，吞噬了大量原本输往江南的棉花原料，而且这些地区的棉布还在抢占原本属于江南早期工业的市场。这一方面使得江南地区棉花输入量大为降低，江南不得不扩大棉田面积，自行种植棉花，因此，原本可以进入工业的劳动力又被拉回农业；另一方面，华北、长江中游等地区的早期工业制成品逐渐成为江南地区制造业的可怕竞争对手，挤占了原本属于江南的市场份额，造成江南地区收入减少，能够换取的土地密集型产品也减少了。

从一个较长时期看，江南地区是靠输入粮食、棉花、肥料、木材等土地密集型产品，来维持其早期工业的不断发展。到18世纪末19世纪初，这一过程以逐渐降低的速度和相当大的生态代价在继续进行着。19世纪二三十年代起，江南和珠江三角洲等地区实际上经历了一场逆工业化过程。1850年，清朝农业地区的人口百分比比1750年要大很多。早期工业最发达的江南地区人口1750年约占清朝总人口的16%—21%，到1850年勉强占到清朝总人口的9%。

同时，随着输入江南地区的粮食减少，该地区稻米价格从1750年至1850年上升了大约40%，仅仅这一项就会使纺织业收入下降约30%。再加上棉花价格也有上涨（而棉布价格则相对平稳未变），这就导致1750年至1800年间纺织工收入的稻米购买力下降了25%，到1840年下降了37%。[①]

虽然下降后的工业收益仍然可以满足农村妇女的维生需求，但这种工业收益下降至少导致一部分工业劳动力又回流到农业中，从而引起农业进一步的集约化和逆工业化的结合。前文我们已经提到了19世纪早期江南已经由棉花输入地区变为棉花输出地区，这说明19世纪早期的江南反而比16世纪后期更集约于棉花种植这种农业（而非工业）生产。

---

①数据来自彭慕兰的《大分流：欧洲、中国及现代世界经济的发展》，江苏人民出版社，2004年版，第272页。

整个过程一言以蔽之：原属于江南地区的边缘区和半边缘区的进口替代与核心化趋势既降低了江南工业原材料的输入量，重新加重了本已得到部分缓解的生态压力，又缩小了江南地区工业制成品的销售市场，使得已有发展的早期工业化发生了部分向农业生产的逆转，再加上江南地区远离煤矿且与煤矿交通不便的地理位置，造成了其早期工业尚未发展到与煤铁业相结合诞生近代工业的地步，就出现了逆工业化趋势，生态危机未能彻底缓解，也未能跳出"马尔萨斯陷阱"。

英国为什么能成功呢？

18 世纪后期开始，欧洲（特别是英国）的部分边缘区（例如东欧地区）也出现过进口替代和边缘区核心化的现象，但西欧有一个与众不同的边缘区——美洲殖民地，它没有出现华北、长江中上游和东欧地区的进口替代和边缘区核心化现象。

种种原因让美洲几乎成为一片无人居住的大陆，因此也成为世界经济体中人口资源比最宽松的地区。

随着美洲殖民地的开发，18 世纪以后单一作物的奴隶制种植园经济逐渐发展起来。其中，环加勒比海、巴西东北部和美国南部的种植园与英国的经济联系较为紧密。奴隶制使得欧美之间的生态缓解贸易跟江南实行自由劳动制边缘区之间的生态缓解贸易大为不同。自由劳动制的边缘区（如华北、长江中上游地区）随着人口的增长和制造业技术的扩散，会逐步实行进口替代并出现核心化趋势，但实行奴隶制种植园经济的美洲则不会出现这种趋势，而是会一直保持与西欧（特别是英国）土地密集型初级生态产品交换工业制成品的贸易，直到英国早期工业与煤铁业相结合，催生近代工业。这是为什么呢？

首先，种植园主能从单一作物或少数几种农作物的种植中获取大量利润。西欧随着人口的增长，土地资源相对贫乏，对美洲土地密集型的农作物（糖、粮食、棉花、羊毛、木材等）需求越来越旺盛。美洲加勒比海殖民地每个区域专注于一两种农作物的种植与销售，大大方便了西欧代理商在西欧商船到达前就把需要的货物收集在货栈中，而不再需要西欧商船拜访许多种植园花费时间讨价还价，这样就可以大为缩短商船在港口的停留时间，意味着节省大量的海员工资（海员们从出海离港之日起就要支付工资，即使是船只停靠在美洲港口中收货时的休息期间），也意味着流动资本周转更快，船只使用频率更快。这些都使得美洲的土地密集型初级生态产品价格大大下降，在欧洲市场上的竞争力更强，种植园主销售得更多更快，也就能获得更高的利润。随着利润的增加，种植园主会购买更多的奴隶，输入更多的棉布。种植园主为了获得丰厚的利润，这样美洲只能在近代世界经济体中进一步扮演西欧（特别是英国）边缘区这一角色，也就大大降低了美洲殖民地实现进口替代与核心化趋势的可能性。

其次，贩运到美洲的奴隶中女性人数远远低于男性，而获得释放的奴隶中女性却多于男性，所以很多奴隶没有机会组建家庭。而家庭会为农业生产者提供很多生活必需品，比如说棉布。可奴隶们由于没有家庭就无从获取，只能从市场上购买。因此，虽然奴隶们十分贫困，但由于人数庞大，他们对日常生活必需品的需求仍创造了一个相当大的进口市场，西欧工业制成品的生产正好满足了这一市场需求。不能自行生产衣物等生活必需品的边缘区（奴隶制美洲种植园）比那些实行进口替代的有核心化趋势的边缘区、半边缘区（华北、长江中上游地区、欧洲）更加需要核心区的工业制成品，因此，西欧与美洲之间的贸易更加稳固，西欧从美洲获取初级生态产品比江南从其边缘区、半边缘区获取初级生态产品的时间更长，数量更大，缓解生态压力的程度也更大。

最后，英国与法国、荷兰等西欧国家相比的优势之一就是，它不需要用船把粮食从欧洲运到其殖民地，而是从北美大陆运粮食，英国的环加勒比海产糖殖民地用出口的糖换取英国的工业制成品和北美的粮食。环加勒比海殖民地成为一个巨大的英国工业品进口市场和土地密集型产品的输出地。利用环加勒比海殖民地（以及后来的美国南方奴隶种植园经济区），英国用资本和劳动生产的工业品可以源源不断地换取土地和劳动生产的初级生态产品，等于使英国获得了大量土地这一前工业社会最稀缺的资源，形成了面积庞大的"鬼田"。而法国、荷兰等西欧国家虽然也从其美洲殖民地获取土地密集型产品（例如糖），但它们也需要为其殖民地提供粮食等农产品，而不是单单提供工业品，这样殖民地在缓解法国、荷兰等西欧国家生态紧张状态时所起的作用就远远小于英国了。

英国拥有了这些有利条件，最终实现了工业突破，工业革命的巨大力量使得英国的国力一跃而成为世界第一强国。19世纪中叶，工业革命尚未彻底完成，但它已经赋予了英国巨大力量，此一力量在中英鸦片战争中体现得淋漓尽致。

1840—1842年的鸦片战争是中英两国政府正规军间的对决。

战争时期，英国的工业革命接近完成，战争中已经投入一些工业革命成果转化的新式武器与装备。清朝未能保持17世纪以来对外战争的胜利局面，输给了英国。正是在这些新式武器与装备的帮助下，英军以少胜多战胜了清朝。这场战争也正是工业革命伟力的体现，英国战胜清朝，是近代工业化国家战胜农业及早期工业化国家的典范。

英国的独门秘籍

现在我们可以说对英国何以能率先实现近代工业化，而中国未能率先实现的原因基本梳理清楚了。可能有的读者朋友看得还不是特别明白，不过别担心，笔者在此总结一下。

让我们回到开场白中的那场马拉松比赛吧。

绿见详：女士们、先生们，今天是 2048 年 1 月 31 日。欢迎回到您最喜欢看的全球最具人气的体育比赛节目——地球经济社会发展马拉松。我是本节目主持人绿见详。坐在我左边的是英国著名发明家詹姆斯·瓦特，坐在我右边的是明代著名科学家徐光启。欢迎二位一起为广大爱好历史的观众解说本场比赛。

绿见详：本次马拉松比赛的具体起源日期，我们已经搞不清楚了，反正是全球各个国家和地区都参与了本次人类经济社会发展的马拉松比赛。

詹姆斯·瓦特：从 18 世纪后半期起，英国因工业革命爆发而突然发力，成为领跑者。

徐光启：小瓦说得没错，但在 16—18 世纪，跑在第一集团的选手有：中国（江南地区）、日本（畿内地区）、印度（古吉拉特）、西欧（荷兰与英国）。这些选手都拥有比较稠密的人口、高产的农业、广泛而成熟的商业和发达的早期工业，它们都是当时世界上工业革命最可能爆发的地区。

绿见详：嗯，这些国家和地区都面临着同一个生态难题：随着人口及人均占有量的增长，土地的稀缺性越来越突出。我们都知道，在前工业社会中人类所需的物质消费品（食物、衣物纤维、燃料和建材等）几乎都来自土地，所需的能量几乎都来自土地上生长的绿色植物所转化的太阳能，因此人类是倾其全力于土地——开垦荒地、改良农田、兴修水利、施加肥料，等等，其目的就是增加土地的产出，以供养更多的人口并提高人均消费量。这种方法自万年前的农业革命以来可以说是屡试不爽。

徐光启：但从 18 世纪开始，第一集团的这几个领先地区，使用传统方式（开垦荒地、改良农田、兴修水利、施加肥料等）增加产量的路子似乎已经到了尽头，传统方式所能承载的生产力似乎已经达到顶点。领先地区纷纷出现不同程度的"勤劳革命"，人们为了扩大生产和发展经济不得不加大对劳动的投入，但到头来只能提高总产量，不能提高人均产量，甚至还出现了人均产量降低的情况。边际生产率的降低表明传统方式已经不可能再为人类社会发展服务了。人类社会必须实现工业突破，否则将永远深陷"马尔萨斯陷阱"的泥潭，永远在农业社会中打转转。

詹姆斯·瓦特：老徐分析得太棒了。人类社会必须在保证农业产出继续提高的情况下（因为人口在增长，为了保证人均农产品消费量不减少，农业总产出必须随着人口的增长而提高），将一部分劳动力和资源转入工业生产。在 18 世纪中叶之前，上述几个领先地区已经转移了一部分劳动力和资源到工业领域，发展了自己的早期工业（一般是纺织业，在中国还包括制瓷业、制茶业等产业）。

詹姆斯·瓦特：近代工业与早期工业不同，它是以煤铁为能源与材料，以蒸汽为动力的工业。煤炭、钢铁和蒸汽一旦与早期工业（特别是纺织业）相结合，就会爆发出惊人的力量：彻底改变早期工业的面貌，大大提高早期工业的生产效率，从而诞生近代工业。但这种结合需要时间，而这一结合过程是人类运用智慧与毅力探索未知的过程，它需要技术的进步，需要煤炭的大规模开发与利用，更需要大量的劳动力与资源源源不断地从农业转入工业。

绿见详：18 世纪中叶，领先集团中的几位选手都获得了一本提速的秘籍（即实现近代工业化的机会），但这些选手都还不知道如何破解这本秘籍。为了更快地破解秘籍（即爆发工业革命，实现近代工业化），选手们不得不放慢脚步（即将农业中的劳动力与资源投入早期工业中）去研究秘籍。但光靠自身放慢脚步是不可能破解的，因为选手们无论如何是不能停下来的（无论何种情况人都需要粮食），他们还必须靠场外亲友团的帮助（即边缘区向核心区输入初级生态产品）。破解秘籍过程的长短取决于亲友团给选手支持的大小及支持时间的长短（即边缘区向它的核心区输入初级生态产品的多少与输入持续时间的长短）。

詹姆斯·瓦特：英国的亲友团（即边缘区）是广大的美洲殖民地，特别是在奴隶制种植园经济的环加勒比海地区、美国南部和巴西东北部地区，它与英国建立了密切的经济联系，在经济上彼此依靠，殖民地需要英国的工业品来满足其自身市场需要，而种植园主购买大量非洲奴隶发展单一作物的种植园经济（加勒比海地区是以种植甘蔗、产糖为主，美国南部以种植棉花为主），可以说几乎杜绝了边缘区实行进口替代与核心化趋势的可能性。非洲黑奴在罪恶的奴隶制下，为英国生产了数量巨大的土地密集型生态产品，19世纪上半叶，美洲殖民地每年为英国提供的"鬼田"数量高达2710万英亩，"鬼工"工作时长高达22亿小时，正是这些农产品和农业劳动力为英国从农业转入工业奠定了基础，否则19世纪初英国不可能达到非农业人口占60%以上的工业化成果。

绿见详：嗯，瓦特先生的分析头头是道，相当在理呀。不过明清江南地区也拥有广大的边缘区和半边缘区为其提供土地密集型产品，缓解其生态紧张状态呀。

徐光启：这就是你不明白了。江南虽然也有华北、长江中上游、部分东南亚地区，甚至部分欧洲地区等边缘区、半边缘区，17世纪也确实输入了大量的初级生态产品，江南生态紧张状态也有一定程度的缓解，但江南的边缘区与英国的边缘区最大的区别在于江南人口密集、经济发展程度高、实行自由劳动制度；美洲大陆地广人稀，而华北、长江中上游、东南亚地区和欧洲地区，人口密度及文明程度都不是美洲能比的。随着早期工业技术的扩散，江南的这些实行自由劳动制的边缘区、半边缘区都能迅速发展起自己的工业生产，一旦自己能制造棉布、丝绸、瓷器和茶叶等以前必须靠核心区输入的工业制成品，边缘区、半边缘区就不需要从核心区购入了。它们将自身原投入农业的部分资源与劳动力投入早期工业，实行进口替代，自身经济开始趋向核心化。因此，这些边缘区、半边缘区越来越独立，而与原本核心区的经济联系也就相应减少了：从核心区输入的工业制成品减少，输往核心区的土地密集型产品也减少了。这样能够缓解江南生态压力的初级产品就减少了，同时江南工业制成品市场也缩小了，所以江南地区不得不将原本已经移入工业的部分资源和劳动力又移回农业，出现了所谓逆工业化的趋势。说白了，江南的亲友团不如英国的亲友团给力，支持到一半，江南还没实现近代工业化呢，亲友团的支持力度就大大减弱了，所以江南肯定是跑不过英国了。

绿见详：那英国的亲友团为什么一直铁杆支持英国呢？英国的边缘区为什么没有发生进口替代及核心化趋势呢？

徐光启：小瓦，你说说，这是为什么呢？

詹姆斯·瓦特：老徐，这个你应该比我清楚呀，还问我？

徐光启：我不是让你给主持人和各位观众解释解释嘛。

詹姆斯·瓦特：好吧，老徐，既然你让我说说，我就说说。这英国的亲友团两大优势就是地广人稀与奴隶制种植园经济。

徐光启：没错呀，江南的边缘区、半边缘区都是一些人口众多、经济发达的地区，比如华北、长江中上游、东南亚和欧洲等地。与美洲比起来，这些地区自身的土地资源本来就相对紧张，能输出的土地密集型产品相对较少，能提供的"鬼田"数量相对也少，对于缓解其核心区的生态压力所能起到的作用比起美洲来可小了不少。

詹姆斯·瓦特：老徐果然名不虚传，分析得一针见血呀。我还要补充的是美洲殖民地的经济是奴隶制种植园经济，生产品种单一的土地密集型产品（如糖、棉花、木材等），在经济上依靠西欧（特别是英国）输入工业制成品，并能够源源不断地向西欧（特别是英国）输出初级生态产品。种植园主和奴隶都不愿意或不能改变这种贸易模式。所以，英国能从美洲殖民地源源不断地吸收大量的土地密集型产品，拥有了大量的"鬼田"与"鬼工"，大大节约了自身的土地与劳动力，能将这些土地与劳动力投入工业生产中，工业突破终于实现了。

徐光启：江南地区的边缘区、半边缘区可就不一样了，它们实行的是自由劳动制度。一旦核心区工业制造技术向外扩散，这些边缘区、半边缘区很快就能自己生产工业品了，谁还和你核心区交换呀。这样江南地区与其边缘区、半边缘区的工业制成品——土地密集型初级产品的生态缓解贸易就大大减少了。因此这种贸易对于缓解江南地区生态压力的作用就小了很多，甚至江南地区还出现了逆工业化情况。

绿见详：哦，我终于明白了。原来近代中国落后的经济根源在此呀，以前还真的不知道呢。

詹姆斯·瓦特：最后，我再补充一句，英国这名选手，除了亲友团特别给力外，其自身也非常幸运，煤矿不仅储藏量大，矿层浅，甚至还有大量露天矿，而且煤矿所在地与早期工业发达地区之间水路交通方便，运输费用低廉。这样煤与早期工业结合起来就容易得多。

徐光启：没错。江南地区就"倒霉"得多：自身煤矿少，不易开采，而中国煤储藏量大的地区多在内蒙古和山西，与江南又没有便利的水路连接。发达的早期工业很难利用煤这种新能源，近代工业化实现的难度也就大大提高了。

绿见详：今天二位嘉宾的分析，真是鞭辟入里、入木三分呀。我们终于明白了英国领先的独门秘诀：煤矿的优越位置、地广人稀且实行奴隶制种植园经济的美洲殖民地。英国正是靠了这些优势，才后来居上，率先实现了近代工业化，坐上了人类发展第一把交椅的位置。

徐光启、詹姆斯·瓦特：没错，没错。

绿见详：各位观众，今天的节目就到这里了，感谢您的收看，再见。

徐光启、詹姆斯·瓦特：再见喽。

章尾小结

第三章基本结束了，我们还是来回顾一下吧。17 世纪的江南地区与英国类似，面临着较为严峻的生态危机：人口密度大，林地面积越来越小，木材等传统燃料短缺严重，煤矿地理位置不利。煤铁工业发展缺乏足够的能源供给。与此同时，随着江南人口的增长，人均耕地面积逐渐减少，农业发展走上集约化道路，复种指数提高，肥料投入增大，明清与欧洲国家一样也爆发了勤劳革命。土地与劳动力很大一部分被禁锢在农业之中。

但读者朋友们不要忘记，江南地区也存在有利于爆发工业革命的因素：清代中期起，华北、东北的部分煤矿先后开采产煤，它们离海不远，与江南有水路可通。更为重要的是自 17 世纪起，江南地区利用自身在近代世界经济体中的核心区地位，从华北、长江中上游、东南亚地区和欧洲输入粮食、棉花、木材等土地密集型产品和白银等贵金属，这些输入品为缓解江南地区的生态紧张、解放农业劳动力都做出了一定贡献，江南也随之拥有了一定数量的"鬼田"。部分劳动力从农业种植转移到早期工业生产，江南也出现了一些近代工业化的早期迹象。

不过，在17—19世纪早期，江南地区用其工业制成品交换边缘区、半边缘区的初级生态产品和贵金属的贸易从贸易量上讲远远低于英国与美洲殖民地的贸易量。19世纪早期，江南获得的"鬼田"面积不足英国同一时期"鬼田"面积的1/5，人均"鬼田"面积仅仅相当于英国人均"鬼田"面积的4.1%。因此，华北、长江中上游、东南亚和欧洲地区输入的粮食、棉花、木材等土地密集型产品和白银等贵金属对缓解江南生态压力、转移农业劳动力进入工业的能力本来就低。并且，这些边缘区、半边缘区实行自由劳动制，随着江南的丝织、棉纺织、制茶和制瓷等技术的扩散，出现了进口替代与核心化的趋势，华北、长江中上游等地开始生产棉纺织品和丝织品，对江南的纺织业品需求降低了，同时随着自身人口的增长和早期工业的发展，向江南输出的粮食、棉花和木材等初级生态产品也减少了。欧洲地区人口也在增长，也学到了纺织、制瓷和制茶技术，再加上美洲殖民地银矿的枯竭，英国开始向中国走私鸦片，输往中国的白银减少了，对中国工业制成品的需求也减少了。江南不得不将一些本已转入工业的劳动力又重新投入农业，出现了逆工业化的现象。也就是说，江南与边缘区、半边缘区之间的生态缓解贸易没有坚持到早期工业与煤铁业相结合诞生近代工业的时刻，没能跳出"马尔萨斯陷阱"，自发地实现近代工业化，最终直到20世纪50年代才建立起近代工业体系。

相较而言，江南比英国少了几样法宝：煤矿位置、充足的非农业劳动力、良好的生态缓解程度。正是这几点使英国后来居上，这是全书对比中英方方面面的相似之处后，笔者通过一步步的分析，最终得出的结论。

未完待续

UNFINISHED TO BE CONTINUED

我们的旅程又要告一段落了，不过在结束前，我们还是总结一下全书的内容吧。

本书的时间跨度为 17—19 世纪前期（截至鸦片战争），从经济学、生态学视角阐明了 19 世纪的中国没能保持 16—18 世纪开放发达状态的原因。

笔者从经济发展指标、人民生活水平、市场经济、自由劳动力、市场作用机制、商业与商人地位、技术发展和政府作用等方面梳理对比了中国（特别是江南地区）和欧洲（特别是英国）的发展成果，通过这种对比，可以发现在 17—18 世纪末中国与欧洲的经济发展不分伯仲，处于一种雁行状态。也就是说，在工业革命前，中国尚未明显地落后于欧洲，工业革命才是造成中西方发展大分流的关键性历史转变。

既然如此，"为何 19 世纪的中国没能保持 16—18 世纪开放发达的状态"这个问题，就转变为"工业革命为什么率先在英国而不是在中国爆发"这一问题了。

本书第二章、第三章重点对比分析了近代世界经济体中的两个经济核心地区：江南与英国。它们都有着稠密的人口、高产的农业、成熟的商业与兴盛的早期工业。一言以蔽之，江南与英国在近代早期的世界上都是经济发达地区，是工业变革最为可能发生的场所。在前工业时代，无论中国还是英国，人们生活所必需的物质产品，如食物、衣物纤维、木材和燃料等都只有一个来源——土地；生活所必需的能量也几乎全部来自土地上生长的绿色植物所转化的太阳能。而土地资源总量有限，不可能无限扩大，绿色植物转化为太阳能的效率也不高。为了供养更多的人口，人们不得不砍伐森林、排干沼泽、开垦荒地，以扩大粮田和衣物纤维种植或饲养（棉花、蚕丝、羊毛等）的面积，随着林地面积的缩小，传统的木材燃料越来越稀缺，价格也越来越贵，以致能量消耗巨大的煤铁重工业很难发展起来。

与此同时，宝贵的土地资源和劳动力基本上被粮食生产所占据，因为吃饭是人们生存的第一需要。随着人口、人均占有量的增长以及耕地的扩大、林地的缩小，江南与英国的人口、土地压力越来越大，所面临的生态危机也越来越严重：土地肥力下降，土壤退化，水土流失。为了保证农业产量，防止生态进一步恶化，中、英都不得不走集约化农业的发展道路，加大对农业的投入：施更多的肥料，占用更多的劳动力，开垦更多的土地。而这样做实际上是采取了一种劳动密集型的方式去维持农业生态平衡，其致命的缺点是没有留够充足劳动力为工业发展服务，工业突破永远不可能发生。

近代世界经济体的边缘区为江南和英国提供了土地密集型的初级生态产品，同时，江南和英国向边缘区提供自身生产的早期工业制成品。通过这种生态缓解贸易，江南与英国都占有了边缘区的大量"鬼田"，其自身的生态压力都得到了一定程度的缓解，也都释放了一定的农业劳动力进入工业，对早期工业与煤铁业的结合起到了积极作用。

英国的美洲殖民地是奴隶制单一作物种植园经济，这种经济制度使得美洲殖民地对英国经济依赖性强，自身发展早期工业的可能性几乎没有。英国与美洲殖民地的生态缓解贸易一直延续到工业革命完成的 19 世纪中后期；而江南的边缘区或半边缘区一旦学会了早期工业技术，自身发展早期工业的积极性很高，江南与它们之间的生态缓解贸易在 18 世纪末 19 世纪初便开始瓦解。为了保证农产品的供应充足，江南地区在 19 世纪前期甚至出现了逆工业化的倾向，已经实现的部分工业化成果又退回农业。中、英在近代工业化发展道路上的这种差异，一方面是英国利用奴隶制种植园经济占据了美洲殖民地更多的"鬼田"和"鬼工"，使得殖民地经济更加依赖英国，造成英国与美洲之间的生态缓解贸易持续时间长且贸易量大；另一方面，英国良好的煤矿位置，使得英国的煤铁业与早期工业结合所需时间相对较短，率先实现了工业突破。

本书从经济学、生态学的角度，利用了世界体系理论，对工业革命爆发的原因进行了全新的解释。笔者强调的是生态危机的解除与劳动力的转移导致了人类经济结构的大调整。英国正是在世界经济体的基础上，利用这些有利因素，率先实现了工业突破，而这种突破立即就爆发出人类历史上最大的工业力量。在工业革命的帮助下，英国一跃而成为全球第一强国。从此，中西方力量平衡被打破，英国等西欧列强在与传统东方强国（中国、印度等）的较量中占尽优势。从 19 世纪中期开始，中国在与西方国家的战争中屡屡失利，本书开头讲到的从收复台湾之役的胜利到鸦片战争的失败，也就不足为奇了。

但本书只是讲清了工业革命爆发的原因，至于人类历史上这一最重大变革给东西方带来的巨大影响，特别是军事力量的影响只是蜻蜓点水似的谈了一下，想详细了解这一影响的读者朋友们，就请继续关注《说不明 道不清》第三册吧，到时候笔者会详细分析工业革命成果对东西方军事实力的影响，会给你更好看、更具颠覆性的观点与内容！

后记
POSTSCRIPT

2018 年 1 月出版的《说不明 道不清：你不了解的开放发达之明清两朝》对近代世界经济体及东西方发展大分流的解释只完成了一半，说清楚了 16—18 世纪的中国在世界经济体创建过程中的巨大作用。本书《说不明 道不清：明清中西发展大分流之谜》沿着此一思路，继续讲 17—19 世纪在世界经济体的基础上中西方大分流最终形成的原因。

工业革命正是中西大分流形成的分水岭，学界对大分流研究的重点多集中在工业革命的爆发原因上。笔者认为工业革命是人类历史中除人类诞生外最为重要的历史事件，其巨大影响一直震荡着我们这颗蓝色行星。从 20 世纪中期起，这一影响甚至已经超出地球迈向宇宙空间，所以无论如何抬高它的影响也不为过。目前对工业革命爆发原因流行的解释大多局限于技术发明、市场需求层面，我一直认为此一解释虽然不错，但不够全面。因此，在前人研究的基础上，本书利用世界体系理论，从供给侧和生态缓解层面对工业革命爆发原因给了一个全新的补充解释。也许读者朋友们并不能完全认同，但希望可以引起大家的讨论和探索。

我本科拿的是管理学学位，研究生读的是历史学，对经济史、社会史比较感兴趣，目前市场上能读到的明清经济、社会领域的通俗作品太少了，因此，怀着满腔热情，笔者创作了这一领域的系列书，希望能引发这一领域的热烈讨论。

本书完稿后不久，我女儿杨沐溪诞生了，她带给了我无限的幸福与快乐，看着小家伙一天天地成长，真是人生最大的幸事。笔者就将此书献给女儿，作为她出生的礼物吧。

本书推荐序的作者孙立群教授是我读研究生时的导师之一，孙老师通晓古今的学识，平易近人的态度，一直给我带来深刻影响。记得我第一次向孙老师提出请他为本书作序时，心中忐忑不已，没想到孙老师立即欣然应允，而且分文不取。当孙老师仙逝的噩耗传来，他治学严谨、为人厚道、作风朴实、处世谦和的形象在我心中久久不能隐去。孙老师住院前，我和他的最后一次见面，他还向我问及此书的出版进度。如今本书的出版也可聊以告慰孙老师的在天之灵了。

母亲一直为我们悉心照料孩子，妻子承担小家伙给家庭带来的忙碌，她们长期以来对我的写作兴趣给予了极大的鼓励与支持，本书的出版也是她们鼓励与支持的结果。

17—19 世纪，留存的中外史料极其丰富，把握难度很大，笔者不是专业的历史学者，水平有限，书中挂一漏万在所难免。本书的观点也不一定能博得所有人的赞同，所以笔者渴望与读者朋友们就书中的观点作进一步深入交流与探讨，感兴趣的读者朋友们可以联系我的 E-mail（ss27351841@126.com）或加入 QQ 群"历史爱好交流群"312759780，让我们在网上继续探讨这个永恒的话题吧。

杨光

2020 年 12 月